经济所人文库

高培勇集

中国社会科学院经济研究所学术委员会 组编

中国社会科学出版社

图书在版编目（CIP）数据

高培勇集/中国社会科学院经济研究所学术委员会组编.
—北京：中国社会科学出版社，2019.1
（经济所人文库）
ISBN 978-7-5203-3507-2

Ⅰ.①高… Ⅱ.①中… Ⅲ.①经济学—文集
Ⅳ.①F0-53

中国版本图书馆 CIP 数据核字（2018）第251476号

出 版 人	赵剑英
责任编辑	王 曦
责任校对	李 剑
责任印制	戴 宽
出　　版	中国社会科学出版社
社　　址	北京鼓楼西大街甲158号
邮　　编	100720
网　　址	http://www.csspw.cn
发 行 部	010-84083685
门 市 部	010-84029450
经　　销	新华书店及其他书店
印刷装订	北京君升印刷有限公司
版　　次	2019年1月第1版
印　　次	2019年1月第1次印刷
开　　本	710×1000　1/16
印　　张	22
字　　数	297千字
定　　价	99.00元

凡购买中国社会科学出版社图书，如有质量问题请与本社营销中心联系调换
电话：010-84083683
版权所有　侵权必究

中国社会科学院经济研究所学术委员会

主　任　高培勇

委　员　（按姓氏笔画排序）
　　　　龙登高　朱　玲　刘树成　刘霞辉
　　　　杨春学　张　平　张晓晶　陈彦斌
　　　　赵学军　胡乐明　胡家勇　徐建生
　　　　高培勇　常　欣　裴长洪　魏　众

总　序

作为中国近代以来最早成立的国家级经济研究机构，中国社会科学院经济研究所的历史，至少可上溯至1929年于北平组建的社会调查所。1934年，社会调查所与中央研究院社会科学研究所合并，称社会科学研究所，所址分居南京、北平两地。1937年，随着抗战全面爆发，社会科学研究所辗转于广西桂林、四川李庄等地，抗战胜利后返回南京。1950年，社会科学研究所由中国科学院接收，更名为中国科学院社会研究所。1952年，所址迁往北京。1953年，更名为中国科学院经济研究所，简称"经济所"。1977年，作为中国社会科学院成立之初的14家研究单位之一，更名为中国社会科学院经济研究所，仍沿用"经济所"简称。

从1929年算起，迄今经济所已经走过了90年的风雨历程，先后跨越了中央研究院、中国科学院、中国社会科学院三个发展时期。经过90年的探索和实践，今天的经济所，已经发展成为以重大经济理论和现实问题为主攻方向、以"两学—两史"（理论经济学、应用经济学和经济史、经济思想史）为主要研究领域的综合性经济学研究机构。

90年来，我们一直最为看重并引为自豪的一点是，几代经济所人孜孜以求、薪火相传，在为国家经济建设和经济理论发展作出了杰出贡献的同时，也涌现出一大批富有重要影响力的著名学者。他们始终坚持为人民做学问的坚定立场，始终坚持求真务实、脚踏实地的优良学风，始终坚持慎独自励、言必有据的学术品格。他们是经济所人的突出代表，他们的学术成就和治学经验是经济所最宝贵的财富。

抚今怀昔，述往思来，在经济所迎来建所90周年之际，我们编选出版《经济所人文库》（以下简称《文库》），既是对历代经济所人的纪念和致敬，也是对当代经济所人的鞭策和勉励。

《文库》的编选，由中国社会科学院经济研究所学术委员会负总责，在多方征求意见、反复讨论的基础上，最终确定入选作者和编选方案。

《文库》第一辑凡40种，所选作者包括历史上的中央研究院院士、中华人民共和国成立后的中国科学院学部委员、中国社会科学院学部委员、中国社会科学院荣誉学部委员、历任经济所所长以及其他学界公认的学术泰斗和资深学者。在坚持学术标准的前提下，同时考虑他们与经济所的关联。入选作者中的绝大部分，都在经济所度过了其学术生涯最重要的阶段。

《文库》所选文章，皆为入选作者最具代表性的论著。选文以论文为主，适当兼顾个人专著中的重要篇章。选文尽量侧重作者在经济所工作期间发表的学术成果，对于少数在中华人民共和国成立之前已成名的学者，以及调离经济所后又有大量论著发表的学者，选择范围适度放宽。为好中选优，每部文集控制在30万字以内。此外，考虑到编选体例的统一和阅读的便利，所选文章皆为中文著述，未收入以外文发表的作品。

《文库》每部文集的编选者，大部分为经济所各学科领域的中青年学者，其中很多都是作者的学生或再传弟子，也有部分系作者本人。这样的安排，有助于确保所选文章更准确地体现作者的理论贡献和学术观点。对编选者而言，这既是一次重温经济所所史、领略前辈学人风范的宝贵机会，也是激励自己踵武先贤、在学术研究道路上砥砺前行的强大动力。

《文库》选文涉及多个历史时期，时间跨度较大，因而立意、观点、视野等难免具有时代烙印和历史局限性。以现在的眼光来看，某些文章的理论观点或许已经过时，研究范式和研究方法或许已经陈旧，但为尊重作者、尊重历史起见，选入《文库》时仍保持原貌而未加改动。

《文库》的编选工作还将继续。随着时间的推移，我们还会将更多经济所人的优秀成果呈现给读者。

尽管我们为《文库》的编选付出了巨大努力，但由于时间紧迫，工作量浩繁，加之编选者个人的学术旨趣、偏好各不相同，《文库》在选文取舍上难免存在不妥之处，敬祈读者见谅。

入选《文库》的作者，有不少都曾出版过个人文集、选集甚至全集，这为我们此次编选提供了重要的选文来源和参考资料。《文库》能够顺利出版，离不开中国社会科学出版社领导和编辑人员的鼎力襄助。在此一并致谢！

一部经济所史，就是一部经济所人以自己的研究成果报效祖国和人民的历史，也是一部中国经济学人和中国经济学成长与发展历史的缩影。《文库》标示着经济所90年来曾经达到的学术高度。站在巨人的肩膀上，才能看得更远，走得更稳。借此机会，希望每一位经济所人在感受经济所90年荣光的同时，将《文库》作为继续前行的新起点和铺路石，为新时代的中国经济建设和中国经济学发展作出新的更大的贡献！

是为序。

于 2019 年元月

编者说明

《经济所人文库》所选文章时间跨度较大,其间,由于我国的语言文字发展变化较大,致使不同历史时期作者发表的文章,在语言文字规范方面存在较大差异。为了尽可能地保持作者个人的语言习惯,尊重历史,因此有必要声明以下几点编辑原则:

一、除对明显的错别字加以改正外,异形字、通假字等尽量保持原貌。

二、引文与原文不完全相符者,保持作者引文原貌。

三、原文引用的参考文献版本、年份等不详者,除能够明确考证的版本、年份予以补全外,其他文献保持原貌。

四、对外文译名与今译名不同者,保持原文用法。

五、对原文中数据可能有误的,除明显的错误且能够考证或重新计算者予以改正外,一律保持原貌。

六、对个别文字因原书刊印刷原因,无法辨认者,以方围号□表示。

作者小传

高培勇，男，1959年1月生于天津，2016年进入经济所工作。

1978年至1985年，高培勇在天津财经学院财政学系获经济学学士、硕士学位，此后执教于天津财经学院凡九年；1994年，在中国人民大学财政金融系获经济学博士学位，此后执教于中国人民大学又九年；2003年至2016年12月，任职于中国社会科学院财政与贸易经济研究所（现财经战略研究院），历任副所长、党委书记、所长、院长、党委书记兼院长；2011年当选中国社会科学院学部委员；2016年12月至2018年6月，任中国社会科学院经济研究所所长；2018年6月，任中国社会科学院副院长、党组成员、经济研究所所长。

1997年，高培勇入选北京市"跨世纪优秀理论人才百人工程计划"。1998年，入选教育部"跨世纪优秀人才培养计划"和全国"百千万人才工程计划"（第一、第二层次），同年，获国务院政府特殊津贴。2015年，入选文化名家暨"四个一批"人才工程。2016年，入选"万人计划"哲学社会科学领军人才。

高培勇还兼任国务院学位委员会委员、中国财政学会副会长、中国审计学会副会长、中国税务学会副会长等多种社会职务以及二十余所高校特聘或兼职教授。

他曾先后3次为党和国家领导人集体学习担任主讲人：1997年4月16日，为国务院领导和各部委办负责同志就"市场经济条件下的中国税收与税制"作专题讲解；2010年1月8日，为十七届中共中央政治局第十八次集体学习就"世界主要国家财税体制和深化我国财税体制改革"作专题讲解；2010年9月29日，为十七届中共中央政治局第二十三次集体学习就"正确处理新时期人民内部矛盾问题研究"作专题讲解。

高培勇的学术领域以财政经济学为主，主攻财税理论研究、财税政策分析等。

他先后主持完成国家社会科学基金重大招标项目"扩大内需的财税政策研究""现代国家治理体系下我国税制体系重构研究"、国家社会科学基金重点项目"中国公共财政建设指标体系研究"、国家社会科学基金特别委托项目"中国房地产与住房问题研究"、国家自然科学基金应急项目"中国老龄化进程中社会保障体系的财政压力及对策研究"、中国社会科学院重大课题"重要战略机遇期的中国公共财政建设"、财政部财政改革与发展重大课题研究项目"中国公共财政建设成就及下一步建议"、教育部博士点基金项目"中国财政风险问题研究"、全国人大常委会预算工作委员会委托项目"建立全口径政府预算管理制度改革研究"等多项重要或重大课题。

高培勇曾先后获得国家社会科学基金项目优秀成果奖、国家级教学成果奖、北京市哲学社会科学优秀成果奖、教育部高校人文社会科学研究成果奖、中国社会科学院优秀成果奖、吴玉章人文社会科学一等奖、中国财政学会优秀成果奖、中国税务学会优秀成果奖、中国国际税收研究会优秀成果奖、中国人民大学优秀成果奖、中国社会科学院优秀决策信息奖等奖励。

高培勇的主要学术专著有《国债运行机制研究》（商务印书馆1995年版）、《公共经济学》（第三版，中国人民大学出版社2012年版）、《中国公共财政建设指标体系研究》（社会科学文献出版社2012年版）、《宏观经济分析中的财政政策》（中国社会科学出版社2013年版）、《财税体制改革与国家治理现代化》（社会科学文献出版社2014年版）等。

他在《中国社会科学》《经济研究》《管理世界》《财贸经济》

《世界经济》《财政研究》《税务研究》等学术刊物以及《人民日报》《光明日报》等报刊发表百余篇代表性论文，主要有《论举借国债的经济作用机制》（1996年）、《市场经济条件下的中国税收与税制》（1997年）、《公共财政：概念界说与演变脉络》（2008年）、《由适应市场经济体制到匹配国家治理体系》（2014年）、《论国家治理现代化框架下的财政基础理论建设》（2014年）、《中国财税改革四十年：基本轨迹、基本经验和基本规律》（2018年）等。

作为人文社会科学学者，特别是应用性学科的人文社会科学学者，高培勇服膺治学之"最根本的或最高境界的目的，无非是将自己的思想——研究成果——付诸实践。否则，不论我们的论述有多么精辟，不管我们的研究有多么深入，如果只是停留于纸上谈兵状态，多多少少总是我们的缺憾"。

目　录

论举借国债的经济作用机制 …………………………………… 1

市场经济条件下的中国税收与税制 …………………………… 22

市场经济体制与公共财政框架 ………………………………… 42

"量入为出"与"以支定收"

　　——结合当前财政收入增长态势的讨论 ………………… 60

当前若干重大税收问题的分析 ………………………………… 72

论国家治理现代化框架下的财政基础理论建设 ……………… 91

论中国财政基础理论的创新

　　——由"基础和支柱说"说起 …………………………… 122

理解和把握新时代中国宏观经济调控体系 …………………… 140

改革以来中国国债的实证分析 ………………………………… 156

规范政府行为：解决中国当前收入分配问题的关键 ………… 170

通货紧缩下的税收政策选择

　　——关于当前减税主张的讨论 …………………………… 183

中国税收持续高速增长之谜 …………………………………… 195

"营改增"的功能定位与前行脉络 …………………………… 217

论完善税收制度的新阶段 ……………………………………… 233

中国财税改革四十年：基本轨迹、基本经验和

基本规律 ………………………………………………………… 256

论公共管理学科和财政学科的融合 …………………………… 287

中国特色新型财经智库的建设 ………………………………… 295

治所理念、治所思想与治所战略的探索与调整
　　——加快构建中国特色经济学背景下的
　　　经济研究所建设 …………………………………… 308
编选者手记……………………………………………… 336

论举借国债的经济作用机制

1. 在我国，举借国债一向是被作为控制社会总需求、化消费基金为积累基金的力量加以使用的。其基本的根据，不外乎如下几点：(1) 相对于向银行透支来说，以举借国债的方式弥补财政赤字，不会导致货币供给量的相应扩大；(2) 通过举借国债把民间的一部分购买力转移给政府，所带来的仅仅是民间支出和政府支出的转换，不会增加货币购买力总量；(3) 政府的行为总要体现宏观经济政策的要求，当经济形势面临通货膨胀的威胁时，举债收入可能不被用于支出，整个社会的货币购买力便会由此得以压缩；(4) 社会主义国家的财政系生产建设型财政，将主要来源于消费基金的举债收入用于政府的财政支出，实质是化消费基金为积累基金。

然而，颇具戏剧性的是，我国十几年来举债规模的从无到有和不断扩大，恰恰是与物价总水平的一再上扬和 GDP 的使用结构越来越向消费一方倾斜同步发生的。1994 年伴随着国债的发行规模一举跃上千亿元高台，物价上涨率亦首次突破了 20% 的大关。实践向我们提出了这样一个问题：举借国债对于经济究竟具有怎样的作用机制？

一 李嘉图等价定理：一种富有启发性的分析思路

2. 对于举借国债的经济作用机制的研究，可以追溯到古典经济学大师大卫·李嘉图那里。李嘉图在其代表作《政治经济学及赋税原理》的第 17 章中，曾写下了这样一段话："如果为了一年的战费支出而以发行公债的方式征集 2000 万镑，这就是从国家的生产资本中取去了 2000 万镑，每年为偿付这种公债利息而征课的 100 万镑，只不过由付这 100 万镑的人手中转移到收这 100 万镑的人手中，也就是由纳税人手中转移到公债债权人手中。实际的开支是那 2000 万镑，而不是为那 2000 万镑必须支付的利息。付不付利息都不会使国家增富或变穷。政府可以通过赋税的方式一次征收 2000 万镑；在这种情形下，就不必每年征课 100 万镑。但这样做，并不会改变这一问题的性质"（李嘉图）。这就是被现代经济学家们称之为"李嘉图等价定理（Ricardian equivalence theorem）"的原文。

从李嘉图的上述那段话中，可以归纳出他的三点含义（平新乔，1992）：第一，课征 2000 万镑税收和举借 2000 镑公债，都会使一国的生产资本减少 2000 万镑（在这里，他假定的是政府为战争费用而筹款）；第二，因举借公债而引致的债息偿付，只不过是将一部分人的收入转给另一部分人而已，并不会改变一国的财富总量；第三，由于举债和课税同样会造成一国纯损失 2000 万镑，人民的收入会因此下降，消费支出也会随之下降。举债和课税对人们消费行为的影响，实际是相同的。

3. 易于看出，李嘉图是以国债与其他财政收入形式之间的替代关系作为研究问题的切入点的。李嘉图等价定理所揭示的，实质是举债与课税的比较效应问题：政府的财政收入形式的选择，不会引起人们经济行为的调整。换言之，无论政府是以课税方式来弥补财政支出，还是以举债方式来弥补财政支出，或是以两者的某种组合方式来弥补财政支出，其对人们经济行为的影响都是无差别的。

这里的一个潜在的理论判断是，财政支出具有相当的"刚性"。财政收入，只是财政支出的约束条件，在很大程度上是为财政支出所左右的。在财政支出规模既定的条件下，国债与其他财政收入形式之间必然呈现一种此增彼减的关系。

4. 现代经济学家们对李嘉图等价定理的重视，源自对政府举债的宏观经济影响的关注。不过，尽管现代经济学家们并非同意李嘉图的见解，也没有将研究停留在李嘉图等价定理的水平上，围绕举借国债的经济作用机制问题的论争，却始终没有脱离李嘉图当年的思路。比如，D. 帕廷金关于政府未清偿的政府债券中有相当于 $K(0 \leq K \leq 1)$ 比例的部分为人们视作总财富，从而会加大人们的消费倾向的判断，便是基于举债和课税之间效应的比较作出的（Patinkin, 1965）。J. 托宾为论证政府举债的收入再分配效应和由此导致的人们经济行为的相应调整，也是从国债与税收之间相互替代关系的角度入手的（Tobin, 1980）。

5. 中国的国债是在经历了长达20年的"空白"之后，于1979年开始重新起用的。当时的背景是，经济体制改革正在全国范围内推开。中国经济体制改革的一大特点就是，改革每向前迈进一步，都要以财政上的减税让利为代价。减税让利之后留下的财政收入"亏空"，又以举借国债的办法来"填补"。从某种意义上说，1979年以后，政府之所以能够大幅度地实行对家庭、企业的减税让利，之所以能够在税收大面积流失和预算内收入被大量转作预算外收入的条件下继续维持国家财政的运转，一个重要原因，就是有了国债的支持。

现在回过头来看这十几年来的历程，不难发现，我们实际上走的是一条以国债的连年发行来支撑（或换取）财政上的减税让利的改革道路。

6. 财政上的减税让利与国债的连年发行——两种经济现象的相关性，向我们传递了一个重要的信息：关于国债的经济作用机制的分析，可以从国债与其他财政收入形式之间的比较效应入手。国债与其他财政收入形式之间所隐含着的相互替代关系，可能是展示复杂而现实的国债运行的基本脉络，把握国债作用于经济的规律性的制高点。

二 举借国债与民间需求:微观层次的考察

7. 从逻辑次序上说,举借国债首先影响到家庭和企业部门。它主要通过民间需求即民间消费和民间投资的变化表现出来。

8. 分析民间消费和民间投资随政府举债而发生的变化,可从如下两个约定条件入手:其一,政府财政支出的规模既定,不受财政收入形式变化的影响。其二,政府可供选择的财政收入形式只有两种,即税收和国债。故政府预算的平衡条件可以表示为:

$$\bar{G} = T + D \qquad (2-1)$$

式中,G代表财政支出,T代表税收,D代表国债。$\bar{G}$表示财政支出既定不变。

9. 一般而言,在既定的财政支出规模制约下,政府举借国债的同时,便是税收的相应减少(Cavaco-Silva,1977)。以 ΔD 代表国债发行额,$-\Delta T$ 代表税收减少额,则

$$\Delta D = |-\Delta T| \qquad (2-2)$$

说举借国债会导致税收的相应减少(也可以反过来说,税收的减少造成国债的相应增加),主要指的是下述几种情况的出现:(1)因政府举债使得既有的税收有可能人为减少,如基于政策性的目的,在对微观经济主体给予减免税照顾的同时,税收减少后的财政亏空便需要以举借国债的办法加以弥补;(2)因政府举债使得本可增加的税收有可能暂时不增,如基于来自某些利益集团的压力或出于某些方面的考虑,原拟增设税种或提高税率的提案暂时搁置,对增加财政收入的需要转以发行国债的办法来满足;① 除此之外,还可能有第(3)种情形,微观经济主体的偷漏税活动在一个

---

① 中国1991年的情况便是一个突出的例子。由于提高商业零售环节营业税税率2个百分点以增加70亿元财政收入的措施没有按时出台,为弥补由此而造成的预算短收,国务院决定并增发了100亿元的国库券(马洪、孙尚清,1992,第149—150页)。

时期内极为猖獗,政府在短期内又无法从根本上加以扭转,由此而造成的税收的"跑、冒、滴、漏",不得不依赖发行国债的办法加以填补。①

无论出现哪一种情形,税收减少的直接结果,都是微观经济主体的税后可支配收入(Y)的相应增加,从而形成一种连锁反应:举借国债(ΔD)→税收减少($-\Delta T$)→可支配收入增加(ΔY)。微观经济主体可支配收入的增加额与国债的发行额相等,即:

$$\Delta Y = \Delta D = |-\Delta T| \qquad (2-3)$$

10. 国债对税收的等额替代($\Delta D = |-\Delta T|$),在增加微观经济主体的可支配收入($|-\Delta T| = |\Delta Y|$)的同时,也以相等的规模增加了对民间储蓄的需求(ΔD)。这时,由于对民间储蓄的供给不能按照对其需求的增加幅度而相应增加,市场均衡利率肯定要随之上升。

如图1所示,初始的情况是一个无政府举债条件下的市场均衡状态。横轴代表储蓄、投资和政府举债的规模,纵轴代表利息率。I 线(即民间投资)代表对储蓄的需求,S 线(即民间储蓄)代表对储蓄的供给。I 线与 S 线相交于 E 点,由此决定的市场均衡利率水平为 R。

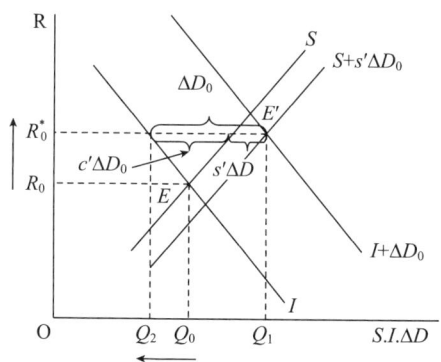

图1 对储蓄的供给与需求:均衡利率的决定

---

① 在改革以来的中国,这三种情形都不同程度地存在着。

政府举债后，一方面增加了对储蓄的需求（以 ΔD 代表），使得对储蓄的需求曲线向右上方平行移动，即由 I 线移至 $I+\Delta D$ 线。另一方面，也以相等的数额增加了微观经济主体的可支配收入（ΔY），并通过这一途径增加了对储蓄的供给（以 $s'\Delta D$ 代表，$s'\Delta D$ 为微观经济主体所增加的可支配收入 ΔY 中用于储蓄的部分，s' 代表边际储蓄倾向），从而使得对储蓄的供给曲线向右下方平行移动，即由 S 线移至 $S+s'\Delta D$ 线。$s'\Delta D = \Delta D - c'\Delta D$（$c'\Delta D$ 为微观经济主体所增加的可支配收入 ΔY 中用于消费的部分，$c'=1-s'$，c' 代表边际消费倾向），对储蓄的需求的增加幅度（ΔD）大于对其供给的增加幅度（$s'\Delta D$）。于是，形成了对市场利率上升的强大压力。$I+\Delta D$ 线与 $S+s'\Delta D$ 线的相交点 E' 所决定的市场均衡利率水平为 R^*。

$$R^* > R \tag{2-4}$$

11. 站在家庭、企业的立场上考虑问题，就会发现，认购国债和缴纳税收，虽然同样是将其掌握的一部分财富转移给政府，但对于他们，却具有截然不同的意义：缴纳税收，是其总收入的扣除项目，系对其所拥有的财富的一种强制割让；而认购国债，是其可支配收入的运用项目，系一种自愿的储蓄或投资行为，并不影响其所拥有的财富总量。即使带有派购性质的国债，由于终归要到期还本付息，人们也是把它作为储蓄或投资的一种形式来看待的。

这种认识对于本文主题的分析，颇有启发意义。它意味着，面对由举借国债（ΔD）到税收减少（$-\Delta T$）所带来的可支配收入的增加（ΔY），微观经济主体肯定要拿出一定的份额（这取决于其边际消费倾向 c'。一般说来，在任何情况下，边际消费倾向都大于0），用于增加即期的消费。即使在此之后仍须认购相应数额的国债，但作为一种资产形式（现金或存款）与另一种资产形式（政府债券）的交换，并不会改变其所拥有的财富总量。对可支配收入的增加视而不见或将其全部用于增加储蓄，在具有理性的微观经济主体身上，一般不可能发生。

结论1：举借国债，肯定会导致民间消费的增加。以 ΔC 代表民间消费的增加额，则有如下关系式：

$$\Delta C = c'\Delta Y = c'\Delta D = c'(|-\Delta T|) \qquad (2-5)$$

12. 民间投资，一方面表现为利息率的函数，并与利息率负相关，即 $I = I(R)$，$dI/dR < 0$；另一方面，它又代表着对民间储蓄的需求。正如市场利率的高低是由对民间储蓄的供给和需求双方的力量对比决定的一样，面对市场利率因政府举债而出现的上升，民间投资的反应也要依其对利息率的弹性大小及其与民间储蓄对利息率弹性大小的力量对比而定。这可以归纳为三种不同的情况：

第一种情况：民间投资（I）对利率无弹性，而民间储蓄（S）对利率有弹性。面对市场利率水平的上升，微观经济主体对投资的支出计划保持不变，而对储蓄的供给计划相应调增。其结果，市场利率的上升由民间储蓄的节节递增相伴随，一直持续到民间储蓄的增加达到足够的程度时为止。在这种情况下，政府举债所带来的均衡利率上升不会造成民间投资的减少。$\Delta I = 0$。

第二种情况：民间投资（I）对利率有弹性，而民间储蓄（S）对利率无弹性。面对市场利率水平的上升，微观经济主体对储蓄的供给计划保持不变，而对投资的支出计划相应调减。其结果，市场利率的上升由民间投资的节节递减相伴随，一直持续到民间投资的减少达到足够的程度时为止。在这种情况下，政府举债所带来的均衡利率上升会造成民间投资的减少。其减少额等于民间消费的增加额，$|-\Delta I| = \Delta C \ (= c'\Delta Y)$。

第三种情况：民间投资（I）和民间储蓄（S）对利率均有弹性。面对市场利率水平的上升，微观经济主体对投资的支出计划和对储蓄的供给计划均要相应调整，且调整的方向相反。其结果是，市场利率的上升由民间投资的节节递减和民间储蓄的节节递增相伴随，一直持续到减少之后的民间投资额加上政府举债额与增加之后的民间储蓄相等时为止。在这种情况下，政府举债所带来的均衡利率上升会造成民间投资的减少。其减少额小于民间消费的增加额，

$|-\Delta I| < \Delta C\ (=c'\Delta Y)$。

为了说明这一点,可回过头来再看图 1。图 1 的 I 线和 S 线都分别向右下方和左下方倾斜。初始的均衡状况是,利息率为 R_0,民间投资和储蓄水平为 Q_0。政府举债 ΔD 后,对储蓄的需求曲线由原来的 I 线向右上方平行移至 $I+\Delta D$ 线,同时对储蓄的供给曲线由原来的 S 线向右下方平行移至 $S+s'\Delta D$ 线。最后,在 $I+\Delta D$ 和 $S+s'\Delta D$ 线的相交点 E' 形成新的均衡。新的均衡利率水平为 R,$R_0^* > R_0$;民间投资为 Q_2,Q_1 与 Q_2 之差为政府举债额 ΔD_0。

易于看出,只有在第二种情况下,才有 $|-\Delta I|=\Delta C$ 的出现。但严格说来,前两种情况都是一种理论上的假定,在现实生活中是罕见的。第三种情况才是经济生活中的现实。

结论 2:举借国债,一方面会带来民间消费的增加,另一方面也会通过均衡利率的上升而减少民间投资。相比之下,民间投资的减少幅度小于民间消费的增加幅度,故其综合影响是民间需求(P)的扩张。式(2-6)表达了这一关系:

$$\Delta P = -\Delta I + \Delta C > 0 \qquad (2-6)$$

三 举借国债与政府支出:宏观层次的考察

13. 同对家庭和企业行为的影响相比,举借国债对政府部门的作用更为直接。这种作用主要是通过政府财政支出的变化表现出来的。

14. 国债发行之后,除短期者外(一般通过折价发行预扣利息),在其存在的期间内,必须依照约定的条件,按时付息。不论政府采取的付息方式如何,是到期一次支付,还是按期分次支付;也不论其资金来源怎样,是通过增税的途径筹措,还是以举借新债的办法募集,支付国债利息的费用总要形成一个政府财政的出项——国债利息支出。

国债到期之后,就要依发行时的规定,如数偿还本金。同样的道理，不论政府采取的还本方式怎样，是分期逐步偿还，还是到期一次偿还，或是通过市场购回的办法偿还；也不论其资金来源如何，是通过举借新债的渠道筹措，还是依赖增税、预算盈余或其他别的什么途径来解决，偿还国债本金的费用总要形成政府财政的又一个出项——国债还本支出。

无论是利息支出，还是还本支出，从某种意义上说，均带有"额外"的性质。就是说，由利息支出和还本支出构成的债务支出，是因政府举债所引致的，它只是在政府举债的条件下才会发生。

进一步说，债务支出还同政府举债的规模正相关，国债的发行规模越大，对市场利率上涨的压力越大，国债利息支出和国债还本支出的额度也就越大。

15. 以 J. M. 布坎南（Buchanan）为代表的公共选择学派，曾在解释政府机构和政府官员政治行为的基础上分析财政支出的发展趋势，并得出了追求公共机构权力极大化的政府具有一种本能的扩张财政支出规模倾向的结论（布坎南，1992）。

然而，政府具有扩张财政支出规模的倾向，并不意味着它可不受任何限制地随意增加财政支出。现实经济生活中，还是存在着可对财政支出的规模构成制约的因素的。其中，政府可取得的财政收入有无弹性及其弹性的大小，就是一个最为主要的约束条件（缪勒，1992，第164页）。如果政府可取得的财政收入的数量是既定不变的，没有多少伸缩的余地，那么，对政府增加财政支出的能力就会形成较强的约束，其扩张财政支出规模的势头就会相对减弱。相反，如果政府可取得的财政收入的数量不是既定不变的，可以扩大，那么，对政府增加财政支出的能力就形不成较强的约束，其扩张财政支出规模的势头也会因此而增强。

16. 如果政府可资运用的取得财政收入的形式只限于税收一种，举借国债的办法不为微观经济主体所接受或被法律严格禁止，那么，政府可取得的财政收入就是一个相对不变的量。① 在这种情况下，财政收入对政府增加财政支出的能力所形成的约束就是"硬"的。这是因为，税收所具有的"强制性"和"无偿性"决定了微观经济主体对"可容忍的"税收水平的看法是趋向于相对稳定的（阿特金森、斯蒂格里茨，1992，第412页）。在正常情况下，政府增税（提高税率或增设税种）的企图往往会遭到一定的反抗。无论这种反抗是来自政治上的，还是来自经济上的；也不论它是以显性的形式表现出来，还是以隐性的形式表现出来，它总是对政府"人为"增加财政收入企图的一个制约因素。此外，税收所具有的"固定性"又决定了课税的对象及其比例或数额必须以法律的形式预先确定下来。除非变动税法，否则，政府只能按照预定的标准课征，而不能随意更改。这又形成了对政府"人为"增加财政收入企图的另一个制约因素。

显而易见，只要财政收入的"人为"增加②受到限制，政府扩张财政支出规模的势头，就不能不因此减弱。

17. 但是，如果政府取得财政收入的形式除了税收之外，国债也是可以利用的，那么，增税的办法便可能为举债所替代，增税的目的也可由举债去实现。这时，可取得的财政收入就不再是一个相对不变的量了，而是有可能增加的。在这种情况下，财政收入对政府增加财政支出的能力所形成的约束就可能是"软"的。这是因为，国债具有不同于税收的三个形式特征。它所具有的"自愿性"和"有偿性"，决定了它可为微观经济主体作为储蓄或投资的一种对象加以认购。在正常情况下，政府以举借国债来增加财政收入的做法不会招致微观经济主体的不满。它所具有的"灵活性"，又决

---

① 实际的情况当然并非如此简单。但是，将国有企业利润上交、规费等其他财政收入形式引入分析，只会带来不必要的麻烦，最终结论却无根本性变化。所以，这里仍以税收作为上述财政收入形式的代表。

② 这里所说的财政收入的"人为"增加，是相对于财政收入的"自然"增加即财政收入随着经济增长而出现的增加而言的。

定了它可以视政府财政的状况而相应调增或调减发行量，以至在某种程度上可以做到：何时需要，何时发行，需要多少，发行多少。所有这些，都使得财政收入的"人为"增加成为可能。

不言而喻，只要财政收入有"人为"增加的可能，政府扩张财政支出规模的势头，就可能因此而增强。

18. 更重要的问题还在于，一旦政府的财政支出在举借国债的条件下得以扩大，财政支出本身所具有的"刚性"很可能会带来国债发行量的逐年上升，从而使国债变"临时性收入"为"经常性收入"。其结果，当然是财政支出规模的进一步膨胀。这一方面是因为财政支出往往增加容易压缩难，增加财政支出肯定会给相当一部分微观经济主体带来直接的或间接的利益，压缩财政支出则肯定会招致既得利益者的抵制和反对。为了维持既定规模的财政支出，国债不仅每年要发行，而且还要保证每年国债发行额扣除了债务支出之后的净收入额不致下跌，甚至要在上一年的基础上有所增长。国债发行额的只增不降显然会对财政支出的增加产生推波助澜的作用。另一方面也是因为，如前所述，因举借国债而产生的债务支出以及随举债规模扩大而逐年增加的债务支出，本身就是导致财政支出规模膨胀的一个因素。

19. 考察一下国内外的历史文献，肯定会进一步印证我们的上述分析。国债作为一种财政收入形式之所以能够出现且在历史时序上比税收晚得多，其中的一个重要原因就在于，政府职能的不断扩大要求财政支出日益增长，仅靠税收又不能满足财政支出的这种日益增长的需要。在财政支出的增长越来越受到政府课税能力的限制和预算收支平衡的约束的条件下，作为打破或弱化这种"限制"或"约束"的一种手段，国债才为政府所青睐并在各国流行开来。

20. 也许正因为如此，经济学家们对于财政支出增长现象的解释，总离不开财政收入的相应跃增这个基础（Peacock & Wiseman, 1967）。对于财政支出规模的控制，也总是要从财政收入来源（特别是举借国债）的制约上去寻求办法。布坎南（1958）甚至认为，缩减政府的财源，是控制政府支出规模的唯一可行方法。

结论3：举借国债通过引致政府债务支出并弱化政府预算约束，对政府财政支出的规模有扩张之效。

四 举借国债与社会总需求：总量效应

21. 从宏观上看，社会总需求是由民间消费＋民间投资＋政府支出所构成的。在逐一考察了举借国债对这些因素的影响之后，可以进而分析社会总需求的整体走势。

22. 前面的分析表明，举借国债对财政支出规模的影响是通过两个方面表现出来的：一是引致了债务支出，另一是弱化了政府的预算约束。

这一现象是富有启发意义的。它实际上提醒我们，随政府举债而膨胀出来的财政支出对社会总需求可能有不同的影响方式。

政府的财政支出总是由不同项目的支出所构成的。对此，经济学家们常常基于不同的目的，采用不同的方法进行分类。其中，颇具经济分析意义的是依财政支出的经济性质，将其分为消耗性支出和转移性支出（陈共，1991）。

——消耗性支出直接表现为政府购买物品或劳务的活动，包括购买进行日常政务活动所需的或用于进行国家投资所需的物品或劳务的支出。前者如政府各部门的行政管理费，后者如政府各部门的投资拨款。这些支出的目的和用途当然有所不同，但却具有一个共同点：政府一手付出了资金，另一手相应地获得了物品或劳务，并运用这些物品或劳务，来履行政府的各项职能。就是说，在这样一些支出安排中，政府如同其他经济主体一样，在从事等价交换的活动。

——转移性支出直接表现为资金的无偿的、单方面的转移，其中主要包括政府部门用于养老金、补贴、失业救济金、债务还本付息等方面的支出。这些支出的目的和用途当然也有不同，但却有一个共同点：政府付出了资金，却无任何资源可得。在这里，不存在任何交换的问题。

——消耗性支出的结果，是政府所掌握的一部分资金和微观经济主体所提供的物品或劳务相交换。在这里，政府直接以物品或劳务的购买者身份出现在市场上，它直接反映了政府部门要占用社会经济资源的要求。由政府部门运用这些资源，就排除了家庭、企业运用它们的可能性。因而政府的消耗性支出是社会总需求的一个组成部分。

——转移性支出的结果，是政府所掌握的一部分资金无偿地、单方面地注入家庭、企业之中，形成微观经济主体的可支配收入。它只是资金使用权的转移，并不反映政府部门占用社会经济资源的要求。相反，转移只是在社会成员之间的资源再分配，政府部门所扮演的是中介人的角色。至于这些资金的最终投向，要取决于转移性支出的对象——家庭和企业——的边际消费倾向和对投资收益率的预期。也就是说，这些资金是否用于购买物品或劳务以及有多大的比例用于购买物品或劳务，并不由政府所控制。因而政府的转移性支出虽然对社会总需求的最终形成有重大影响，但它并不直接构成社会总需求的一部分。

23. 注意到上述区别，我们可以得到这样的认识：随政府举债而膨胀出来的财政支出对社会总需求有两种不同的影响方式：一种是作为新的需求要素而直接叠加到原有社会总需求水平之上，如政府的消耗性支出；另一种是以资金使用权转移的方式嵌入原有社会总需求之中，如政府的转移性支出。前者会使社会总需求的总量扩张，后者则只改变社会总需求的主体结构，而一般不会增加其总量。

举借国债所引致的债务支出，显然不过是政府的转移性支出的一部分，它是不应也不能直接叠加到原有社会总需求水平之上的。可以对社会总需求产生"叠加"效应的，只能来自随政府举债所带来的政府预算约束弱化而膨胀出来的财政支出。

24. 当然，随政府举债所带来的政府预算约束弱化而膨胀出来的财政支出，仍是可以进一步区分为消耗性支出和转移性支出的，因而也不会完全叠加到原有社会总需求水平之上。至于它可在多大的程度上表现为社会总需求的增加，要视膨胀出来的这部分财政支出中消耗性支出的所占比重而定。

由于在实践中政府往往将各种形式的财政收入捆在一起使用，我们只能从财政支出的总体结构上来大致推断这部分财政支出在消耗性支出和转移性支出之间的布局。问题是，消耗性支出和转移性支出占总支出的比重，在各个国家是有所不同的。即使在同一国家的不同发展时期，情况也在发生变化。

不过，常识告诉我们，不管政府财政支出总体结构的特征如何，也不论经济的发展会使其出现怎样的变化，财政支出中总会有一部分是由消耗性支出所构成的。进而可以推论，随政府举债所带来的政府预算约束弱化而膨胀出来的财政支出，总会有一部分可以直接叠加到原有的社会总需求水平之上。

25. 事情的进展并未到此结束。宏观财政理论（Eckstein, 1979）表明，政府消耗性支出的任何增加，通过"财政乘数"的作用，还会使得社会总需求的增加额数倍于政府消耗性支出的增加额。

如图 2 所示，$C+I+G$ 线代表社会总需求，ΔG^* 代表政府消耗性支出的增加额，$C+I+G+\Delta G^*$ 代表政府消耗性支出增加后的社会总需求。可以清楚地看出，在政府消耗性支出增加 ΔG^* 的条件下，国民收入的均衡水平由原来的 OA 增加至 OF，AF 显然是 ΔG^* 的数倍。这就是说，举借国债条件下政府消耗性支出的增加，对社会总需求具有扩张性的"乘数效应"。

结论 4：从总量上看，举借国债带给包括民间消费、民间投资和政府的消耗性支出在内的整个社会总需求的影响，是扩张性的。

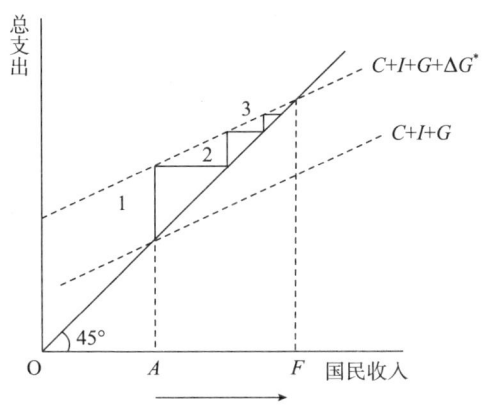

图 2　政府消耗性支出增加所带来的乘数过程

五　举借国债与社会总需求：结构效应

26. 说到举借国债对社会总需求结构的影响，自然要牵涉两个方面的问题：一是微观经济主体用以认购国债的资金的来源是什么？是出自它们的储蓄、投资，还是出自它们的消费？另一是政府以举借国债方式筹措的资金投向于何处？是用于其消耗性支出，还是用于其转移性支出？再进一步，是用于其消耗性支出中的经常性支出，还是用于其消耗性支出中的投资性（我国称建设性）支出？

27. 为了分析的简化起见，我们约定，在国民收入的循环流程中，作为"漏出"量的储蓄全部转化为作为"注入"量的投资，也就是 $S=I$。因此，只要我们有可能知道居民家庭可支配收入在消费和储蓄之间的分割比例，也就能够基本把握这些资金的原本投向：用于消费支出和投资支出的各自份额。

——在前面讨论举借国债对民间需求的影响时，我们把国债发行视为对税收的一种替代，因而举借国债的同时便是税收的相应减少以及微观经济主体的可支配收入的相应增加。既然国债的发行同微观经济主体可支配收入的增加是同步的，且规模相当，微观经济主体用以认购国债的资金显然不会全部出自其原有的可支配收入，有一部分可能来源于其所增加的可支配收入。因而微观经济主体的原有可支配收入及其在消费和储蓄之间的分割比例因政府举债所受到的"冲击",肯定小于国债的发行量。由于认购国债对微观经济主体来说是一种储蓄或投资行为,其认购资金出自原有可支配收入的部分自然主要来源于储蓄的份额。所以,原有可支配收入中的储蓄资金加上增加的可支配收入中被用于储蓄的部分,将首先被其作为认购国债的资金来使用。只有在这部分资金的数量不足以满足其认购国债所需的条件下,微观经济主体才可能考虑挤用消费资金来认购国债。

——凯恩斯(1963)的绝对收入理论表明,随着人们可支配收入的增加,其边际消费倾向和边际储蓄倾向将发生方向相反的变动:前者趋于下降,后者趋于上升。再进一步,边际消费倾向的下降会拖动平均消费倾向随之下降,边际储蓄倾向的上升也会拉起平均储蓄倾向一同上升。这又意味着,因政府举债而发生的微观经济主体可支配收入的增加,有可能带来其平均消费倾向的下降和平均储蓄倾向的上升。随着这一变动过程,微观经济主体可支配收入中用于储蓄的份额会相对加大,用于消费的份额会相对缩小。联系我们前面关于微观经济主体将首先动用储蓄资金认购国债的推论,其消费资金因政府举债所可能受到的"冲击"程度进一步减轻了。

——微观经济主体通常是以其所拥有的现金或银行存款作为认购国债的支付手段的,其中的大头儿还是银行存款。虽然不能说银行存款所代表的都是储蓄资金,但说银行存款中的主要部分不属于微观经济主体用于即期消费的资金,或是有可能通过银行中介而转化为投资的资金,恐怕没有问题。此外,微观经济主体也可能通过变卖其他有价证券或实质资产的办法来筹措国债的认购资金。显而易见,这些有价证券或实质资产所代表的主要是微观经济主体以往的积累或存量,它们本来就是作为储蓄资金或投资资金而转化来的。这就告诉我们,形成微观经济主体认购国债资金来源的大头儿，不是消费资金。

——前面的分析已经表明，举借国债带给家庭和企业部门的经济影响，表现为民间消费的增加和民间投资的减少。

基于上述几点，可以看出，微观经济主体用以认购国债的资金来源，大头儿在于储蓄资金或原本用于投资支出的资金。当然也有一部分出自消费资金或原本用于消费支出的资金。但相比之下，前者肯定大于后者。

28. 根据前已述及的原因，即实践中政府往往将各种形式的财政收入捆在一起使用，政府以举借国债方式所筹措的资金投向于何处，只能从财政支出的总体结构上来大致推断。

——文献考察表明，略去其他支出不论，在发达国家中，消耗性支出和转移性支出在财政支出总额中的占比，分别为 45.2% 和 41.0%，大体上平分秋色。而在发展中国家，两类支出在财政支出总额中的占比，分别为 61.5% 和 22.5%，前者几乎是后者的 3 倍。

——就中国的情况而论，伴随着市场化取向的改革进程，中国的财政支出结构已经发生了逐步由消耗性支出向转移性支出倾斜的变化。1978 年，消耗性支出和转移性支出①占财政支出总额的比重，分别为 98.3% 和 1.7%。至 1994 年年底，这两个比重数字已分别减少和增加到 77.67% 和 22.33%。

从中国财政支出结构的现状看，政府以举借国债所筹措的资金，大约有 25% 用于转移性支出，75% 形成消耗性支出。换言之，在随政府举债而膨胀出来的财政支出中，消耗性支出和转移性支出之比大约是 3∶1。不过，从中国财政支出结构的发展趋向看，两类支出之比很可能达到发展中国家的水平，即 6∶4。

进一步说，转移性支出基本上是从民间部门中来，又回到民间部门中去，本身并不构成对社会物品或劳务的直接需求。它既不会

---

① 转移性支出的计算口径为：价格补贴支出、债务支出、抚恤和社会救济支出。除此之外的所有支出项目归入消耗性支出。

增加社会总需求总量，对其结构的影响也就不大。① 因此，考察的重点还是应放在可对社会物品或劳务构成直接需求的支出——消耗性支出——上。

——就消耗性支出在经常性支出和投资性支出之间的分割情况而言，发达国家和发展中国家有着惊人的相似。这就是，经常性支出所占的比重甚高，投资性支出所占的比重则较低。以消耗性支出为 100%，发达国家的经常性支出占 77.2%，投资性支出占 22.8%；发展中国家的经常性支出占 81.4%，投资性支出占 18.6%。总之，经常性支出与投资性支出之比大约是 8∶2。

——这些年，在中国财政的消耗性支出中，基本建设支出（含生产性和非生产性两类）的比重已经大幅度下降，从 1978 年的 41.4% 减少至 1994 年的 11.9%。即使以现行包括生产性基本建设支出、挖潜改造和新产品试制费支出、支援农业支出等所谓建设性支出的口径计算，1994 年整个建设性预算支出占全年财政支出的比重也不过 25.16%。

看起来，说以举借国债收入为来源的那部分消耗性支出的大头儿，表现为经常性支出，其余的小头儿表现为投资性支出，似乎是能够成立的。再进一步，由于经常性支出基本是消费性支出，所以，说举借国债收入的投向，除了转移性支出之外，主要在于消费性支出，也是没有什么问题的。

29. 现在，我们把认购国债的资金来源和举借国债收入的投向联系起来考察。举借国债无非是把家庭和企业部门的一部分资金转移给政府部门去使用。既然微观经济主体用以认购国债的资金来源，大头儿在于储蓄资金或原本用于投资支出的资金，并且，既然政府以举借国债收入为来源的那部分消耗性支出的主要部分，又在于经常性（消费性）支出，那么，作为这一过程的结果，将不外

---

① 这里未考虑累进课税收入转作转移性支出的影响，而仅就举借国债收入用于转移性支出的情况而言。

是：由民间消费支出和政府直接消费支出所构成的社会总消费支出趋于增加，而由民间投资支出和政府直接投资支出所构成的社会总投资支出趋于减少。[①]

结论5：从结构上看，举借国债使得整个社会的消费—投资结构中，发生了有利于社会总消费一方的变化。

六　结语

30. 本文主要就举借国债对社会总需求的影响，分别从总量和结构两个角度进行了分析。结果表明：举借国债带给社会总需求总量的影响是扩张性的，带给社会总需求结构的影响是社会总消费的增加和社会总投资的减少同时发生。

上述分析结论多少有些出人意料。因为，它同我国经济学界所普遍认同的关于举借国债的作用的说法，是迥然相异的。然而，它却与改革以来中国国债所走过的历程，基本吻合。这可以从对中国国债与社会总需求之间关系所作的实证分析（高培勇，1996）中，得到印证。

31. 现在看来，举借国债之所以会被人们视作控制社会总需求、化消费基金为积累基金的一种力量，全部问题可能在于，如下几个基本事实被看漏了：

事实之一：财政支出具有相当的"刚性"，国债与其他财政收入形式之间具有一种相应的相互替代关系。只要财政支出的规模是既定的，容不得人为的削减或调整，举借国债与所课税收之间就要此增彼减，微观经济主体可支配收入的相应增加就是必然的。在微观经济主体可支配收入得以增加的条件下，民间消费的增加总是不可避免的。尽管与此同时民间投资可能呈减少之势，但民间投资的

[①] 之所以在此称作政府直接消费支出和政府直接投资支出，而不叫政府消费支出和政府投资支出，主要是考虑到政府通过转移性支出而注入于民间部门的那部分资金，也要由微观经济主体分别用于消费和投资，从而形成政府的间接消费支出和间接投资支出。

减少势头远不如民间消费增加的势头来得强劲。所以，举借国债带给家庭和企业部门的影响，非但不是民间需求的下降，反而是它的上升；非但不是民间消费的减少，反而是它的增加。

事实之二：政府以举借国债方式取得的收入总是要使用的，并且，总是要与以其他财政收入形式取得的收入捆在一起使用的。政府举债，总要在其收不抵支的条件下才会发生。举债的收入，总要用于支出。只要政府将举债收入用于支出，财政支出规模的膨胀就不可避免；只要财政支出规模因此而出现了膨胀，便总会有一部分直接叠加到原有的社会总需求水平之上。再进一步，只要政府将各种形式的财政收入捆在一起使用，举借国债的收入就不必然地用之于投资性支出；只要举借收入所面对的是包括转移性支出和消耗性支出在内的整体的财政支出，举借的收入便不免于为政府的经常性支出所占用。也正因为如此，举借国债带给社会总需求的影响，非但不是其总量的下降，反而是它的上升；非但不是社会总消费的减少，反而是它的增加。

事实之三：改革以来，中国的财政支出结构已经发生了由所谓生产建设财政向公共财政的转变。建设性支出既已不再是中国财政支出的主体，中国的财政支出结构既已越来越向经常性支出倾斜、并使得经常性支出在财政支出总额中占有了绝大比重，举借国债收入的大部分，就要投向于经常性支出。只要主要来自民间储蓄资金或投资资金的举债收入被用于以经常性支出为主体的财政支出，由民间消费支出和政府消费支出所构成的社会总消费支出便会趋于增加。

更为重要的一个事实是，1994年，中国政府推出了彻底取消财政向银行的透支，财政上所发生的赤字全部以举借国债的办法来弥补的重大举措。随着弥补财政赤字的办法由"双轨制"（同时向银行透支和举借国债）转入"单行道"（全部依靠举借国债），出于减少或避免透支所带来的货币供给量扩大目的而操用举借国债的政策措施，已经不再具有现实意义。

32. 以上论断的引申意义在于，当经济面临通货膨胀和物价上涨的威胁时，如果我们寄希望于通过发行国债来减缓社会购买力过旺的势头，并以此将一部分消费基金转化为积累基金，从而保持市场供求的大体平衡，其结果很可能事与愿违。

主要参考文献

Buchanan, James M., 1976: Barro on the Ricardian Equivalence Theorem, *Journal of Political Economy*, 84（2）.

Cavaco‐Silva Anibal A., 1977: *Economic Effect of Public Debt*, St. Matin's press Inc.

Otto Eckstein, 1979: *Public Finance*, Prentice‐Hall Inc.

Patinkin, D., 1965: *Money, Interest and Prices*, New York: Harper & Row.

Peacock, A. & Wiseman, J., 1967: *The Growth of Public Expenditure in the United States*, Allen & Unwin.

Tobin, James, 1980: *Assert Accumulation and Economic Activity*, Chicago: University of Chicago Press.

陈共：《财政学》，四川人民出版社1991年版。

马洪、孙尚清：《中国经济形势与展望（1991—1992）》，中国发展出版社1993年版。

平新乔：《财政原理与比较财政制度》，上海三联书店1992年版。

高培勇：《中国国债对社会总需求影响的实证分析》，《城市金融论坛》1996年第4期。

安东尼·B. 阿特金森等：《公共经济学》，上海三联书店1992年版。

丹尼斯·缪勒：《公共选择》，商务印书馆1992年版。

大卫·李嘉图：《李嘉图著作和通信集》第1卷，商务印书馆1981年版。

詹姆斯·M. 布坎南：《民主过程中的财政》，上海三联书店1992年版。

（原载《经济研究》1996年第9期）

市场经济条件下的中国税收与税制[*]

一　中国税收的现状与其应有的地位不相称

1994年税制改革以后，我国的税收形势很好，每年的税收增长额都达近千亿元（1994年为871.58亿元，1995年为911.16亿元，1996年为863.31亿元）。不仅实现了与GDP的同步增长，而且略大于GDP的增长速度。但是，国家的财政困难依旧，且还有不断加剧的趋势。严峻的财政形势要求我们进一步挖掘潜力，实现国家税收更大幅度的增长。与此同时，我们也听到了另外一种声音，这就是抱怨税负重。有人甚至将国有企业的现时困难同税负问题联系起来，并由此引发了对1994年后所实行的这套新税制的怀疑。

从宏观层次上看，税收不是多了，而是少了。站在微观的立场上说，税负不是轻了，而是重了。这不能不说是一对难解的矛盾。如此的矛盾现象之所以会出现，其可能的答案在于：人们口中讨论的虽是同一件事情，但视野所及却并非同一个范围。

看起来，在当前，很有必要对我国税收的现状与其应有的作用和地位是否相称，作一番认真的检讨。在检讨的基础上，统一认识。

＊ 本文系1997年4月16日作者为国务院领导及各部委办负责人所作税收专题讲座的讲课稿。时任国务院总理朱镕基主持了这一专题讲座。

显而易见，一国税收的作用和地位怎样，不能仅看其绝对额的多少或增长幅度的大小，而要看它在经济社会生活中的相对重要程度。这又集中表现在税收收入占 GDP 的比重上。税收是作为政府收入的一种来源而存在的，政府收入占 GDP 的比重，就包括了税收收入占 GDP 的比重。我们的考察可以首先放在税收收入占政府收入的比重上。

1. 中外税收地位的比较

首先要指出这样一个事实：在时下的中国，财政收入不等于政府收入。

在国外，当你想了解财政收入有多少时，人们往往会告诉你，政府收入是多少。这是因为，政府收入都是要纳入预算的，也都是要拿到国会或议会去讨论审议的。纳入预算并交由立法机关审议、通过的政府收入，就是我们所说的财政收入。所以，在国外的经济文献中，政府收入与财政收入往往是一回事。而且，一般只有政府收入的概念。

我国现时使用的财政收入概念，只是国外所使用的政府收入概念的一个部分。如果以政府收入的概念为统计口径，目前我国可以列入其中的，至少有这样几个类别：

第一，预算内收入。预算内收入就是每年财政部长向全国人民代表大会作预算报告时所公布的政府收入，也就是我们所说的财政收入。按照 1996 年的统计数字，预算内收入占 GDP 的比重为 10.9%。

第二，预算外收入。预算外收入是计划经济年代沿袭下来的一个经济范畴，本来是作为预算内收入的补充性财源来使用的。除了"文化大革命"时期预算外收入的规模较大（1976 年，曾相当于预算内收入的 35.5%）之外，其余的年份，一般在 15%—20%。但是，20 世纪 70 年代末以来，随着以放权让利为主调的改革进程，预算外收入的规模出现了急剧扩张。到 90 年代初，预算外收入已经和预算内收入大体持平。1993 年，我们对统计口径作了一下调整,国有企业所掌握的专项基金和税后留利不再计入预算外收入的范围。现在所说的预算外收入,只包括财政部门和行政事业单位所掌管的预算外资金两个部分。即使就这个口径而论,1996年,预算外收入也要占到GDP的6%—7%。

第三,制度外收入。如果将预算内收入称作"依法而征"的收入,将预算外收入称作"依规而收"的收入(尽管放在预算外,但征收管理以国务院、国家计委和财政部等部门颁发的行政性文件为依据),制度外收入则是由各部门、各地区"自立规章、自收自支"的收入。这部分收入的渠道较乱,很难得到精确的统计数字。根据1996年的有关数据推算,制度外收入至少要占到GDP的5%。

第四,除此之外,还有大约占到GDP的4%的财政收入退库和占到GDP的3%的债务收入,可以算作政府收入的第四类和第五类。

上述几类收入相加,目前我国政府收入在GDP中的占比,实际已达到30%左右。其中,税收收入在政府收入中的占比,仅为1/3多一点(1996年,全国各项税收占GDP的比重为10.2%)。

再来看一下世界各国税收在政府收入中的占比情况。根据国际货币基金组织《政府财政统计》(1995)所提供的数字,各国中央政府税收占中央政府收入(含债务收入)的比重数字分别为:美国80.35%(1994),加拿大73.42%(1992),法国81.05%(1994),德国87.0%(1993),英国79.76%(1993),意大利75.04%(1994),韩国85.06%(1995),印度尼西亚87.19%(1991),菲律宾81.53%(1993),阿根廷83.79%(1990)。可以看出,国际上的通行情况是,无论发达国家,还是发展中国家,税收收入往往都要占到政府收入的绝大比重。特别在中央财政一级,税收收入的占比更大。

相比之下,我国税收在政府收入中的占比是明显偏低的。

2. 税收在世界范围内备受重视

事实上,税收在世界范围内是备受重视的。特别是在市场经济发育水平较高、实行市场经济制度历史较长的国家，不仅立法机关和历届政府都把税制建设和税收立法列入重要的议事日程，普通百姓亦出自本身利益的考虑而关注税制的一举一动。

更有意思的一个情况是，这些年来，西方世界对税收的重视已上升到对税制优化理论研究的重视。1996年的诺贝尔经济学奖便授予了两位对税制优化理论的研究作出奠基性贡献的经济学家——英国剑桥大学教授詹姆斯·莫里斯（James Mirrilees）和美国哥伦比亚大学教授威廉·维克里（William Vickrey）。在诺贝尔经济学奖27年的历史上，由两位主要研究税收理论的经济学家分享诺贝尔奖，这还是第一次。它表明，税收理论研究已经在西方经济学的发展史上占据了重要地位。

那么，税收为什么会受到如此的重视？并且，为什么对税收的重视程度又同市场经济的发育水平正相关呢？这是必须作出解答的问题。

3. 税收是市场经济下政府财政收入的基本来源

税收之所以成为市场经济条件下政府财政收入的基本来源，是由政府财政支出和税收本身两个方面的性质所决定的。

无论哪一种形式的财政收入，从根本上说来，都是用于满足财政支出的需要的。财政支出的性质，自然决定和制约着与其对应的财政收入的性质。改革以来，伴随着市场化的进程，我国财政支出的格局发生了翻天覆地的变化。其中，最为显著的是，基本建设支出的占比，由1979年的40.4%一路下滑至1996年的9.6%〔=885.88亿元/(7914.38亿元+1314.3亿元)〕。这说明，我国的财政支出格局已经越来越带有"公共财政"的性质。那么，怎样看待这个变化呢？

就大的方面说，这是符合市场经济发展规律的一个变化。因为，市场经济与计划经济的根本区别就在于，资源的配置主要依赖于市场，政府的任务则是拾遗补阙。凡是可以通过市场解决或通过市场可以解决得更好的事项，政府就不去介入；凡是不能通过市场解决或通过市场解决得不能令人满意的事项，政府才必须涉足。具体而言，在市场经济条件下，政府的职能事项，大体可以概括为提供公共物品或服务、调节收入分配和促进经济的持续稳定发展三个方面。只要稍加分析，便不难发现，政府用于履行这三个方面职能而花费的财政支出，具有一个共同性质：它们都是处于"满足社会的公共需要"这一层次的。它们通常只有投入，没有产出（或几乎没有产出）。这就意味着，用于弥补市场经济条件下的财政支出的资金，基本上是"有去无回"的。

政府的哪一种财政收入形式能够和财政支出的这种性质相对应呢？政府的财政收入形式，按大类说，主要有三块：税收、国债和收费。我们不妨作一下比较分析。

先说税收。税收的性质（或说税收的形式特征）通常被概括为"三性"：第一，强制性。它表明，税收是政府依据法律强制征收的，纳税人只要有了应纳税的收入，发生了应纳税的行为，就必须依照税法的规定如数把该缴的税缴上来。所以，政府通过税收所组织的收入的量，是稳定可靠的。第二，无偿性。它表明，政府通过税收所取得的收入，既不需要偿还，也不需要支付任何代价。所以，税收收入的利用，一般不会给政府带来"额外负担"。第三，数额的相对固定性。它表明，政府在征税之前，要以法律形式预先确定征税对象与征税数额之间的数量比例。除非变动税法。否则，在经济发展水平一定的前提下，政府通过税收组织的收入，便是一个既定不变的量。可以看到，能够给政府带来稳定可靠的收入，并且，可无偿使用、征收比例既定的税收，同市场经济条件下的政府财政支出的性质恰恰是一种对应关系。正因为如此，它可以且应当成为政府财政收入的主要形式。

国债和收费就不是这样了。比如国债，它的性质是自愿性、有偿性和灵活性。自愿性表明，国债的发行要建立在认购者自愿承受的基础上。认购者买与不买或购买多少，完全听凭其个人或单位的意愿而定。所以，政府通过举债取得的财政收入的量，就不那么稳定可靠。有偿性表明，通过发行国债取得的财政收入，不仅到期要作为债务偿还，而且要按认购者持有时间长短加付利息。所以，国债的利用，肯定要给政府带来"额外的负担"。灵活性表明，国债的发行额度一般无规范化的法律规定，而基本由政府根据财政收支的状况灵活加以确定。所以，以国债形式取得的财政收入，对于政府是一个可以灵活调节的量。

再看收费。需要回答这样一个问题：什么是政府收费？收费和税收的区别究竟在哪里？政府收费是以交换或提供直接服务为基础的收入形式。收费同税收的根本区别在于，前者以交换或提供直接服务为基础，后者则以政治权力为基础。世界上几乎所有国家的政府部门都有收费。不过，从总体上说，在市场经济条件下，规范化的政府收费只有两类：一是规费（fees），另一是使用费（user-charges）。规费是政府部门对公民个人提供特定服务或实施特定行政管理而收取的工本费和手续费，如行政规费（护照费、商标登记费、律师执照费等）和司法规费（民事诉讼费、刑事诉讼费、结婚登记费等）。使用费是政府对公共设施的使用者按一定标准收取的费用，如高速公路通行费、桥梁通行费、汽车驾驶执照费。可以看出，无论规费，还是使用费，都不能成为市场经济条件下的政府支出的主要收入来源，而只能在政府收入体系中居补充或辅助地位。这是因为，规费的收取：（1）须限定在政府部门提供或实施的特定服务或行政管理的领域，其收取范围狭窄。（2）要限定在工本费和手续费的额度内，其收取标准不高。使用费的收取：（1）须以公共设施为依托，不是所有的公共物品或服务都可收取使用费。（2）要贯彻受益原则，谁使用谁交费，不使用不交费。（3）要实行基金化管理，专款专用，其收入只能用于公共设施的维修与建设。（4）收取标准不能高于提供公共设施的平均单位成本。

由此不难认定，税收是市场经济条件下政府财政支出的最佳资金来源，必须作为财政收入体系中的"主力队员"而居于主导地位。至于其他的财政收入形式,如国债和收费,只能作为"替补队员"而担负起拾遗补阙的职责。也许正因为如此,历史上的许多人都对税收的特殊地位和作用给予了高度的评价。马克思曾经形象地讲过,赋税是喂养政府的奶娘。丘吉尔也说过,世界上只有两样东西是永恒的:一是死亡,另一就是税收。

4. 税收是市场经济下政府执行经济社会政策的主要手段

税收之所以成为市场经济条件下政府执行经济社会政策的主要手段,是因为税收天然地具有调节收入分配和促进经济持续稳定发展的功能。

先说税收的调节收入分配功能。在市场机制作用下,收入分配状况是由每个人所提供的生产要素的数量以及这些生产要素在市场上所能获得的价格决定的。所以,它所决定的收入初次分配状况极不公平。在市场机制的框架之内,又不存在以公平分配为目标的再分配机制。改革以来,我国城乡居民收入分配水平的差距已经在逐步拉大。据测算,1996年,我国10%的最高收入者与10%的最低收入者之间的收入差距,为4倍以上。城乡居民收入的基尼系数为0.37。这个问题不解决,不仅本身与社会公平的要求有违,而且会导致诸如贫困、社会冲突等一系列不好的社会后果。问题在于,市场经济条件下,政府已基本不再拥有直接调节收入分配的工具,而只能使用间接手段。税收恰恰具有可作为间接调节收入分配手段的有利条件。政府拥有强制征税的权力,这使得它可以大规模地介入GDP的分配过程,通过税制设计上的巧妙安排,如征收累进的所得税、高额的消费税,把资金从那些应该减少收入的人们手中征集上来,再分配给那些应该增加收入的人们。各国不乏这样的先例。比如,在德国,5%的高收入纳税人拥有25.1%的应税所得,但缴纳了近40%的所得税。前50%的纳税人承担了90.5%的所得税负,而他们所拥有的应税所得是83.2%。

再说税收的促进经济持续稳定发展的功能。这主要表现在两个方面:其一,近几年来,经济可持续发展的概念越来越深入人心。

可持续发展的一个重要内容,就是指经济的发展,不能只追求GDP的增长速度,还要算经济发展的成本为多少。其中,最突出的便是环境污染问题。环境污染作为一种外部效应,通常是不被经济行为主体打入成本的。如何才能促使人们在追求经济增长的同时,考虑诸如环境污染这样的外部成本呢?各国通行的办法便是根据环境受污染的程度征收具有矫正作用的污染税,以此来加大经济行为主体的成本,达到控制环境污染的目的。其二,税收可发挥其所具有的"自动稳定器"和"人为稳定器"的功能,在政府的宏观调控体系中扮演重要角色。所谓自动稳定器,就是通过税收制度上的安排,使得税收自动地产生抵销经济波动的作用。如累进的所得税,在经济萧条和经济繁荣时期,税收会自动地趋于减少和增加,从而分别产生减缓经济萎缩程度和抑制通货膨胀之效。所谓人为稳定器,就是通过不同时期的税收政策的制定,如在经济萧条时期减少税收,经济繁荣时期增加税收,使税收作为一种经济力量来维系总供求之间的大体平衡,促使宏观经济得以稳定发展。

不说自明的道理,税收所具有的各方面作用发挥得怎样,在很大程度上取决于税收在经济社会生活中占据的地位。具体地说,就是税收收入在政府收入和GDP中的占比。相对于税收所应具有的地位和所应发挥的作用来说,我国税收的现状是不相称的。

二 中国税收上的问题主要出在国民收入分配机制不规范上,而非税制本身

1. 中国税收在政府财政收入中占比的偏低,潜伏着一定风险

问题的复杂之处在于,税收占比偏低的同时,便是各种收费和债务收入占比的偏高。由税收"缺位"和各种收费和债务收入"越位"所可能引发的诸方面风险,不容我们忽视:

比如,政出多门的各种收费,征收不规范,并允许自收自支,使大量政府收入游离于预算之外。既诱发各种乱收费的蔓延,造成

收入分配渠道混乱（据不完全统计，经国务院和各级政府批准的各种基金、行政事业收费项目就达 900 多种，加上地方各部门自行设立的基金和收费项目，共计 1000 多种），使本已建立起来的税收规范受到严重冲击。同时，也给人们带来税负重的错觉，招致各方面抱怨，从而加大了税收征管上的困难，最终使得整个国民收入分配机制陷于不规范的状态。

还应当看到，如果说计划经济条件下政府部门可凭借其资源配置主体地位，以不规范的行政命令办法调拨各经济行为主体收入的话，那么，在资源配置主体换位于市场，各经济行为主体的利益归属已经明晰并日趋强化的市场经济条件下，继续使用不规范的办法介入收入分配，有引发或激化社会矛盾的可能。

再如，有偿性的债务收入占比偏高，并且逐年增大，已经把国家财政、特别是中央财政拖入极端困难的境地。刘仲藜部长今年的预算报告对此给予了特别关注，并使用了"债务依存度"概念来揭示当前中国财政的困难状况。债务依存度是各国通用的用以衡量政府支出对于债务收入的依赖程度的指标。根据 1997 年的预算数字计算，我国中央财政的债务依存度已达 57.77% [= 债务收入 2529.08 亿元/（中央本级支出 2418.8 亿元 + 债务支出 1959.08 亿元）]。这表明，以"满足社会的公共需要"为主体的我国的中央财政支出，其资金来源的一半以上要依赖于发行国债。更为严峻的事实还在于，这几年，中央财政的债务依存度一直呈攀升之势。1994—1997 年，我国中央财政的债务依存度数字依次为：52.14%、53.68%、55.61%、57.77%。其水平之高、增速之快，在世界上都是罕见的。

还如，不纳入预算管理的各种税外收费和债务收入占比的不断升高，亦带来了政府预算约束的弱化。无论从历史上看，还是就现实来说，对政府支出约束最强的因素，就是税收。税收所具有的性质之一——"数额的相对固定性"，实质是一把"双刃剑"。一刃是针对纳税人的，即要求纳税人把该缴的税全部如数缴上来。另一刃则是针对政府的,即征税的额度必须控制在法律允许的范围内,不允许有超越法律之外的征收。我国的现实是,由于税收在政府收入中的占比长期"缺位"和各种收费、债务收入的相应"越位",对收费和债务收入的使用又缺乏预算约束,加上债务支出本身的惯性力量,致使政府财政支出增速迅猛。仅就预算内支出而言,近几年,每年都在15%—20%(含债务支出)。进一步说,不纳入预算管理的各种收费的泛滥,还造成政府部门行为扭曲,在某种程度上成为滋生各种腐败现象的温床。

又如,税收调节收入分配和促进经济持续稳定发展的作用长期"缺位",其结果,一方面,城乡居民收入分配的差距继续拉大,政府又难以拿出更有力的措施制止这种趋势,搞不好,会引发社会矛盾和社会动乱。另一方面,经济的持续稳定发展缺少税收的制衡,许多需要通过税收解决的问题,税收没有介入或介入不够。长此以往,不仅会带来税收本身职能的弱化,也会在相当程度上影响经济的持续稳定发展。

2. 问题非出在税制上,3年来的新税制实践证明,1994年税制改革相当成功

中国税收现状的不理想,极易导致一种简单的推理:把税收的地位和作用"缺位"归结于1994年后所实行的这套新税制。应当指出,中国税收上的问题,主要不是出自税制本身。恰恰相反,3年以来的新税制实践充分说明,1994年的税制改革相当成功。最突出的标志,就是它为我们搭起了社会主义市场经济体制下税制体系的基本框架。这个框架的好处,至少有如下几点:

第一,保证了税收的正常增长,特别是中央税收的正常增长。从规范分析的意义上说,税收的增长不仅应与GDP的增长同步,而且要大于GDP的增长速度。这是因为,人类社会发展的一般规律表明,政府的职能范围有不断扩大和复杂化的趋势,由此决定了政府支出的增长速度往往大于GDP的增长速度。政府支出的增速,自然决定和要求税收的增速与之对应。此外,不论累进所得税在整

个税制结构中的份额怎样，它本身就是一种保证税收增长大于 GDP 增长的因素。前面说过，1994 年实行的这套新税制，已经做到了这一点。

第二，同世界通行税制接轨，代表了现代税制的发展方向。这突出表现在增值税地位的确立上。加拿大多伦多大学教授布莱恩曾把第二次世界大战后的税制发展格局归纳为五大特征：流转税（特别是增值税）备受青睐、个人所得税先升后降、公司所得税地位下降、社会保障税急剧爬高、财产税趋于萎缩。据统计，到 1995 年年底，世界上已有 100 多个国家和地区实施了增值税。而且，颇具启发意义的是，以 1990 年为界，实施增值税的国家和地区，前 36 年（增值税诞生于 1954 年）每年增加 1.5 个，后 5 年则每年增加 9.5 个。由此可见，增值税作为现代优秀税种的地位，已为越来越多的国家和地区所认同。目前，在我国，增值税已成为政府财政收入的支柱。这一格局的确立，在经济全球化、各国税制带有趋同性的今天，为我国对外经济交流和对外开放，打下了很好的基础。

尤为值得注意的是，增值税的大面积推行，既没有给生产和流通带来不利影响，也没有引起物价大幅度上涨，反而成为促进国民经济持续、快速、稳定发展的重要力量。这在世界各国是非常鲜见的。

第三，统一税法，公平税负，使企业负担趋于合理，带来了人们观念上的一次革命。1994 年的税制改革将"统一税法，公平税负"作为一项重要指导思想，并以此为契机，在全国范围内展开了新税法的宣传活动。新税法宣传的范围之广，力度之大，在新中国的历史上，恐怕还是第一次。这对于转变长期生活在计划经济体制环境下的人们的观念，起到了很大的推动作用。比如，它强化了人们的税法意识，初步实现了由不懂税、不理解税到学习税法，运用税法知识解决现实问题的转变；它强化了人们的公平竞争意识，初步实现了由眼睛向外要优惠、要照顾，到眼睛向内要效益，并积极走向市场的转变；它刹住了税收减免的势头，纠正了过多过滥的越权减免和自定税收优惠政策的行为，初步营造了依法治税的良好的税收氛围。

第四，以流转税为主体，所得税辅之，比较适合中国的现实国情。各国税制结构发展的一般规律是，由以简单、原始的直接税为主体演变为以间接税为主体，再由以间接税为主体过渡到以发达的直接税为主体。其中的主要制约因素，一是经济的发展水平，另一是市场经济的发育程度。作为一个尚处在经济转轨时期的发展中国家，选择目前这样一种以流转税为主体、所得税辅之的税制结构，是比较适合我国的现实国情的。不少人对目前税收结构中所得课税的比重偏低表示忧虑，这是可以理解的。今后应当从加强所得课税的征管入手，适当提高这个比重。但是，也应当看到，所得税在我国今后一个时期内，很难在数量上成为与流转税相匹敌的主体税种。这是因为，所得税的增长，要求以企业经济效益和个人收入的较大幅度增加为前提，同时还要求相关的政策、法规以及征管手段能够跟上。很显然，在目前条件下，我们还难以做到这一步。

顺便指出，现在回过头来看，我国 1994 年的税制改革，在某种意义上说，还是 1996 年诺贝尔经济学奖得主税制优化理论的一次成功的实践。大家知道，詹姆斯·莫里斯和威廉·维克里对于税制优化理论的最大贡献，就是立足于现时的约束条件，以"理想优化"作为参照系，把"现实优化"作为税制改革与税制设计的目标，并不断地从"现实优化"向"理想优化"逼近。我国 1994 年税制改革所确定的"统一税法、公平税负、简化税制、合理分权"的指导思想，就体现了税制"优化"的特征，体现了税制诸原则的统一。而新税制中对"具有中国特色""适应经济发展水平""与国际接轨"等方面的具体要求以及在增值税、所得税、税收征管、国地税机构分设等方面的相应改革，又体现了"现实"的要求。正是由于努力将"优化"与"现实"结合起来，才使新税制实现了平稳过渡，取得了初步成功。刚才所提到的诸如从总体上未给生产和流通带来不利影响，未引起物价较大幅度上涨，而是促进了经济持续、快速、稳定发展，基本理顺了国家与企业的分配关系，并保证了税收收入的正常增长，都是比较突出的例证。继续沿着这个路子走下去，不断地从"现实优化"向"理论优化"逼近，我国的税制发展前景是很光明的。

当然，说中国税收上的问题主要不是出自税制本身，并不意味着现行税制已经尽善尽美了。恰恰相反，进一步完善税制的任务，非常繁重。比如，增值税的计征范围和计税基数尚有不合理之处，所得税的征管范围带有过渡性质，地方税体系建设相对迟缓以及征管环节亟待加强，等等。但是，不管怎样，它们终究不是也不可能成为税收"缺位"的根本原因所在，而是可以通过不断完善税制逐步加以解决的。

3. 问题主要出在转轨时期的国民收入分配机制不规范上

那么，问题究竟出在哪里？依笔者看，可能是国民收入分配机制在从计划经济向市场经济的转轨过程中出了问题。

计划经济体制下，我国的财政收入结构具有两大特征：一是税利并存，以利为主；二是来自国有经济单位的缴款占大头儿。如在1978年，以财政收入总额为100%，来源于国有经济单位上缴的税收和利润份额分别为35.8%和51.0%，两者合计86.8%。在这样一种财政收入结构的背后，是以农副产品统购统销、国家统管城市职工工资制度和财政统收统支体制为基本前提的国民收入分配机制：

（1）在农副产品统购统销制度下，农民要按国家统一规定的相对较低的价格标准将剩余的农副产品卖给国家，并由政府按计划统一供应给城市工业部门和城市居民消费。低价的农副产品，不仅直接降低了工业的原材料投入成本，也使城市居民获得实物福利（生活费用降低）并间接降低了工业的劳务投入成本。在低成本的基础上，工业部门获得了高的利润。

（2）由国家统一掌管国有企业、事业和机关单位的工资标准，并统一组织这些单位职工的工资调配,政府亦可以通过压低工资标准、减少升级频率的办法,直接或间接地降低工业的劳务投入成本。在低成本的基础上,工业部门又获得了高的利润。

(3) 在财政统收统支的管理体制下,国有经济单位(其中主要是国有工业部门)创造的纯收入,基本上都交财政集中支配,企业本身能够自主支配的财力极其有限。于是,通过财政上的统收,汇集在国有经济单位中的高利润便转移到了国家手中,形成了财政收入的主要来源。

如此的国民收入分配机制,带来了如下两个结果:

在普通百姓的眼中,不管是税还是利,都是由单位交的,与个人无关(实际上,那一时期的农副产品低价统购和城市职工低工资制,正是农民和城市职工向政府缴纳税收的两个"隐含"的渠道)。纳税意识淡薄或基本上没有纳税意识,也就在情理之中了。

在政府部门的眼中,无论是税还是利,都是主要由国有经济单位上缴的钱,彼此都姓"公"。税利不分或只重"量"不问"源"等方面倾向的形成,也就在所难免了(直到今天,"税利"或"利税"这一字眼,还可以不时地在各类经济文献中见到)。

改革以后,伴随着市场化的进程,农副产品统购统销制度、国家统管城市职工工资制度和财政统收统支体制的格局相继被打破。原有的财政收入渠道基本上不复存在了,所有制成分也发生了很大的变化。在新的体制下,政府履行职能所需的资金显然只能通过规范化的税收渠道去获取。进入20世纪80年代以来,我国税制建设的力度明显加大,《个人所得税》《中外合资经营企业所得税》《外国企业所得税》《国营企业所得税》《集体企业所得税》《城乡个体工商户所得税》《私营企业所得税》等一系列新的税种,陆续出台。到1994年税制改革之时,税种的总数达到34个,正是政府为此而采取的积极行动。

然而,长期"无(明)税"的惯性作用,加上种种因素的制约,给税收制度的正常运行带来了严峻挑战:

普通百姓，多年生活在"无（明）税"的环境之中，一旦须拿出本已装入兜中的一部分钱缴税时，出于心理和行为上的不适应，一个本能的反应便是"躲"。能躲就躲，能躲多少躲多少。在税收严管重罚的力度未能相应跟上、依法治税的社会环境远未确立的条件下，各种偷漏税的行为犹如"病毒"，附着于"明税"的肌体上繁衍而生。由最初只发生在先富起来的个体经济的少数人身上，到逐渐在个体户中普遍扩展，进而几乎把全民和集体所有制单位统统卷入其中，致使大量该征的税不能如数征收上来。

政府部门，多年习惯于以行政命令的办法、非税的方式组织收入，在各方面的政府支出增势迅猛、规范化的税收渠道不畅、财政部门所能提供的资金存在较大缺口的情况下，一个自然的反应，就是转而操用非规范性的行政命令，去另外找钱。于是，在"创收"的旗号下，各个政府职能部门开始自立收费项目，介入财政性分配。以收费形式取得的收入，既然被视为非规范性的"创收"范畴，由各个部门自收自支，游离于预算之外，也就变为顺理成章的事情。

问题还不止于此。非规范性的政府收费趋势的蔓延及其规模的日渐增大，又从两个方面加剧了税收制度运行的困难：其一，有些收费对象，本来就是税基的构成部分，这类收费项目显然会冲击税基。其二，政府部门的收入，既然有了规范性和非规范性两个来源，并且，前者纳入预算，不可随意左右；后者游离于预算之外，可以自收自支，人们（特别是一部分地方政府领导人）对税收的注意力（或称"重视度"）便会在相当程度上转移到收费。各级、各个政府部门的收费之门越开越大，不少地方领导人出于发展地方经济的考虑，擅定减免税条款，并且，利用体制转轨过程中的漏洞截留中央税收，甚至采取非法手段鼓励企业偷漏税款，等等，都是在这种背景下出现的。

与此同时，鉴于财政赤字的压力日渐增大，抑制通货膨胀又必须杜绝财政向中央银行的透支，财政部门也逐步加大了举借国债的规模，并走上了国债规模越滚越大的道路。

作为上述诸方面矛盾现象的结果，在政府收入体系中，税收收入的"缺位"和非税收入的"越位"同时并存。而且，非税收入的占比逐年加大。国家机器的运转和政府职能的履行，越来越离不开非税收入的支持。政府收入机制以至整个国民收入分配机制，均因此陷入了不规范状态。

很明显，在这样一种不规范的国民收入分配机制基础上，即使再好的税收制度，其潜力和优越性也难以充分发挥或表现出来。

三 当前面临的政策选择

如果前面的认识基本不错，那么，在目前的中国，想方设法，采取一切可能的措施，加大税收在政府收入以及 GDP 中的占比，并以此强化税收的地位和作用，应当成为今后一个时期的工作重点。其中，具有关键意义的工作，有如下几条：

1. 转变观念，把税收在经济社会发展中的地位高低，提到能否保证国家长治久安的高度来认识

税收的地位和作用怎样，不仅仅是个经济问题，在相当程度上还是个政治问题。由税收"缺位"所可能带来的经济和社会风险，的确应当引起我们的严重关注。绝不能为了短期的便利而置长期的稳定发展于不顾。理论界曾有人专门指出，我国的发展和稳定已受到政府无"财"行"政"的潜在威胁。我体会，这里所说的"财"，就是指政府以税收方式取得，并且纳入预算管理、可无偿使用的"自有之财"。因此，抓好了税收的"归位"这件大事情，在经济上，我们可收治理政府收支程序、扭转国家财政困难局面，进而使整个国民收入分配机制走上规范化道路之效。在政治上，我们又可收保证国家政令统一、民族团结、社会安定和经济正常发展之效。

2. 清理各种收费，把必要的、具有税收性质的收费纳入规范化的税收轨道

市场经济本质上是一种规范经济、法制经济，政府部门取得收

入的方式和数量必须建立在法制的基础上，不能想收什么就收什么，想收多少就收多少。对于目前存在的种种政府收费，应当通过清理，将那些必要的、具有税收性质的收费项目，尽可能纳入税收的轨道。可选择的办法，一是通过扩大税基，将其并入现行的有关税种，统一征收；二是根据其性质，改设新的税种，另定办法征收。当然，对于那些不必要的、纯属乱收费的项目，则应在坚决取消之列。以"费改税"为途径，对现有的收费项目加以清理规范，可能是在目前条件下，解决政府收费项目泛滥问题的一个有效且可行的办法。

引申一步说，"费改税"对于铲除人民群众深恶痛绝的腐败现象，亦具有打基础的意义。应当看到，各种腐败现象之所以能够滋生蔓延，与政府部门滥用收费权，并可随意花费通过收费取得的收入，不无关系。以往所实行的清理小金库的办法，实际上就是用于解决这个问题的。但是，清理小金库充其量只是一种"治标剂"。且不说它在市场经济条件下不易实行，即使勉强实行了，所解决的也只是已进入小金库的"存量"，而未堵住小金库的"源头"。在对各种政府收费项目进行清理的基础上推行"费改税"，并将与其有关的收支纳入预算，则是一种"釜底抽薪"的治本之法。

3. 下大气力，培育与市场经济相适应的"税收观"

这里所说的"税收观"，包括老百姓的"纳税观"和政府的"征税观"两个方面。对于老百姓为什么要纳税、政府为什么要征税的道理，以往我们总是用"取之于民、用之于民"加以解释。此类话虽然总体上说并不错，但过于原则，也过于笼统。市场经济是讲究权利与义务相对称的。对于纳税和征税，也只有从权利与义务的平衡上给予解释，才能为人们所认同。

现实生活中，存在着两类消费品。一类是由个人或家庭分别消费、单独受益的一般消费品，如食品、衣物、家具等；另一类则是具有共同消费、联合受益特性的特殊消费品，如社会治安、环境保护、公路修建等。前一类消费品，在理论上被称为"私人物品或服务"，可以由企业生产，我们可以用钱直接从市场上买到；后一类消费品，在理论上被称作"公共物品或服务"，企业不愿也无能力生产，我们必须依赖政府以非市场的方式来提供。政府用于提供公共物品或服务的资金，就来源于我们缴纳的税收。这实际上是说，政府的征税权是与其提供公共物品或服务的义务相对称的，老百姓的纳税义务是与其享用公共物品或服务的权利相对称的。让人们理解纳税为的是购买公共物品或服务、征税为的是提供公共物品或服务，可能是现时背景下，强化纳税、征税意识的必由之路。

4. 严管重罚，加大"完税"的力度，把该收的税全部收上来

在我国，税收流失是个"老大难"问题。而税收之所以会大面积流失，一方面同人们的纳税意识淡薄、缺乏依法纳税的整体社会氛围有关。另一方面，我们的税收征管工作未能相应跟上，同市场经济的要求存有距离，也是一个重要原因。应当认识到，各类经济行为主体的偷漏税现象，在市场经济条件下恐怕要与我们长期相伴。我们的任务是，如何通过健全征管机制，来堵住税收流失的漏洞。因此，尽快建立一套"严管理、重处罚"的税收征管制度，是非常必要的。

不过，国内外的经验告诉我们，税收征管秩序的确立和运行，不单单是税务部门一家的事情，它需要包括各级政府和社会各界在内的共同努力。比如，没有公安、邮电、银行、工商行政管理、海关、技术监督等部门的积极配合，再完备的税收征管制度，实行起来，其效果也要打折扣；没有司法机关的有效支持，查处税收违法犯罪案件的工作，既很难到位，亦缺乏必要的司法保障。正因为如此，优化税收环境、维护税收秩序，把该征的税全部收上来的历史重任，应当由各级政府和社会各界共同担负起来。

5. 进一步完善税制，实现中国税制的不断优化

前面说过，我国1994年以来税制改革的一个重要特征，就是在不断总结经验的基础上，逐步对新税制加以完善。这既是我们的成功经验，也符合世界各国税制改革的潮流。今后的任务，仍是继

续循着这个方向，坚定不移地把我国的税制改革推向前进。在这个方面，我们要做的事情不少。比如，从强化个人所得税的征管入手，适当加大我国税收中的所得课税比重；理顺国税、地税关系，消除国、地税体系存在的不确定因素，使之走上规范化的轨道；适应对外开放的要求，在"宽税基、低税率、少优惠"的原则下，向国民待遇原则靠拢；以建立纳税人自行申报纳税制度和为纳税人提供优质服务为先导，实现我国税收征管模式与市场经济要求相适应的根本性转变，等等。

四　基本结论

综上所述，我们可得到如下基本结论：

第一，市场经济越发展，税收越重要。税收的地位和作用，代表了一个国家市场经济的发育水平。

第二，中国的税收应当且必须在政府收入体系中占据"主导地位"。中国财政困难的缓解，振兴财政目标的实现以及国家的长治久安，都有赖于税收的"归位"。

第三，现时中国的税制代表了市场经济的发展方向。存在的问题，可以通过不断完善税制的办法逐步加以纠正。

第四，应当确立与市场经济相适应的"税收观"，并以此规范目前陷于混乱状态的国民收入分配机制。

主要参考文献

刘仲藜：《关于1996年中央和地方预算执行情况和1997年中央和地方预算草案的报告》，《中国财经报》1997年3月18日。

项怀诚：《抓好两个文明建设，把税收工作提高到一个新水平》，《涉外税务》1997年第2期。

杨崇春：《关于当前经济形势与税收工作》，《税务研究》1997年第1期。

米建国：《振兴财政是重要的国家安全战略》，《经济工作者学习资料》1996年第

78 期。

高培勇：《税收：必须在财政收入体系中担当"主力队员"》，《涉外税务》1996年第 10 期。

邓力平：《"理想优化"还是"现实优化"：新时期税制改革思路的选择》，《涉外税务》1997 年第 1 期。

《政府财政统计（1995）》，中国财政经济出版社 1995 年版。

《中国统计年鉴（1996）》，中国统计出版社 1996 年版。

（原载《人民日报》1997 年 5 月 10 日）

市场经济体制与公共财政框架*

一 中国财政收支实践面临的严峻挑战

几乎从改革开放的那一天起，中国的财政收支便一直处于困难境地。在经济高速增长时期如此，进入经济低迷阶段亦是这样。不仅中央财政的日子难过，地方财政的收支安排也不同程度地捉襟见肘。而且，往前看，如果不在财政收支格局上作出大的调整，这种困难状况恐怕会有增无减，甚至延续至21世纪。

比如，财政支出增长的势头居高不下。就全国财政支出论，1979年为1281亿元，1999年已增加到14824亿元（＝12312亿元＋1912亿元＋600亿元）（预算数），20年间其规模增加了10.57倍。由于财政收入未能也不可能同步增长，其结果是，财政赤字连年不断，国债发行规模日益膨胀，已经到了不能不采取有效措施加以适当控制的地步。尽管如此，环顾四周，仍然遍地是财政支出的"欠账"现象，到处有对财政投入不足的抱怨声。

再如，财政收入占GDP的比重始终偏低。这个比重数字，1979年为31.92%，1999年已下滑至13.9%。近两年，由于在税收上采取了一系列堵漏增收措施，财政收入占GDP比重下滑的势头有所扭转，但在企业和居民的"费负"未能同步调整、"费大于

---

* 本文系作者在2000年1月16日为中共中央举办的"省部级主要领导干部财税专题研讨班"作专题讲座的讲课稿。

税"格局基本未变的条件下，又引发了整体负担加重的矛盾。

还如，在现时的中国，财政收支不等于政府收支，已经是公认的事实。大量的政府收支游离于预算之外，不仅人为地加剧了财政收支本身运作的困难，而且，使整个政府收支管理陷入无序状态。在市场经济体制日趋完善、依法治国步伐明显加快的现时背景下，政府收支行为的不规范，越来越成为人们关注的焦点。

由此提出的问题是：究竟什么原因造成了财政收支的困难境地？我们还能否找到一条走出财政困境的通道？

对于财政收支的困难，最初我们是把它作为改革的成本来看待的，以为随着改革举措的逐步到位，财政收支的压力将自动趋于减轻。后来，又将其同市场经济联系起来，以为搞市场经济，就会与财政困难相伴。但是，随着时间的推移，研究视界的放宽，我们发现：改革举措的出台和市场经济体制的建立，同财政收支的困难并不具有必然的联系。问题的真正原因，还得从财政运行机制同整体经济环境的关系中去寻找。

看起来，站在宏观的层次上，回过头来看一下这些年来我们在财政运行机制上所走过的历程，是十分必要的。

在计划经济的体制环境中，政府是资源配置的主体。既然是主体，管的事情就多。既然政府要包办社会各项事业，政府的职能范围自然是"大而宽"的。"大而宽"的政府职能范围，决定了作为政府活动综合反映的财政职能范围也是"大而宽"的。国家财政不仅要负责满足从国防安全、行政管理、公安司法到环境保护、文化教育、基础科研、卫生保健等方面的社会公共需要，负责进行能源、交通、通信和江河治理等一系列社会公共基础设施和非竞争性基础产业项目的投资，而且，还要承担为国有企业供应经营性资金、扩大再生产资金以及弥补亏损的责任，甚至要为国有企业所担负的诸如职工住房、医疗服务、子弟学校、幼儿园和其他属于集体福利设施的投资提供补贴，等等。正是由于财政职能范围所带有的事无巨细、包揽一切的特征，我们将计划经济体制下的财政称为

"生产建设财政"。

财政职能范围的"大而宽"在财政支出上的反映,便是规模的"超常"。财政支出规模的"超常",反过来又要求和规定着政府把几乎所有的社会资源集中到自己手里,形成"超常"水平的财政收入。这在那个时候,并不难办到。那一时期的特殊的财政收入机制,恰好提供了这样一种前提。

马克思曾在《哥达纲领批判》中勾画了社会主义社会的产品分配模式:社会产品在分配给个人消费之前,要进行一系列扣除:第一,用来补偿消耗掉的生产资料的部分;第二,用来扩大再生产的追加部分;第三,用来应付不幸事故、自然灾害等的后备基金或保险基金。剩下的总产品的其他部分是用来作为消费资料的,但在把这部分进行个人分配之前,还得从里面扣除:第一,和生产没有关系的一般管理费用;第二,用来满足共同需要的部分,如学校、保健设施等;第三,为丧失劳动能力的人等等设立的基金。若再加上用于国防的费用,经过以上七项扣除之后,其余的部分,才能用于个人消费。①

按照这样一种"必要扣除"理论构建起来,并且,与那个时期的计划经济体制环境相适应、以"先扣后分"为特点的财政收入机制,可大致概括如下:

——1953年颁布的《关于实行粮食的计划统购和计划供应的命令》,赋予了政府按相对偏低的垄断价格统一收购和销售农副产品的权力。在对农副产品实行统购统销的条件下,农民剩余的农副产品,只能按照国家规定的相对偏低的价格标准统一卖给国有商业部门。国有商业部门所执行的统购价格同市场价格(影子价格)之间的差额,事实上是对农民所创造的社会产品的分配进行的必要扣除。通过这一渠道,政府不仅掌握了货币流向农民"口袋"的闸门,而且,随着低价的农副产品销往城市,工业的原材料投入成

---

① 《马克思恩格斯选集》第3卷,人民出版社1972年版,第9—10页。

本因此直接降低，城市居民亦因此获得实物福利（生活费用降低）并间接降低了工业的劳务投入成本。

——1956年出台的《国营企业、事业和机关工资等级制度》亦即八级工资制，赋予了政府统一掌管城市职工工资标准、统一组织城市职工工资调配的权力。在八级工资制度下，政府通过压低工资标准、减少升级频率（事实上，1956—1977年，我国只进行了三次小幅度、小范围的工资升级工作）的办法，将城市职工的工资水平控制在偏低状态。偏低的城市职工工资水平同正常的工资水平（与经济发展水平相匹配或市场工资水平）之间的差额，事实上是对城市职工所创造的社会产品的分配进行的必要扣除。通过这一渠道，政府不仅掌握了货币流向城市职工"口袋"的闸门，而且，随着城市职工工资水平的人为降低，工业的劳务投入成本又一次被降低了。

——在工业的原材料投入成本和劳务投入成本被人为降低了的同时，那一时期的工业品实行计划价格制度。工业品的计划价格又长期偏高于农副产品的统购价格（即所谓工农产品"剪刀差"）。于是，在低成本和高售价的基础上，工业部门获得了高的利润。

——在始自新中国成立初期且几十年未变的财政统收统支管理体制下，国有经济单位（其中主要是国有工业企业）的纯收入，基本上都交由财政集中支配，其本身能够自主支配的财力极其有限。于是，通过财政上的统收，"汇集"在国有经济单位中的高利润便转移到了政府手中，形成了财政收入的主要来源。再加上不占大头儿的来源于税收的那一部分收入，其结果是，整个财政收入水平达到了"超常"状态。

也正是在这样一种特殊的财政收入机制背景下，当时我国的财政收入结构呈现两大特征：一是税利并存，以利为主；二是来自国有经济单位的缴款占大头儿。如在1978年，以全国财政收入总额为100%，来源于国有经济单位上缴的利润和税收分别为51%和35.8%，两者合计86.8%。

市场化的改革进程，带来了财政收入机制的极大变化。一方面，先后几次较大幅度地提高农副产品收购价格直至基本取消对农副产品的统购统销，在削弱了政府对流向农民"口袋"的货币的控制力的同时，亦增加了工业的原材料投入成本，并因此加大了城市居民的生活费用开支，从而增加了工业的劳务投入成本。另一方面，政府放宽城市职工的工资管理和扩大企业财权，在削弱了政府对流向城市职工"口袋"货币的控制力的同时，城市职工的工资收入相应提高并逐步向市场化的工资标准靠拢，进一步加大了工业的劳务投入成本。随着工业部门利润水平的下降，原有的财政收入机制逐渐被打破甚至不复存在了。财政收入（不包括债务收入）占 GDP 的比重大幅度下降。

财政收入机制的变化，客观上要求财政支出规模随之削减。这当然要以相应压缩财政的职能范围为条件。然而，在既得利益格局难以触动和财政支出本身刚性的制约下，财政职能范围的压缩未能引起应有的重视，反而被极力加以维持。加之经济体制改革的各项举措又需要财政增加支出给予支持，加快经济的发展亦需要靠增加财政支出来换取，财政的职能范围事实上又有所扩大，其结果，又导致了财政支出规模的急剧膨胀。

问题不止于此。在各方面的政府支出需求迅猛、规范化的税收渠道不畅、财政部门所能提供的资金存在较大缺口的情况下，多年习惯于以行政命令的办法、非税的方式组织收入的各级政府部门，转而操用非规范性的行政手段去另外找钱。于是，在"创收"的旗号下，各级政府部门开始自立收费项目，介入财政性分配。以收费形式取得的收入，既然被视作非规范性的创收范畴，自然要由各个部门自收自支，放到预算之外。事情一旦走到这一步，国家机器的运转，政府职能的履行，也就越来越离不开非规范性政府收入的支撑，进而成为一件积重难返的事情。

如果上述的认识基本不错，那么，中国财政收支困难的全部症结可能在于：财政运行机制的调整，未能与整体经济体制的变革衔接、配套。进一步的推论也就在于：走出现时财政收支困难境地的希望，在于重构财政运行机制。

二 搞市场经济,就要搞公共财政

重构中国的财政运行机制，首先要确立一个恰当的目标。那么，中国财政运行机制的重构目标，应当是什么？

计划经济体制下的财政运行机制，我们是按照"生产建设财政"的模式来构建的。由计划经济走向市场经济，经济体制环境变化了，财政运行机制显然要按照与市场经济体制相适应的模式去构建。

综观世界上实行市场经济制度国家的财政运行机制，尽管形式各异，侧重点多样，但其基本的模式是相似的。这就是，以满足社会的公共需要为口径界定财政职能范围，并以此构建政府的财政收支体系。这种为满足社会公共需要而构建的政府收支活动模式或财政运行机制模式，在理论上亦被称为"公共财政"。

具体来说，作为一种与市场经济相适应的财政运行机制模式，公共财政的基本特征可归结为如下几个方面：

第一，着眼于满足社会公共需要。

相对于带有事无巨细、包揽一切特征的"生产建设财政"的职能范围而言，公共财政的职能范围是以满足社会公共需要为口径界定的。凡不属于或不能纳入社会公共需要领域的事项，财政就不去介入。凡属于或可以纳入社会公共需要领域的事项，财政就必须涉足。

所谓社会公共需要，是相对于私人个别需要而言的。它指的是社会作为一个整体或以整个社会为单位而提出的需要。相比之下，其突出的特征在于：一是它的整体性。也就是它是由所有社会成员作为一个整体共同提出，或者说大家都需要，而不是由哪一个或哪一些社会成员单独或分别提出。二是它的集中性。也就是它要由整个社会集中执行和组织，而不能由哪一个或哪一些社会成员通过分散的活动来加以满足。三是它的强制性。也就是它只能依托政治权力、动用强制性的手段，而不能依托个人意愿、通过市场交换的行为加以实现。易于看出，社会公共需要实质就是不能通过市场得以满足或者通过市场解决得不能令人满意的需要。据此界定的具有代表性的财政职能事项是：

1. 提供公共物品或服务。公共物品或服务是典型的用于满足社会公共需要的物品或服务。之所以要由政府通过财政手段来提供这类物品或服务，主要是因为：（1）它是向整个社会共同提供，全体社会成员联合消费，共同受益。即它具有效用的非分割性。（2）一个或一些社会成员享受这些物品或服务，并不排斥、妨碍其他社会成员同时享用。即它具有消费的非竞争性。（3）它在技术上没有办法将拒绝为其付款的社会成员排除在受益范围之外。即它具有受益的非排他性。具有如此特点的物品或服务，显然企业不愿也无能力生产，必须由政府担当起提供的责任。社会治安、环境保护、公路修建等，便是这类物品或服务的突出代表。

2. 调节收入分配。一般而言，决定市场经济条件下的居民收入分配状况的因素，一是每个人所能提供的生产要素（如劳动力、资本、土地等）的数量，二是这些生产要素在市场上所能获得的价格。由于人们所拥有（或继承）的生产要素的差别，人与人之间的收入分配状况往往高低悬殊，客观上需要社会有一种有助于实现公平目标的再分配机制。在市场机制的框架内，又不存在这样的再分配机制。所以，只有借助于非市场方式——政府以财政手段去调节那些由此而形成的居民收入分配上的高低悬殊现象，实现收入公平合理分配的社会目标。

3. 促进经济稳定增长。自发的市场机制并不能自行趋向于经济的稳定增长，相反，由总需求和总供给之间的不协调而导致的经济波动，是经常发生的。为此，需要政府作为市场上的一种经济力量，运用宏观上的经济政策手段有意识地影响、调节经济，保证宏观经济得以稳定、均衡地向前发展。其中，通过不同时期的财政政策的制定和财政实践上的制度性安排，来维系总供给和总需求之间的大致平衡，便是政府所掌握和运用的重要政策手段之一。

可以看出，上述的事项，基本上是限定在满足整个社会的公共需要这一层次的。由此构建起来的财政职能范围格局，相对于计划经济条件下的"大而宽"的财政职能范围来说，是"小而窄"的。这也正是实行市场经济国家的财政运行机制模式大都称为公共财政的主要原因。

第二，立足于非营利性。

相对于计划经济体制中直接介入竞争性领域的"生产建设财政"而言，在市场经济条件下，政府部门和企业部门所扮演的角色截然不同。企业作为经济行为主体，其行为的动机是利润最大化。它要通过参与市场竞争实现牟利的目标。政府作为社会管理者，其行为的动机不是也不能是取得相应的报偿或盈利，而只能以追求公共利益为己任。其职责只能是通过满足社会公共需要的活动，为市场的有序运转提供必要的制度保证和物质基础。即便有时提供公共物品或服务的活动也会附带产生一定的数额不等的利润，但其基本的出发点或归宿仍然是满足社会公共需要，而不是盈利。若打比方，就是政府只应站在场外充当裁判员——为市场经济主体提供公共服务，而一般不能作为运动员亲自入场，直接参赛。表现在财政收支上，那就是，财政收入的取得，要建立在为满足社会公共需要而筹措资金的基础上。财政支出的安排，要始终以满足社会公共需要为宗旨。政府的财政收支行为，不应也不能带有盈利的色彩。这是因为：

1. 作为社会管理者的政府，拥有相应的政治权力。拥有政治权力的政府，如果直接进入市场参与竞争，追逐盈利，它将很自然地动用政治权力去实现追逐利润的愿望。其结果是，很可能会因权钱交易的出现而干扰或破坏市场的正常运行。

2. 一旦政府出于赢利的目的而作为竞争者进入市场，市场与政府分工的基本规则将会被打乱。由于政企不分,本应着眼于满足社会公共需要的政府行为,很可能异化为追逐私人利润的企业行为。其结果是,政府活动会偏离其追求公共利益的公共性轨道,财政性资金也会因用于牟取利润项目而使社会公共需要的领域出现"缺位"。

3. 只要政府活动超出满足社会公共需要的界限而延伸至竞争性领域,包括财政收支在内的整个政府行为,就免不了对各个经济行为主体的差别待遇。如对自身出资的企业或项目,在财政收支的安排上给予特殊的优惠。而对非自身出资或对自身出资的企业或项目有可能产生竞争的企业或项目,在财政收支的安排上给予特殊的歧视。其结果是,着眼于满足社会公共需要的财政收支活动,会因厚此薄彼而违背市场正常和正当竞争的公正性,甚至给市场经济的有序发展造成障碍。

第三,收支行为规范化。

与计划经济条件下的"生产建设财政"有所不同,公共财政既是以满足社会公共需要为基本着眼点的,它便与全体社会成员的切身利益直接挂上了钩。不仅财政收入要来自社会成员的缴纳,财政支出要用于向社会成员提供公共物品或服务的事项,就是财政收支出现差额而带来的成本和效益,最终仍要落到社会成员的身上。所以,既然大家的事情大家都有份儿,社会成员对于公共财政的运作便有着强烈的监督意识,从而要求和决定着政府财政收支行为的规范化:

1. 以法制为基础。即是说,财政收入的方式和数量或财政支出的去向和规模必须建立在法制的基础上,不能想收什么就收什么,想收多少就收多少,或者,想怎么花便怎么花。无论哪一种形式、哪一种性质的收入,都必须先立法,后征收。无论哪一类项目、哪一类性质的支出,都必须依据既有的制度来安排。

2. 全部政府收支进预算。政府预算不仅是政府的年度财政收支计划,还是财政收支活动接受立法机关和社会成员监督的重要途径。通过政府预算的编制、审查、执行和决算，可以使政府的收支行为从头到尾置于立法机关和社会成员的监督之下。这即是说，预算的实质是透明度和公开化，并非简单地将政府收支交由哪一个部门管理或列入哪一类表格反映。由此推演，政府的收与支，必须全部置于各级立法机关和全体社会成员的监督之下，不允许有不受监督、游离于预算之外的政府收支。

顺便指出，在实行市场经济体制的国度里，一般不存在所谓"预算外资金"。我国现使用的预算外资金概念，还是中华人民共和国成立初期从苏联东欧国家那里引进并从计划经济年代沿袭下来的。即便不作更深一步的考察，也会发现，预算外资金同计划经济密切相关，而与市场经济不相容。就这个意义讲，随着市场化改革的不断深入和市场经济体制的日趋完善，在中国，预算外资金这个概念终究要退出历史舞台。

3. 财税部门总揽政府收支。也就是，所有的政府收支完全归口于财政税务部门管理——从社会成员那里筹措资金，然后，转手供给各个政府职能部门作为活动经费，而不让各个政府职能部门分别向自己的服务或管理对象直接收钱、花钱。不论是税收，还是收费，抑或其他别的什么形式的收入，都要由财政税务部门统一管起来。即便出于工作便利的考虑，把某些特殊形式的收入，如关税、规费交由特定的政府职能部门收取，那至多也是一种在"收支两条线"前提下的"代收""代征"。这样做的好处，就是要切断各个政府职能部门的行政、执法同其经费供给之间的直接联系，从根本上铲除"以权牟钱、以权换钱"等腐败行为的土壤。

与此相联系，也是出于上述的基础，财税部门在整个政府部门所担负的经济社会管理工作中处于中枢环节。其突出的表现是：(1) 以税收为主体的财政收入是整个政府部门运转的基础和生命线，除此之外，政府部门没有也不允许有其他别的什么收入来源。(2) 一年一度的财政预算，事实上规定了整个政府活动的范围、方向和政策重点，为当年的政府活动定了调。(3) 财政收支直接深入整个经济社会生活，财政政策是政府部门所掌握的对整个经济社会发展实行宏观调控的主要手段，除了货币政策具有类似的性质之外，其他的任何手段都难以同其并列或像它那样有效、可靠。

对照实行市场经济制度国家的公共财政模式，再来看一下现时我国财政收支实践的困难现状，不难得出下述的结论：瞻前顾后，我们也得走公共财政的道路。看起来，正如社会主义亦有市场，资本主义亦有计划一样，公共财政也并非西方国家的专利品。我们在选择市场经济体制的同时，也就注定了要走公共财政的道路。搞市场经济，就要搞公共财政。这可能是我们经过了十几年的旧式财政运行机制同新型市场经济体制的激烈碰撞之后，终于悟出了真谛所在。

现实的选择只能是：按照市场经济的要求和公共财政的概念，重新界定我国财政的职能范围。在此基础上，重新构建我国的财政运行机制，适时实现由生产建设财政向公共财政的转变。

其实，改革开放以后的这些年来，我们的财政收支格局逐步朝着公共财政的方向迈进。比如，在过去，我们一向把基本建设支出占财政支出的较大比重作为生产建设财政的主要标志，现在，这个比重数字，已经从 1979 年的 40.4% 一路下滑至不足 10%（不含用于启动经济、以增发国债来安排的基础设施投资）。与此同时，科教文卫事业支出占财政支出的比重，从 1979 年的 13.1% 稳步提高至目前的 20% 以上。只不过这些变化，在最初的时候，并非主要出自自觉的行动，而多少带有被迫的色彩或多少属于困境中的无奈选择。现在要做的事情是，变困境中的被迫选择为有目标的自觉行动，把公共财政框架的构建纳入议事日程，使中国财政运行机制真正走上公共财政的道路。不这样，中国的财政就没有出路。不如此，社会主义市场经济体制也就不可能真正建立起来。

正是基于上述的考虑，1998 年末的全国财政工作会议提出了构建公共财政基本框架的目标。将现实的问题放到特定的历史背景下来观察，可以看出，公共财政基本框架的提出，既是对中国财政改革和发展目标的明确定位，也寄托着我们走出持续了多年的财政困境的热切希望。

三 积极而稳妥地构建中国的公共财政框架

然而，认识到走公共财政道路的必然性只是问题的一个方面，更重要的问题还在于，我们不仅要善于从规律的层面上思考问题，还要善于找到过河的船和桥：在当前的中国，怎样才能构建起与社会主义市场经济体制相适应的公共财政框架？

应当看到，构建公共财政框架是一项难度非常大的改革。之所以说它难，是因为它牵涉沿袭多年的既得利益格局。大凡带来既得利益格局调整的改革举措，历来都要遇到相当大的阻力。但难度大，并不意味着没有实施这项改革的有利条件。

中国的改革已经进入攻坚阶段，在市场化的道路上已经取得了长足的进步。财政运行机制的调整早晚要做，绕不过去。而且，早调整比晚调整更有利。这已在某种程度上成为人们的共识。此其一。

经过二十多年的改革，人们越来越习惯于以市场为参照物来思考问题，人们对于各项改革举措的出台已经具备了相当的承受力。于是，许多在过去我们连想都不敢想的事，现在不仅敢想，而且做到了。此其二。

构建公共财政框架的工作，我们并非从头做起或推倒重来。且不说有实行公共财政模式国家的经验可以借鉴，单就我国的情况而论，前面说过，这些年来，我们的财政收支格局已经有所变化，已有的许多改革举措符合公共财政模式的基本要求并打下了构建公共财政框架的初步基础。此其三。

问题的关键是，围绕构建公共财政框架而采取的政策措施，既要积极——保证政策的顺利出台和实施效果，又要稳妥——尽可能化解阻力，换取理解和支持。

比较现实和可行的思路是：

第一，澄清概念，统一认识。

也就是要围绕公共财政框架做一些宣传工作，从而实现认识上的统一。对于不少人来讲，公共财政还是一个比较新的概念。接触的时间既短，理解上也就存在一些偏差。所以，目前很有必要澄清几个方面的认识。

其一，公共财政不等于吃财政饭。将公共财政简单等同于吃财政饭或理解为财政要从建设领域完全退出，是目前比较流行的一种说法。然而，环顾一下身边的世界，就会发现，若以净资本形成为标准，世界上根本不存在无建设性支出的财政。相反，各种基础设施和公用设施，历来都是公共物品或服务的代表，通常都要纳入社会公共需要的范围，或由政府直接出资兴办，或在政府出资占大头儿的基础上吸收部分民间资金由政府和民间共同兴办。这就是说，公共财政并非不搞建设。同过去相比，有所变化的，只是建设性支出的安排要始终以满足社会公共需要为出发点和归宿。我们需要调整的，是将那些不属于或不可纳入社会公共需要领域的建设性支出项目，逐步从财政支出的范围内退出去。从而保证那些属于或可纳入社会公共需要领域的建设性支出项目的资金供给。

其二，公共财政并不意味着不搞甚或取消国有经济。有关公共财政的另一种比较流行的说法是，公共财政就是不再投资兴办国有企业。其实，同建设性支出的性质相似，财政对国有企业的投资，从根本上说来，也是满足社会公共需要的途径之一。各国的经验表明，在公共财政的框架内，政府既可以通过直接的公务活动来提供公共物品或服务，也可以通过投资于国有企业的途径来提供公共物品或服务。这就是说，公共财政同样要安排有对国有经济的投资。同生产建设财政相比，有所不同的，在于投资国有经济的出发点和归宿要始终立足于满足社会公共需要。我们需要调整的，是逐步使国有经济从与满足社会公共需要无关或可以交由市场解决的竞争性领域退出去。从而，保证那些旨在提供公共物品或服务或与提供公共物品或服务密切相关的国有经济的资金供给。

其三，社会公共需要并没有一个固定的模式。把社会公共需要的内容看作一成不变的，甚至机械地列举哪些项目是社会公共需要，哪些项目不是社会公共需要，也是目前围绕公共财政产生的一种误解。从理论上来讲，社会公共需要可以分作三个不同的层次，不同社会公共需要的性质有所不同：一是政府保证履行其职能的需要，诸如国防、外交、司法、公安、行政管理、基础教育、卫生保健、基础科研和环境保护等。二是介乎社会公共需要和私人个别需要之间在性质上难以严格区分、常常要由政府部门给以满足的一些需要。如高等教育、社会保障、价格补贴等。三是大型基础设施和公共设施，甚至包括基础产业，如邮政、电信、民航、铁路、电力等，由于耗资规模巨大，私人无力承担，又在经济发展中处于举足轻重的地位，其中许多需要也是由政府部门给以满足。

易于看出，除了第一层次的社会公共需要属于典型的公共需要、具有相对固定的性质之外，其余两个层次的社会公共需要（甚至包括第一层次的某些需要）则是不断变化的，在不同时期、不同国情背景下有不同的表现。比如，按照古典学派的说法，宏观调控、收入分配就不属于社会公共需要之列。而到了凯恩斯主义时代，在现代经济条件下，它们便成了社会公共需要的不可或缺的内容了。再比如，支持国有企业改革支出，甚至包括支持处于竞争性领域的国有企业改革支出，从财政应当逐步退出竞争性领域的角度看，它们不应属于社会公共需要。但是，换一个角度而站在中国现时国情背景的立场上，这些企业的改革与发展事关整个经济社会的稳定发展，它们便属于必不可少的社会公共需要内容而必须加以满足了。所以，对于社会公共需要以及由此界定的公共财政支出范围，不能机械地去理解，而应置于特定的历史背景下用发展变化的眼光来看待。

第二，从规范政府职能入手，科学地界定财政职能范围，消除"越位"与"缺位"。

财政支出的实质，说到底，是政府活动的成本。能否界定好财政的职能范围，关键要看政府的职能究竟能否规范化。所以，构建公共财政框架的重心，要放在规范政府职能上。

规范政府职能的标准，当然是"满足社会公共需要"或"纠正市场失灵"。按照"满足社会公共需要"这个标准，对现存的政府职能事项逐一鉴别、筛选，可以达到两个互为关联的目的：一是消除"越位"——政府管了不该管的、不属于社会公共需要领域的事。二是消除"缺位"——政府该管的、本属于社会公共需要领域的事没有管好。

就目前的情况看，可以纳入"越位"之列的事项不少。比如，竞争性领域的投资。竞争性活动是典型的市场活动，按照"市场能干的，就交给市场"的原则，财政无论如何要从竞争性领域退出去。虽然这需要有一个过程，但是，除非视作一种社会公共需要，否则，财政不应再在竞争性领域投资办企业。再如，应用性研究。它与基础性研究的性质不同，后者属于公共物品或服务范畴，其成果为社会所共享，不能作为商品出售，财政理应给予支持，负担全部经费。前者的成果可以直接运用于生产和生活，在专利制度下可以作为商品出售，研究费用既可以由此得到补偿，还可获得相应盈利，财政就不应负担或不应全部负担其经费。还如，一般性文艺团体。它们的经营收入，同样可以弥补成本和获得盈利，应当实行企业化管理，财政不应提供经费。又如，弥补国有企业亏损（特别是弥补竞争性领域的国有企业亏损）以及给予一般加工工业的投资补贴，从发展的角度看，它们绝对不是社会公共需要领域的事项，财政必须逐步退出去，如此等等。

可以视为"缺位"的事项也有许多。比如，社会保障。在实行市场经济制度的国家中，社会保障作为一种社会公共需要颇受各国政府重视，财政在社会保障方面的支出历来不是一个小数。随着我国市场经济进程的逐步加快，社会保障体系欠缺对于改革的制约作用，已经越来越突出地显露出来。所以，财政应当加大这方面的投入，将社会保障体系的建立和运作作为一项重要的职能。又如，调节收入分配。从计划经济走向市场经济，政府不再拥有直接调节收入分配的工具，而只能使用间接手段，财政恰恰具有可作为间接调节收入分配手段的有利条件。但在这个方面，财政几乎一直没有多少作为。从社会公共需要的角度看，财政的确应当将其纳入职能范围。再如，科学教育事业。无论从其给全社会带来的经济效益或社会效益来看，科学教育事业都属于社会公共需要领域。相对于世界各国的平均水平而言，我国对科学教育事业的财政投入历来不足，欠账很多。到今天，我们连1993年《中国教育改革和发展纲要》所制定的"财政性教育经费支出占 GNP 的比例本世纪末达到4%"的目标都实现不了。甚至，同这个目标的距离还在进一步拉大之中。事情一旦走到这一步，增加对科学教育事业的投入，实际上已经势在必行。除此之外，诸如宏观调控、环境保护、维护市场秩序等都是市场本身所不能解决的问题，都属于社会公共需要领域，财政在过去给予的注意也存在明显的不足。

从"越位"的领域退出并补足"缺位"的事项之后，我们便可纠正因"越位"和"缺位"而带来的政府职能"错位"现象，科学地界定财政的职能范围，从而实现向市场经济所要求的"小而窄"的财政职能范围格局的转变。

第三，以支定收，界定财政收支的适度规模。

在规范政府职能进而科学界定财政职能的基础上，作为政府活动的成本的财政支出的适度规模也就可相应界定。按照市场经济—社会公共需要—政府职能—财政职能—财政支出—财政收入的线索，便可随之把财政收入的适度规模界定好。这一基本思路，可以简单地概括为"以支定收"。

财政收入适度规模的界定，意味着对整个财政收入规模要有一个通盘的考虑。不论是税收，还是收费，抑或其他别的什么形式的财政收入，都要纳入这个统一的盘子内，从总体上加以安排。否则，企业和居民的负担就没有止境，财政收入占 GDP 的比重也就难以真正到位。

为此，当前亟待抓好两件事情：一是进一步完善税制。完善税制的着眼点，在于堵漏，把该收的税尽可能如数收上来。这项工作意义重大，因为，如果把改革前以低价统购农副产品和城市职工低工资制为条件的财政收入机制称为"暗税"，那么，随着改革后"暗税"制度的打破，其留下的"空缺"，是应当也必须依靠"明税"制度——以公开的形式征税——的完善去"填补"的。只有税收制度完善了，各方面的税收流失漏洞堵住了，规范化的财政收入机制才会形成并正常运作起来。二是尽快实施"费改税"。对于"费改税"，不能仅仅从"费税关系"的层面上去理解，而应将其视作规范政府收入行为及其机制的一项重大改革举措。只有将着眼点放在规范政府收入行为及其机制上，通过"费改税"将各种非规范性的政府收入转变为规范性的政府收入，并且，将"费改税"同税收制度的调整结合起来，才能从根本上解决"费挤税""乱收费"以及企业和居民的负担重等问题。进一步说，只有坚持一手抓完善税制，一手抓"费改税"，并从宏观层次上通盘考虑政府的收入水平，财政收入占 GDP 偏低的问题才能最终得到解决。

第四，实行预算改革，建立完整统一的公共预算。

前面说过，以满足社会公共需要为着眼点的公共财政，带有明显的"公共性"特征。其一举一动，都要牵涉广大人民群众的切身利益，同全体社会成员的切身利益息息相关。因此，实行公共财政，在建立公共财政框架的过程中，人民群众对政府财政收支的监督意识会逐步增强。不仅会要求财政收支的运作纳入法制化的轨道，而且会要求财政收支决策的科学化，甚至对财政资金使用的效率都会提出相应的要求。然而，无须多说，所有这一切，都要建立在全部政府收支纳入预算的基础上。只有全部政府收支纳入预算了，政府有一个完整统一的预算了，人民代表大会以及广大人民群众才能谈得上对政府收支的监督。否则，如果人民代表大会审议的预算、广大人民群众从新闻媒体上见到的预算，只是政府收支的一部分，还有相当的部分游离于预算之外，这种审议或监督的实际意义就要打一个很大的问号了。可以肯定的一点是，随着我国市场经济体制的完善和依法治国进程的加快，一部分政府收支游离于预算之外的状况，绝不会继续下去。

所以，从现在起，应当把建立完整统一的公共预算作为一项重要的改革议程。以着眼于规范政府收入行为及其机制的"费改税"为契机，尽快取消制度外政府收支，逐步将预算外政府收支纳入预算内管理。在此基础上，形成一个覆盖政府所有收支、不存在任何游离于预算之外的政府收支项目的完整统一的公共预算。

如果说1994年的财税体制改革已经为我们搭起了社会主义市场经济体制下财政运行机制的基本框架，并且，这一框架的主要着眼点在于收入一方的话，那么，公共财政框架的构建，将是对1994年财税体制改革的进一步完善，并且，其主要的着眼点在于支出一方。可以预计，这项改革逐步到位之后，与社会主义市场经济体制相适应的财政运行机制将初步建立起来。

（原载《税务研究》2000年第3期；财政部办公厅、国家税务总局办公厅：《建立稳固、平衡、强大的国家财政——省部级主要领导干部财税专题研讨会讲话汇编》，人民出版社2000年版）。

"量入为出"与"以支定收"

——结合当前财政收入增长态势的讨论

一 问题的提出:政府究竟需要多少钱?

近一个时期,中国财政收入所呈现的增长态势,颇为引人关注。来自财政部门的一项统计结果表明,2000年1—9月,全国财政收入(不含债务收入)累计为9560.56亿元,比上年同期增加1649.31亿元,增长率达20.8%。将如此强劲的增长速度同8%左右的同期GDP增长率联系起来,并考虑到整个"九五"期间可能不低于17%的财政收入年均增长率(国家统计局,2000)①,可以认为,当前中国的财政收入已经处于"超常"增长区间。

对于财政收入超常增长现象的解释,有几个方面的说法颇具代表性:一是国际国内经济形势出现转机,投资、消费、出口三大需求由低迷趋于旺盛,为财政收入的增长奠定了基础;二是各级财政税务部门狠抓收入征管,堵塞税收漏洞,加之国家严厉打击走私和海关加强监管,使得财政收入相应增加;三是1999年同期财政收入基数(特别是主要税种收入基数)较低,反映在2000年的收入上增长速度便较快,如此等等。

无论出于哪一个原因或者哪几个因素的综合作用,我们看到了

---

① 这些年的财政收入增长率分别为:1996年18.7%,1997年16.8%,1998年14.2%,1999年15.9%[参见《中国统计年鉴(2000)》,中国统计出版社2000年版]。

一个企盼多年亦为之奋斗了多年的结果：随着财政收入"潜能"的逐步释放以及名义税率同实际税率之间距离的日益拉近，财政收入占 GDP 的比重在不断地提升。继 1996—1999 年分别升至 10.9%、11.6%、12.6% 和 14.0% 之后，到 2000 年年末，这一比重数字可望达到甚或超过 15.0%。

但是，财政收入占 GDP 比重的提升，带给我们的并非只是欣喜。与此同时，在中国经济运行机制中潜伏多年的一种隐忧，亦随之显现出来：现时中国的财政收入不等于政府收入。除了规范性的财政收入之外，可以纳入政府收入系列的，还有预算外收入和各种制度外收入。如果将规范性和非规范性的政府收入相加，并以此为口径来计算政府收入占 GDP 的比重，那么，根据 1996 年的推算数字，当时政府收入在 GDP 中的占比，即为 30% 左右（高培勇，1997）。正因为如此，朱镕基总理才将政府的收入格局描绘为"费大于税"，并将"费改税"列入了新一届政府的改革议程。显而易见，在"费改税"始终未能迈出实质性步伐、非规范性政府收入一直未有伤筋动骨变化的条件下，规范性的财政收入占 GDP 比重的持续提升，其结果，只能使 GDP 分配天平上的砝码，越来越向政府一方倾斜。或者，只会使企业和居民所承受的来自政府部门的总体负担因此而加重。

尽管因非规范性政府收入的渠道较乱，我们很难得到有关它的精确统计数字，而只能根据典型调查加以推算，但是，一旦我们正视这种现实并分析由此带来的种种效应，一个表面看似简单、实则意义深刻的问题自然要进入视野：照着目前这样的趋势走下去，政府的收入规模还有没有一个量限？或者，企业和居民的负担还有没有一个止境？上述问题又可以作进一步的归纳：政府究竟需要多少钱？

二 "量入为出"的困惑

从根本上说来，政府所需要的收入的量同其所需要的支出的量，是密切联系在一起的。多少年来，每当论及财政收支的安排或其间关系的处理，便会陷入一种习惯性思维——"量入为出"，即根据财政收入的大小安排财政支出的规模。循着从收入到支出的思路，有多少收入便安排多少支出，能取得多少收入就安排多少支出，不仅在理论研究中被反复套用，而且，在一定意义上被提升到规律的层面，成为指导财政收支安排实践的一般原则。所以，在过去的年代，相对而言，我们通常首先关心的是政府可以取得多少钱，而不大问政府究竟需要多少钱。似乎只要财政收入的量确定了，财政支出的量就可自然而然地随之确定下来。

作为一种传统的财政观（或称理财观），"量入为出"的贯彻虽然并非总是一帆风顺，但在计划经济的体制环境中，确有其生存和运转的土壤。笔者曾在不少场合论及，在那个时候，政府是资源配置的主体。凭借着一系列经济社会制度——如农副产品统购统销、八级工资制、工业品计划价格制度和财政统收统支制度——的支持，它可以集政府和企业于一身，把几乎所有的社会资源集中到自己手里（高培勇，2000）。既然政府部门能够统筹安排整个的社会资源，那么，作为其中的一个组成部分，属于财政份额领域的收入和支出，也就应当且可以实行"量入为出"。因此，尽管那一时期的某些年份多多少少也会存在一些财政赤字，不过，大致说来，我们还是能够本着"量入为出"的财政观安排财政收支的。

市场化的改革进程，打破了原有的资源配置机制。随着市场在资源配置中的基础作用越来越大，我们发现，"量入为出"同现实生活之间出现了诸多的不和谐之处。在有些场合，甚至出现了激烈的碰撞。

比如，我们最初遇到的窘况是，政府不再能掌管整个的社会资源了，其可以从 GDP 分配中获得的财政收入的量，便同它本已存在或它所需花费的财政支出的量拉开了距离。如果固守"量入为出"，而让支出随收入的锐减相应萎缩，那么，国家机器的运转和政府职能的履行，都会因此陷于困境之中。况且，除了极少的例外，政府支出历来又是不断增长的。让呈膨胀之势的支出在收入的下降面前止升回降，无异于不切实际的幻想。出于无奈或困境中的被迫选择，只得将思路调转过来——根据支出的需要去取得收入。于是，政府部门在资源配置问题上的着眼点，越来越倾注于能够从 GDP 中拿到多大的财政份额，从而支撑起呈膨胀之势的政府支出的需要。

再如，按照"量入为出"原则，应当有多少收入就安排多少支出，不应当或起码在主观上不安排有赤字性支出。但是，摆在我们面前的事实是，不仅宏观经济政策有时需要赤字性支出的支持，而且，政府部门本身的扩张支出冲动也常常逼迫财政做出支出大于收入的安排。其结果，财政赤字与我们相伴的年份远远大于财政平衡或盈余的年份，甚至基本没有什么财政平衡或盈余的年份。

又如，"量入为出"的一个本义，是以收入约束支出。但是，由"量入为出"又引出了一句潜台词，能取得多少收入就安排多少支出。由于政府部门往往喜欢多支出并拥有相应的政治权力，我们正在面临这样一个事实：收入非但未能成为约束支出的因素，反而诱使政府部门出于扩张支出的需要而动用政治权力增加收入。正是在这样的背景下，不惜动用非规范性的手段去"额外找钱"的现象出现了，规范性收入占 GDP 比重的持续下降和非规范性收入占 GDP 比重的持续上升同时并存的事情发生了，国际罕见的"费大于税"的政府收入格局也形成了。

问题还有复杂之处。随着"量入为出"走向了它的反面——"量出为入"，由政府收支行为及其机制的不规范所引发的矛盾接踵而来。一方面，由于政府部门究竟应当维持一个怎样的支出规模始终未有一个清晰的答案，这些年来，各级政府部门的支出规模均带有不同程度的随意性。另一方面，无论是出于追求政绩还是为老百姓多做实事或者其他别的什么考虑，政府部门总是倾向于多花钱、多支出。有欠规范性的支出决策机制同政府部门扩大支出规模的偏好结合在一起，肯定要导致政府支出规模的急剧膨胀。按照如此的支出需要，超出规范性财政收入制度的界限并动用政治权力去向企业和居民收钱，则无疑要不断加重老百姓的负担，从而陷入一种恶性循环：支出膨胀→收入增加→支出再膨胀→收入再增加。沿着这样的循环走下来，最终的结果就是"不堪重负，民怨沸腾"。在市场经济体制日趋完善、依法治国步伐明显加快的现实背景下，政府收支行为及其机制的不规范，越来越成为可能引发或激化各种社会矛盾的导火索。

三 "以支定收"的财政观

事情一旦走到这一步，我们对于"量入为出"同现实生活之间的矛盾的思考，便不能不深入一层：在市场经济体制的环境中，究竟应当本着怎样的财政观来安排政府的财政收支？

其实，这并不是一个十分复杂或多么深奥的问题。循着政府为什么要花钱又为什么要收钱的线索去追根寻源，可以看到，财政支出的实质，说到底，是政府活动的成本。或者说，是政府履行职能的代价。在市场经济体制的环境中，之所以需要有政府的活动，之所以需要政府履行它的职能，其全部原因就在于，现实社会存在着不能通过市场得以满足或者通过市场解决得不能令人满意的人类需要——社会公共需要。要满足社会公共需要，就需要政府提供所谓的公共物品或服务。要提供公共物品或服务，政府就需要花钱。政府要花钱，就需要向消费公共物品或服务的社会成员收钱。很明显，这一支一收之间的联系纽带，应当且只能是社会公共需要，而不是其他别的什么东西；这一支一收之间的数量界限，应当且只能是满足社会公共需要，而不是其他别的什么标准。

将这个道理加以引申，我们可以得到如下的关系链：市场经济→社会公共需要→政府职能→财政支出→财政收入。这就是说，在市场经济体制的环境中，应当首先按照社会公共需要把政府的职能界定好。政府的职能界定清楚了，作为政府活动成本的财政支出的规模也就可相应界定下来。以此为基础，便可随之界定弥补财政支出之需的财政收入的规模。这一处理财政收支关系的基本思路，可以简单地概括为"以支定收"。

易于看出，"以支定收"并非是"量入为出"的简单倒置——"量出为入"。"以支定收"中的"支"，系指按照社会公共需要标准科学地界定了政府职能之后，并且，纳入立法机关和社会成员监督视野的规范性的支出，而非根据政府部门本身的偏好或由政府部门自身确定的随意性的支出。"以支定收"中的"收"，系指按照规范性的政府支出需要，并且，通过财政收入制度严格界定了的规范性的收入，而非由政府部门自身随意把握或可跨越财政收入制度的规范性和非规范性并存的收入。按照这样的财政观安排的财政收支，显然可控制在"适度"的水平上——既可满足政府履行其职能的需要，又不至于超出企业和居民可容忍的界限。

从上面的讨论中，似可悟出这样一个道理：随着计划经济向市场经济体制的转变，政府部门已经由资源配置的主体退居为资源配置的"配角"。只要政府部门不再掌管整个的社会资源了，"量入为出"便在相当程度上失去了其操作的可能和意义。只要政府部门循着"拾遗补阙"的思路、以满足社会公共需要为口径界定其职能了，"以支定收"——根据支出来决定收入——自然要替代"量入为出"，作为处理财政收支关系的一般原则。

显而易见，"以支定收"是一种植根于市场经济体制环境并且与市场经济体制环境相适应的财政观。

四 结论与启示

将"以支定收"的财政观应用于当前财政收入的增长态势以及与此相关问题的判断，我们可以看到不少过去所看不到或者看得不那么清楚的东西。

第一，关于"两个比重"。

这些年来,"两个比重"几乎是财政经济领域使用频率最高、使用范围最广的一个特殊概念。每当提到财政困难的现象,我们总要说起财政收入占 GDP 的比重偏低或中央财政收入占全国财政收入的比重偏低。每当探讨摆脱或走出财政困难的途径,我们又总要论及提高财政收入占 GDP 的比重或提高中央财政收入占全国财政收入的比重。"两个比重",似乎涵盖了中国财政困难问题的全部内容,成为压在人们心头的一块重石。

然而,深究一下"两个比重"各自应当达到怎样的水平才算适当,就会发现,人们的认识并不那么一致。比如,就前一个比重而言,有说 25% 为宜的,也有认定至少要 30% 的。当说到后一个比重的时候,有人坚持 60% 左右,亦有人主张 70% 上下。至于为什么是 25% 或 30% (而不是 24%、26% 或 29%、31%),或者,为什么是 60% 或 70% (而不能是 50%、55% 或 65%、75%),说法的差异就更大了。有从中国历史经验的角度寻求解释的,有以西方国家的状况为参照系的,还有拿发展中国家的数字作样板的。认识或说法既不能得到明晰论证,也就不能为人们所广泛认同。况且,在不同的国情背景下和不同的经济发展阶段,政府所需要的收入的量也会有一定的甚或较大的差距。将不能得到广泛认同和差异性颇大的数字勉强拿来,作为现时中国确定"两个比重"的依据所在,甚至将其作为奋斗的目标加以追求,所带来的结果当然是财政收支之间的不相匹配:或者取得的收入量赶不上政府履行职能的实际支出量,或者按照取得的收入量安排的实际支出量又大于政府履行职能的需要量。

看起来,拘泥于从收入到支出的传统思路,不问支出规模是否适当,一味地追求提升"两个比重",无论如何不是一条可行的路径。迄今为止,我们之所以在振兴财政或重建财政的道路上步履维艰,同我们始终没有找到一个界定政府收支的适当标准和处理财政收支关系的适当思路,恐怕有直接的关系。所以,如果我们的确需要以"两个比重"作为界定财政收入以及中央财政收入适当规模的依据，那么，现实的选择只能是，从支出入手，由支出到收入，在严格界定了的支出和收入的基础上界定"两个比重"：按照作为一个整体的政府职能范围，界定政府支出规模并由此界定收入规模，从而界定财政收入究竟应占 GDP 的多大比重；按照作为政府的一个级次的中央政府的职能范围，界定中央政府支出规模并由此界定其收入规模，从而界定中央财政收入究竟应占全国财政收入的多大比重。

第二，关于当前财政收入超常增长的利与弊。

前面已经提到，相对于政府履行职能的支出需要量来讲，改革以来中国的财政收入规模始终处于严重"缺位"状态。中国财政收支的困难甚至政府收支行为及其机制的不规范，在相当程度上都是由此而引发的。就此而言，当前财政收入的超常增长带有"恢复性"增长的意义。它对于缓解持续多年的财政困难以及启动期待已久的各项改革举措，从而构建起与市场经济体制相适应的财政运行机制，的确是一件好事情。

但是，在做出上述判断的同时，亦需注意到如下两种可能：其一，中国当前的财政收入只是政府收入的一部分。规范性的财政收入增加了，过去因"填补"规范性财政收入"缺位"而先后登台的各种非规范性政府收入必须相应减下来。否则，整个的政府收入规模，很可能出现不适当的增长。其二，各级政府部门历来倾向于多支出。规范性的财政收入的增加，若不能伴随以非规范性政府收入的减少，很可能会因此弱化收入对政府部门扩大支出偏好的约束，甚至会进一步刺激整个政府支出规模的扩张。

令人不无忧虑的是，在当前的中国，上述的"可能"已经处于走向"现实"的过程中。如果不能按照"以支定收"的思路很好地解决这个问题，由财政收入的增加带给我们的好事情，完全有可能演化为坏事情。为了化弊为利或除弊兴利，眼下亟待做好下述几项工作：

一是抓紧财政收入相对宽裕的有利契机，全面启动"费改税"

的改革。关于"费改税"的意义，我们已经讨论了一段不算短的时间，笔者没有更多的话要讲（高培勇，1999）。只是想在此强调指出，我们在过去之所以能够容忍规范性的财政收入规模大幅度减少以至长期"缺位"，是以相应的非规范性政府收入能够作为弥补政府支出缺口的补充来源为前提的。再进一步，酝酿已久的"费改税"的改革之所以始终没有迈出实质性步伐，非规范性政府收入之所以至今未有伤筋动骨的变化，一个很重要的原因，就是规范性财政收入留给我们的活动"空间"太小，从而难以摆脱对非规范性政府收入的依赖。所以，在规范性财政收入的增长相应弱化了我们对非规范性政府收入的依赖之际，便应当是我们全面启动"费改税"的改革之时。

二是将"费改税"同税制改革结合起来，通盘考虑整个政府收入的规模。从根本上说来，不论是税收，还是收费，抑或其他别的什么形式的政府收入，都是政府为履行其职能而向企业和居民取得的收入，也都是政府要以规范性的手段或形式来取得的收入。在它们之间，只有形式上的差别，没有本质的不同。所以，不能仅仅从"费税关系"的层面上去理解"费改税"，而应将其视作规范政府收入行为及其机制的一项重大改革举措。对于"费改税"和税制改革，必须从总体上加以安排。不能各唱各的调，各念各的经。并且，要将它们纳入统一的财政收入的盘子内，仔细地算一算政府收入占 GDP 比重的宏观账。既不能只算税收账，不记收费账，也不能税收和收费各算各的账。

三是立即着手非规范性政府收支的调整，将其纳入规范化管理的轨道。无论是"费改税"本身的启动，还是"费改税"和税制改革的联动，其最终的着眼点，都在于将非规范性的政府收支转变为规范性的政府收支，实现政府收支行为及其机制的规范化。只有在这个基础上，政府的收支口径才能统一，我们才可能比较清楚地界定政府收支的适当规模。否则，在规范性和非规范性的政府收支同时并存的情况下，我们怎能说清政府究竟需要多少钱？又究竟收了多少钱？或者，政府收支的适当规模究竟应当界定在怎样的水平上？所以，从现在起，要把规范政府收支行为及其机制作为改革的一个重要目标加以追求。尽快取消制度外政府收支，逐步将预算外政府收支纳入预算内管理，从而形成一个覆盖政府所有收支、不存在任何游离于预算之外的政府收支项目的完整统一的财政预算。顺便说一句，到了那个时候，我们也就不再需要如此费劲或反复地区分财政收支和政府收支的概念了。

第三，关于公共财政框架的构建。

作为一种与市场经济体制相适应的财政运行机制模式，公共财政框架的构建已经摆上议事日程，成为中国财政改革与发展的目标所在。但是，必须看到的是，公共财政绝不仅仅是对以往生产建设财政支出结构的简单调整，而是以全新的思路或理念对传统财政运行机制进行的脱胎换骨式的变革。

那么，公共财政框架的构建思路或理念究竟新在何处？其实，笔者在前面的讨论中已经多少涉及了这个问题。公共财政有别于生产建设财政的根本标志，就在于，它以满足社会的公共需要为口径界定政府的财政职能范围，并以此构建政府的财政收支体系。从市场经济→社会公共需要→政府职能→财政支出→财政收入的关系链，就是构建公共财政框架的基本线索。所以说，"以支定收"实质是公共财政框架的灵魂。

由此立刻可以得到如下几个层面的启示：

满足社会公共需要——而不是其他别的什么方面的需要，是政府的职能范围。所以，构建公共财政框架的重心，是以满足社会公共需要为口径重新规范政府的职能，从而解决好"政府究竟需要干什么事"的问题。应当明确这样一种理念，市场经济条件下的政府是一个特殊的产业部门。它的任务或职能，就是提供与满足社会公共需要有关的公共物品或服务。与社会公共需要无关或不属于社会公共需要领域的事项，无论我们主观上认为有多么重要，也不能纳入政府的职能范围。这些年来，困扰我们的乱收费或负担重的问题之所以解决不了，一个根本的原因，还是政府的职能未能按照社会公共需要的口径加以规范①。这实际上告诉我们，不解决好"政府究竟需要干什么事"的问题，公共财政的框架是无论如何构建不起来的。此其启示之一。

政府为满足社会公共需要而从事的活动——而不是其他别的什么方面的活动，是公共财政要保障的资金供给范围。所以，构建公共财政框架的核心问题，是以政府从事的提供公共物品或服务的活动为取舍重新界定财政支出的适当规模，从而解决好"政府究竟需要多少钱"的问题。为此，应当强调这样一种意识，财政上的钱只能投向于社会公共需要领域。同社会公共需要无关或不属于社会公共需要领域的事项，无论我们主观上认为有多么重要，也不能纳入财政资金的供给范围。这些年来，政府支出之所以增长势头居高不下，我们为控制政府支出而付出的各种努力之所以收效不大，一个很关键的原因，就是政府的支出未能有效纳入提供公共物品或服务的轨道。政府手中的钱用到了许多不该由政府出资的事项或领域，而这些钱又同许多人或部门的既得利益捆在了一起。这也提醒我们，不解决好"政府究竟需要多少钱"的问题，也就谈不到什么公共财政框架的构建。此其启示之二。

政府从事满足社会公共需要的活动所花费的钱——而不是其他别的什么方面的钱，是公共财政可以取得或分配的资源范围。所以，构建公共财政框架的另一个核心问题，是以政府从事的提供公共物品或服务的活动成本为准绳相应界定财政收入的适当规模，从而解决好"政府究竟可以取得多少钱"的问题。应当严守这样一种信条，财政收入的量，无论是绝对量还是相对量，只能同作为政

---

① 认真看一下各级政府部门特别是基层政府部门的现状，一个村，支书、副支书、村长、副村长、会计、出纳、治安主任、妇联主任，少则五六人，多则十几人；一个乡镇，少则四百人，多则五六百人；一个县，用成千上万来形容，一点也不过分（中国税务杂志社，2000）。暂且不问这些人所从事的活动是否确实属于满足社会公共需要的性质，或者，这些人所从事的活动是否确实需要那么多的人，仅就如此多的人所需要的开销而论，不管动用什么形式，最终的归宿，只能是企业和居民。

府提供公共物品或服务活动的必要成本的财政支出的量相联系：既不能超出支出的需要量而盲目增收，又不能不顾支出的需要而随意减收。这些年来，政府的收入水平之所以界定不清，政府的收入行为及其机制之所以处于扭曲状态，一个很重要的原因，就是政府收入规模的参照系多元化，未能走上根据支出的适当规模界定收入规模的轨道。这亦警示我们，不解决好"政府究竟可以取得多少钱"的问题，公共财政框架的构建也就失掉了其题中应有之义。此其启示之三。

上述的讨论可以归结为一点：客观的经济现实已经向我们提出了这样的要求，换一种思路，站在市场经济的立场上和现实国情的背景下，不失时机地把"以支定收"的财政观确立下来，并以此作为解释或解决财政经济领域一系列问题的一条重要线索。

主要参考文献

《中国统计年鉴（2000）》，中国统计出版社2000年版。
高培勇：《市场经济条件下的中国税收与税制》，《人民日报》1997年5月10日。
高培勇：《市场经济体制与公共财政框架》，《税务研究》2000年第3期。
高培勇主编：《"费改税"：经济学界如是说》，经济科学出版社1999年版。
中国税务杂志社：《交完了税费还怎么生活》，《税收特供信息》2000年第31期。

（原载《财贸经济》2001年第3期；《新华文摘》2001年第6期）

当前若干重大税收问题的分析[*]

引 言

在不同历史时期，无论是整个经济社会发展进程，还是某一特定的经济社会领域，总会面临不同的能够对全局产生或具有重大影响的重要因素，也总会遇到不同的能够对全局产生或具有重大意义的重要变化。这些因素或变化，往往是我们观察并破解一系列重大经济社会课题的"抓手"。

税收领域也不例外。而且，作为人类社会中与时俱进颇强的一个经济社会领域，这些年来，存在于税收领域的重要因素以及发生在税收领域的重要变化，在成为左右整个税收运行的重要力量的同时，也在不断地把一系列前所未有甚至在既有理论分析框架中难以求解的新课题提至我们面前。说挑战也好，言机遇也罢，对于我们，这些新课题，躲不开、绕不过，绝对在必须回答、必须解决的重大税收问题之列。

研究税收问题，特别是研究重大的税收问题，不仅要从微观角度，而且要放眼宏观。这是历史与现实一再向我们揭示的道理。只有将税收置于宏观层面上做所谓一般均衡分析，从税收同其他相关因素的彼此联系和相互作用中，恰当地定位税收、解析税收，才有

---

* 本文系笔者 2002 年发表的《税收的宏观视野——关于当前若干重大税收问题的分析》一文的姊妹篇。

可能得出比较符合客观实际的判断,也才有可能拥有统揽全局的洞察力。也只有在这样的基础上,才能建立起新的植根于中国国情的税收理论分析框架。

站在宏观层面,仔细地审视当前的中国税收运行全景,可以发现,尽管存在于税收领域的矛盾现象犬牙交错且频繁变化,但以"牵一发而动全身"为筛选标尺,归纳起来,可以放入"重大"系列的问题,大致有税收增长、税收征管、税负轻重、税收与 GDP 的分配和新一轮税制改革等几个方面。

有鉴于上述种种,本文致力于完成两个互为关联的任务:其一,在宏观层面上,回答并解决当前面临的上述重大税收问题。其二,以此为基础,充实、完善既有的税收理论分析框架。

一 税收增长的源泉

说来有趣,从 1994 年以来,伴随着税收收入增长的一再提速,用于描述"增长"的语汇都在走马灯似的变化。先是所谓"高速"增长,继而是"超常"增长,后来是"超速"增长。2007 年,税收收入的增长速度进一步蹿升至 30% 以上,于是,又有了"超高速"增长的说法。

由"高速"到"超常",到"超速",再到"超高速",事实上折射了人们在中国税收收入持续高速增长问题上的一种迷茫。不过,仔细想来,迷茫并非意味着我们不喜欢税收持续高速增长。说得极端一点,倘若抛开其他方面的因素不论,如果税收增速能够达到 300% 甚至 3000%,那对于所有人都不是坏事情。之所以迷茫,无非因为,税收毕竟不是天上掉下来的馅饼。有关税收增长的问题,不能不放在宏观层面讨论。而一旦试图这样去做,我们发现,现实的税收增长实践并不能在既有的理论分析框架中得到圆满的解释。

从各种经济学教科书以及工具书可以经常看到的相关表述是,

经济决定税收，税收来源于经济。其意思是说，经济才是税收的源泉，或者，税收增长只能从经济增长中获得支撑。然而，中国税收增长所走出的现实轨迹，显然是对上述理论的挑战。举 2008 年 1—6 月的例子。全国税收收入的增速为 30.5%，而同期 GDP 的增速是 10.4%。如果说经济才是税收的源泉，那么，GDP 增速与税收增速之间的差额达 20.1%。这个差额，来自哪？即便考虑到物价上涨因素，把同期的 CPI（7.9%）叠加到 10.4% 之上，从而得到以现价计算的 GDP 增速 18.3%。① 这时，GDP 增速与税收增速之间的差额仍有 12.2%，相当于税收增速的近一半儿。这个差额的来源，又可用什么样的因素去说明？

显然，中国现实的税收增长，不止经济增长一个源泉。② 两个增速之间差额的来源，只能从经济之外的因素——非经济因素——中去寻找。注意到支撑现实税收增长的源泉可以区分为经济的和非经济的两个系列，并且，举凡来自经济因素的支撑，大都可以视作正常的、可在既有理论分析框架内求解的范畴，关于税收增长问题的讨论，自然可以也应当聚焦于非经济因素。

对于支撑税收收入持续高速增长的非经济因素，即便是身处税收工作一线的税务部门恐怕也一时难言其详。然而，从迄今为止来自官方层面关于税收增长成因的归结中，还是可以揣摩出其大概。

从 20 世纪 90 年代末期起，面对社会各界围绕税收增长问题的一片质疑之声，税务部门就一直在努力地搜集各种可能的理由给予解释。概括起来，这些解释，大致可以分作"三因素论"和"多因素论"两类。按照所谓"三因素论"的说法，中国现实的税收增长，是由经济增长、政策调整和加强征管三个因素所支撑的

---

① 在现实生活中，对外发布的 GDP 增速往往按不变价格计算，而税收增速按现价计算。为了两者具有可比性，需对前者做相应调整。其方法是：按现价计算的 GDP 增速 = 按不变价格计算的 GDP 增速 + CPI（居民消费价格指数）。

② 对于不少人所持的诸如"税收增速不能简单同 GDP 增速做比较"之类的见解，这或许是一个更为恰当的视角。

（金人庆，2002）。在所谓"多因素论"下，中国现实的税收增长，被归结为经济增长、物价上涨、GDP 与税收的结构差异、累进税率制度、加强税收征管和外贸进出口对 GDP 与税收增长的影响差异等多种因素交互作用的结果（谢旭人，2006）。①

财政部门在最近推出的一份题名为《正确看待税收收入超 GDP 增长》（财政部税政司，2008）的报告中，也从价格依据差异、统计口径差异、GDP 结构与税收结构差异、核算方法差异、部分税种的累进制度等几个方面，更细致地论证了税收增速超过 GDP 增速的成因。

将上述所列的这些可能的成因一一收入视野，并按照经济的和非经济的两个系列加以区分，可以看到，能够划归到非经济系列下的因素主要有二：一是税收征管，二是累进税制。

税收征管对于税收增长的作用，在既有的理论分析框架中暂时还没有它的相应位置。但是，包括来自中国在内的各国的税收征管实践已经一再证明，在现行税制的基础上，税务部门加强税收征管的努力，无论是来自技术手段的更新，还是来自人员素质的提升，抑或来自管理机制的健全，甚或来自熟练程度的积累，等等，或多或少，总会减少税收的"跑冒滴漏"，总会提高税收的征管水平，总会提升税收的征收率，最终会增加税收收入。这就意味着，在各方面主客观因素的交互作用下，税务部门的税收征管水平是趋向于不断提升的。只要税收征管水平趋于不断提升（而不是下降），税收增速总是要跑在 GDP 增速的前面。

累进税制对于税收增长的作用，可以在既有的理论分析框架中找到它的相关阐述。现今各国的税制结构，尽管形式多样，但或多或少，总有一部分是由累进的所得税所组成的。累进所得税的一个突出特征，便是纳税人适用的税率水平，随其收入或利润额度的增加而相应提高。即是说，累进所得税在纳税人所取得的收入或利润

---

① 比较详尽的解释可参见《谢旭人答记者问》，《中国财经报》2006 年 6 月 13 日。

中的份额，是趋于不断扩大的。所以，在累进税制的作用下，税收收入一般会以高于 GDP 增长的速率增长。① 在税收经济学中，这是一个已被我们当作税收增长的一般规律而载入的内容。

将上述的分析引入现实的税收增长实践，还可发现，就中国的税收收入结构而言，覆盖于累进税制下的税收收入份额，并不高。以 2007 年为例，在全部税收收入中，来自所得课税的收入占比为 25.9%。若再细分，在其中，占比为 6.4% 的个人所得税，是实行分类计征的。其所包括的 11 个收入项目，并非全部适用累进税率；占比为 15.6% 的企业所得税，虽在形式上规定有两档照顾性税率，但其大量适用的，是单一的比例税率；占比为 3.9% 的外商投资企业和外国企业所得税②，虽伴有各种减免规定，但其所适用的，也是比例税率。如此计算下来，在中国现实的税收收入中，可以同累进税制挂上钩的份额，绝对是个小头儿。

来自累进税制的作用既然属于小头儿，那么，本着非此即彼的逻辑，其余的大头儿——来自非经济因素的税收增长贡献，便只能记在税收征管名下了。中国税务部门在加强税收征管方面收获的成果，有力地支持了这一判断。根据国家税务总局（2005）的测算结果，1994—2004 年，增值税的征收率，由 57.45% 提升至 85.73%。11 年间，提升的幅度达 28.28 个百分点。依此计算，以 1994 年为基期，来自增值税且可归入税收征管因素项下的税收收入增长额，就达 3668.12 亿元。

结论 1：研究中国现实的税收增长问题，一个事半功倍的选择，是脱出税收总体增速的局限，而聚焦于税收增速与 GDP 增速的差异。

结论 2：来自于经济的和非经济的因素交织在一起，共同支撑了中国现实的税收增长。找寻税收增速与 GDP 增速之间出现差异

---

① 按照杨斌（2008）的说法，只要实行复合税制结构，税收弹性总会大于 1。
② 从 2008 年起，企业所得税、外商投资企业和外国企业所得税已经统一合并为"企业所得税"。

的缘由,可以从非经济因素的内容及其贡献入手。

结论3:在当前的中国,支撑税收增长的最主要的非经济因素,就在于税收征管。支撑税收超GDP增长的最主要的源泉,就在于税收征管水平的不断提升。

二 税收征管的魔力

对于税收征管,在以往,我们多是从管理技术或方法的角度来研究的,而很少将其提至宏观层面并在宏观经济分析的框架内加以定位。也正因为这样,当税收征管的魔力凸显出来甚至成为支撑税收增长的一个重要源泉的时候,既有的理论分析框架并未给我们提供相对成熟的答案。

也许应当算作意外之喜,税收征管实践的迅速推进,在不断地把一个个新事物、新变化提至我们面前的同时,也一再地用一个个鲜活的事实提醒我们,税收征管也是一个重要的宏观变量。前面的分析已经表明,在既定的税制安排基础上或在税制保持不变的前提下,凭借加强税收征管的努力,也能增加税收,也能改变GDP的分配格局,也能收获调节投资、调节消费以及调控宏观经济运行的效果。

这是一个非常重要的分析结论。循着如此的逻辑走下去,还可使我们收获如下两个可提至规律层面加以认识的重要推论。

其一,就其导致的宏观实效而言,增加税收,并非只有变动税制(如增设税种、提高税率、扩大税基)一种途径。加强税收征管,同样具有增加税收之效。可以说,变动税制和加强征管,是掌控在政府手中的两个具有同样或类似功效的推动税收增长的驱动器。

其二,鉴于税收征管的水平只会提升不会下降,并且,不断地加强征管,把该征的税尽可能如数征上来,又是税务部门的天职所在,故而,加强税收征管可以为政府实现税收超GDP的增长提供不竭的源泉。

税收征管的魔力如此奇特,我们不能不在宏观层面上更深入地求证它的特殊"身世"。

如下的两个问题,可能必须回答:

其一,税收征管所具有的税收增长效应,究竟是中国所特有的,还是世界的普遍现象?

从能够查找到的各国税务部门的相关文献可以看到,在当今的世界上,没有任何一个国度的税务部门可以实现100%的税收征收率,没有任何一个国度的税务部门不拥有相应的"征管空间"。有所不同的,只在于税收征收率的高低或"征管空间"的大小。凡征管技术相对先进、征管方法相对成熟、征管经验相对丰富、征管机制相对健全的税务部门,其征管的水平——税收的征收率就相对较高。反之,则较低。但是,不管怎样,可以认定的一个基本事实是,只要税收的征收率没有达到百分之百,只要税务部门还拥有一定的"征管空间",那么,不论国别怎样,经济发展阶段如何,围绕税收征管这条线索所做出的任何努力,都可收获税收超GDP增长的效应。

其二,纵观世界各国的税收发展史,在税制保持不变的前提下,税收征管同税收增长之间达到如此之高的关联度,我国可能是一个仅有的例外。具有相同或近似"基因"的税收征管,为什么只有在中国这块儿土地上才能释放出如此之大的能量?这其中有无特殊的缘由?如果有,那又是什么?

细究起来,相同或近似的税收征管"基因",在不同的土地上所释放出的税收增长"能量"不同,显然应归之于税收征管所身处的基础环境——作力空间——的差异。作力的空间大,可回旋的余地大,能够释放的能量相应就大。作力的空间小,可回旋的空间小,释放的能量自然就小。照此说来,中国的税收征管之所以能在税收增长上凸显出不同于其他国度的非凡魔力,只能说明一点:中国税务部门拥有的"征管空间"大——"法定税负"与"实征税负"之间的距离大①。倘若没有巨大的"征管空间"作为基础,税务部门的征管力度再大,本事再强,恐怕也"创造"不出如此之高的非经济因素贡献度,当然也就不会有如此之大的税收增速与 GDP 增速之间的差额。

接下来的问题是,中国税务部门何以会拥有巨大的"征管空间"?

"征管空间"的大小,显然同其赖以运行的税制基础密切相关。换言之,税务部门拥有的"征管空间",盖因税收制度安排的结果。税收制度之所以做出这样而非那样的安排,又直接取决于税收征管身处的基础环境。

注意到我国的现行税制诞生于 1994 年,而在那时,税务部门的征管能力不强,纳税人的诚信水平不高,以至于税收的征收率偏低。在如此的基础环境下,要实现既定的税收收入目标,现行税制的设计,必须着眼于"宽打窄用"——以较高的"法定税负"框架去适应偏低的"实征税负"现实。举个例子,即便政府当年确定的税收收入目标只有 5000 亿元,但按照当时的税收征收率为 50% 的判断(许善达,2004),也须至少搭建一个能够在名义上征收到 10000 亿元税收收入的税制框架。也就是说,要以 10000 亿元税收收入的税制框架确保 5000 亿元的税收收入规模。可以看到,"法定税负"与"实征税负"之间的那 50% 的距离,正是现行税制预留给税务部门的"征管空间",也正是税收征管因素得以发挥作用或施展魔力的基础所在。

参照前述有关增值税征收率的例子,还可以由此看到,这些年来,特别是进入 21 世纪以后,在我国,无论税务部门的征管水平,还是纳税人的诚信水平,都得到了极大的提升。正是在"两个水平"双双获得极大提升的推动之下,税收的征收率得以迅速提升

---

① 所谓"法定税负"和"实证税负",是互相对应的两个概念。前者指现行税制所规定的、理论上应当达到的税负水平。后者指税务部门的征管能力能够实现的、实际达到的税负水平。

了,"法定税负"与"实征税负"之间的距离得以迅速地拉近了。从而,税收征管因素对于税收增长的贡献度越来越大了。

税收征管与现行税制之间的这种捆绑关系,是我们分析和把握中国税收征管魔力现状以及未来走势的一个重要线索。

结论4:税收征管也是一个掌握在政府手中的重要的宏观变量。通过加强税收征管,不仅可以增加税收,为税收超GDP增长提供不竭的源泉。而且,还可由此改变GDP分配格局,实现宏观调控的政策意图。

结论5:中国税收征管所具有的非凡魔力,来自现行税制赋予的巨大"征管空间"。正是在巨大的"征管空间"基础上,中国税收征管凸显了非同一般的税收增长效应。事情表现在中国税收征管所具有的非凡魔力上,问题的根源,则存在于现行税制所蕴藏的巨大"征管空间"之中。

三 税负轻重的判断

提到中国税负水平的轻重,自然会使人联想起《福布斯》杂志。在那份杂志分别于2005年和2007年推出的所谓"全球税收痛苦指数"(Tax Misery Index)排行榜中,中国先后被排在了第二位和第三位。税收痛苦指数,是关于税负水平的另一种表述。对于这样的税负水平排名,我们当然不能苟同。这样的指数,也确实不能说明实际税负的高低。但是,两个必须面对、必须回答的问题是:为什么《福布斯》把我国排在了如此的位置?中国的税负水平究竟是重还是轻?

循着《福布斯》关于税收痛苦指数的测算方法,可以获知,它据以排名的指数值,是通过将各国主体税种的最高边际法定税率直接加总得到的。即将企业所得税、个人所得税、财产税、雇主社会保险、雇员社会保险和增值税(或销售税)最高法定税率直接加总。比如我国,在将企业所得税33%、个人所得税45%、财产税0、企业缴纳的社会保险费44.5%、个人缴纳的社会保险费20.5%和增值税17%等几个税（费）种的最高边际税率直接加总后，得出的指数值为160（舒启明、刘新利，2006）。

这同我们以往使用的税负水平测算方法，可谓大相径庭。我们常用的测算方法，是以税收收入额作分子、同年GDP作分母，并以两者之比值——税收收入额占GDP的比重数字——作为评判的标准。比如2007年，在将全国税收收入加总求和（49449亿元）并同当年的GDP（249530亿元）求比，税负水平约为19.82%。

两种测算方法及其评判结果的差异告诉我们，一国税负水平的衡量，可能至少有"法定税负"和"实征税负"两个尺度。问题在于，当分别操用这两个不同的尺度来评判中国现实的税负水平时，其结果，竟会让人们大跌眼镜。在今天的世界上，如果使用"法定税负"的标准，我国的税负可能处于高水平。但是，如果换一种标准，以"实征税负"来评判，我国的税负又绝对处于低水平。

一轻一重且反差如此之大，再次向我们印证了一个重要的现实国情：中国"法定税负"与"实征税负"之间的距离甚远。正是因为两者之间存有的距离甚远，才会令人们在税负水平的判断上呈现如此大的差异。

将上述的认识引申一步，还可发现，也正是由于模糊了存有甚远距离的"法定税负"与"实征税负"之间的界限，才会将人们一再地拖入围绕税负问题的激烈纷争。

几乎从现行税制开始实施的那一天起，我们便深陷下述矛盾现象的包围之中。一方面，来自企业和居民的关于税负加重的抱怨声不绝于耳。另一方面，政府部门又总是声称未采取任何增税的行动。乍看起来，很可能得出至少一方认识有误的判断。但深入一层，分别站在两方的立场上设身处地地仔细考究，又会意识到，无论企业和居民，还是政府部门，所道出的都是实情。企业和居民的税负，的确在加重。政府部门，也的确没有实施任何旨在增税的税制调整。税制未做任何调整，企业和居民的税负却在加重，如此的矛盾现象之所以出现，其中的谜底只能在于，在税收征管水平得以迅速提升的背景下，中国"法定税负"与"实征税负"之间的距离在一步步拉近。也就是说，企业和居民所称的税负加重，源于"实征税负"而非"法定税负"的提升。政府部门所称的税负未变，源于"法定税负"而非"实征税负"的稳定。"法定税负"未调，"实征税负"在增，这就是中国现实税负水平问题的一个重要实情。

结论6：评判中国现实的税负水平，必须两把尺子同时并用。以"法定税负"作为尺子，肯定会得出中国税负水平偏重的判断。以"实征税负"作为尺子，又会得出中国税负水平偏轻的判断。无论单独操用哪一把尺子，都难免片面性。只有同时操用两把尺子，才可能得到全面而客观的判断。

结论7：评判中国现实的税负水平，必须注意到"法定税负"与"实征税负"在迅速拉近的实情。只有在两个税负水平拉近的过程中赋予税负水平以"动态"的解释，才能比较准确地把握中国现实税负水平的脉搏。

四 税收与GDP分配格局

很多人都曾经有过这样的经历：每当税收增长特别是高速增长，就为之欣喜，就欢呼雀跃。一旦税收减少哪怕仅仅是增速下滑，就不禁愕然，就忧心忡忡。

如此的情形之所以会出现甚至频繁出现，同人们观察问题的视角有关。站在政府部门的角度，就税收论税收，或就税收论支出，税收当然越多越好。但是，倘若换一个角度，而跃升至覆盖整个经济社会全局的立场上看问题，便会发现，税收可并非越多越好。这是因为，税收收入终究是有归宿的，它并非天上掉下来的馅饼。

说到底，税收是一个分配问题。追根溯源，税收收入不过是

GDP的一个组成部分。若打个比方，税收就如同装配在GDP分配"管道"上的"截流阀"。它所扮演的角色，就是在GDP的分配过程中，选择若干环节，把其中的一部分GDP转送至政府的口袋。在既定的GDP盘子内，税收收入的规模大了，企业和居民的收入规模就小了。税收收入的增速快了，企业和居民收入的增速就慢了。税收收入占的份额多了，企业和居民收入占的份额就少了。反之亦然。从此增彼减、此快彼慢、此多彼少的关系链条上考虑问题，税收增速与GDP增速之间的差异，不论是正向的，还是负向的，都是值得我们高度关注的一个重要问题。

远的不说，仅举近5年的情形为例。在2003—2007年，税收增速与GDP增速（按现价计算）之间的差额分别为：7.5%、8.0%、5.0%、7.2%和14.7%。与此相对应，城镇居民家庭人均可支配收入增速与GDP增速（按现价计算）之间的差额分别为：-2.9%、-6.5%、-3.6%、-2.6%和0.5%。农村居民家庭人均纯收入增速与GDP增速（按现价计算）之间的差额分别为：-7%、-5.7%、-4.2%、-4.5%和-1.3%。[①] 作为一个必然且影响深广的结果，税收收入占GDP的比重数字，也呈现了高度相关的变动：由15.1%，一步步提升至16.1%、16.8%、18.0%和19.82%。将上述几个系列的数字联系起来并加以对比，不难看出，这几年的GDP分配向何方倾斜以及税收超GDP增长的源泉出在何方。

其实，历史留给我们的，并非总是正向的记录。至少在改革开放初期，税收收入占GDP的比重，也曾有过一步步下滑的经历。若将视野扩展至改革开放的30年，由此看到的景象，极具戏剧性。以1994年分界，前15年和后15年，我们分别走出了一条方向相反、迥然相异的轨迹。

---

① 对GDP增速按现价调整，是出于与税收收入增速、居民收入增速具有可比性的考虑。其方法，前已述及。

鉴于税收收入终归是财政收入的一个组成部分，并且，税收收入对于财政收入的意义，在改革前后和改革过程中发生了显著变化，① 为了具有可比性，不妨以财政收入占 GDP 的比重作为考察的依据。

在改革开放刚刚启动的时候，为了加大市场配置社会资源的比重，我们曾将降低财政收入占 GDP 的比重作为改革的目标加以追求。为此，推出了一系列以"减税让利""放权让利"为主调的改革举措。在那些举措的交互作用下，财政收入占 GDP 的比重，从 1978 年的 31.2% 一路下滑。1980 年为 25.5%，1985 年为 22.2%，1990 年为 15.7%，1993 年为 12.3%，1994 年进一步退到 10.8%。15 年间，下降了 20.4 个百分点。

面对日渐削弱的宏观调控能力和日益严峻的财政运行困难，在加强政府的宏观调控能力、实现财政状况根本好转的目标下，便有了 1994 年的财税改革。作为那一次改革的重要成果，财政收入占 GDP 比重下降的势头得以扭转。1995 年，这一比重数字为 10.3%，1997 年提升至 11%，2000 年为 13.5%，2005 年为 17.2%，2007 年进一步提升至 20.09%。14 年间，提升了 9.29 个百分点。

将上述前后 15 年间的变化轨迹对接起来，可以清楚地看到，它恰似一个不完全对称的"V"字形。

问题还有复杂之处。同改革开放之前的情形有所不同，这里所说的财政收入，并非政府收入的全部。即便以有案可查的、由财政部门统一报送人民代表大会的各类预算规模而论，财政收入也只是其中的一般预算收入。除此之外，还有与一般预算并列、被称为"线下"的基金预算收入、债务预算收入、预算外财政专户收入等几个类别的收入。若以政府收入为口径，将上述各种类别的预算收入加总求和，并且，再将游离于预算之外的制度外收入引入视野，

---

① 依可比口径，税收收入在财政收入中的所占份额：1978 年为 45.9%，1984 年为 57.7%，1991 年为 94.9%，2001 年为 93.4%，2005 年为 90.1%，2007 年为 89.1%。

政府收入占GDP的比重便可能提升至30%以上。这个数字，相当于1978年的水平。

以此而论，再将上述前后15年间的变化轨迹对接起来，不无惊讶地发现，它已经恰似一个完全对称的"V"字形了。换言之，1978—2007年，在经过了30年的市场化改革历程之后，以中国政府收入占GDP的口径而论，我们又回到了改革的起点。

事情并没有到此结束。2008年，即使在宏观经济形势发生较大变化，税收收入和财政收入增长势头有所回落的情况下，前三个季度的税收收入和财政收入增幅依然分别维持在24%和25.8%的高水平。照此计算，即便把第四季度增幅还可能进一步下滑的因素考虑在内，全年税收收入和财政收入分别超过60000亿元甚至达到更高规模，① 已经没有悬念。而且，往前看，如果不出大的意外，或者现行税制不做大的调整，在今后的一个时期，税收收入和财政收入双双超GDP增长的局面，依然会与我们相伴而行。这就意味着，我们仍会沿着这个"V"字形右半部的一方轨迹继续前行。

静下心来，面对如此的呈现在中国资源配置格局上的"体制复归"景象，我们自然会萌生某种迷惑。在此基础上，再引入当前面临的诸如居民可支配收入相对下降、储蓄率偏高、国内消费率偏低等方面的矛盾因素，我们又必然会添增加快解决问题的紧迫之感。

现在看来，在经历了改革开放30年变局的今天，我们特别需要重申GDP的基本平衡式，即GDP = 消费 + 投资 + 政府支出 = 消费 + 储蓄 + 税收。它告诉我们，对于GDP，可从供给和需求两个侧面来分析。从供给面上，GDP就是消费 + 储蓄 + 税收。从需求面上，GDP就是消费 + 投资 + 政府支出。在GDP既定的条件下，它们相互之间的关系，肯定是此增彼减、此快彼慢、此多彼少的。对于税收收入规模、税收收入增速、税收收入占GDP比重等问题

---

① 数字来源于人民网，2008年10月24日。

的讨论，不能离开这个基本平衡式。忘记这个平衡式，对形势的判断就可能出问题，所推出的举措也可能相悖于宏观经济社会政策的取向。

结论8：税收并非天上掉下来的馅饼。有关税收增速与GDP增速之间差额问题的所有根源，都集中在GDP的分配格局上。离开GDP分配格局这个大道理，单纯地谈论税收增长，都难免片面之嫌。

结论9：对类似税收增长这样的宏观变量的分析，一定要上升至宏观层面。只有站在关乎政府、企业和居民全局利益的高度，从关乎整个经济社会发展的立场上考虑问题，才有可能真正地贴近现实，也才有可能恰如其分地评估其可能的经济社会影响。

结论10：将改革开放30年间税收收入占GDP比重的变化轨迹统统收入眼底，可以发现的一个基本事实是：我们已经到了重新审视社会资源配置格局并重新评估目标取向的时候。

五 税制改革的理由

至少从2003年中共十六届三中全会正式提出"分步实施税收制度改革"的那一天算起，① 我们就开始了为启动新一轮税制改革而鼓与呼的历程。我们总在说，新一轮税制改革迫在眉睫。然而，迄今为止的新一轮税制改革进程，又总是给人以"雷声大，雨点小"的感受。于是，人们肯定要问，新一轮税制改革的理由究竟是否足够充分？

就一般的层面而言，关于税制改革的理由，清晰地认识并把握

---

① 在中共十六届三中全会所通过的《中共中央关于完善社会主义市场经济若干问题的决定》第20条款中，税制改革的主要方面，被概括为8个项目：改革出口退税制度；统一各类企业税收制度；增值税由生产型改为消费型，将设备投资纳入增值税抵扣范围；完善消费税，适当扩大税基；改进个人所得税，实行综合和分类相结合的个人所得税制；实施城镇建设税费改革，条件具备时对不动产开征统一规范的物业税，相应取消有关收费；在统一税政前提下，赋予地方适当的税政管理权；创造条件逐步实现城乡税制统一。

好如下的事实可能是必要的：

环顾一下身边的世界并审视一下人类社会的发展史，可以发现，税制改革是一个永恒的主题。在包围我们的各种经济制度中，税收制度的变化频率可能是最高的。此其一。

税制改革之所以是一个永恒的主题，税收制度的变化频率之所以最高，其最基本的原因无非在于，税收制度必须植根于当时当地的经济社会环境，必须跟上经济社会环境的变化进程。此其二。

诞生于1994年的中国现行税制，至今已经有了15年的历史。这15年来，虽然免不了修修补补，但基本的格局没有发生大的变化。相比之下，中国经济社会环境所发生的变化，绝对可以用"翻天覆地"来形容。可以说，现行税制与现实的经济社会环境已经发生了偏离。此其三。

在当前的中国，税收制度同其赖以依存的经济社会环境之间的不相匹配现象，已经越来越清晰地呈现在我们面前。若不对税收制度进行与时俱进的调整，税收制度肯定会伤害经济社会发展，甚至产生越来越大的负面影响。此其四。

进入具体层面，其表现是多方面的，甚至可以拉出一个长长的清单。仅从贯彻落实科学发展观和构建社会主义和谐社会的角度，所能举出的例子，就有如下几条：

比如，就整个税制体系的布局而言，现行税制的格局是以间接税为主体的。流转税收入占到了全部税收收入的70%左右。这样的税制格局，对于有效地取得收入，当然相对有利了。但是，对于有效地调节贫富差距，则就不那么有利了。这是因为，由诸税种所构成的税制体系就像是一个交响乐队。每个税种的共同任务虽然都是取得收入，但除此之外，每个税种也都有其特殊的角色定位——担负着不同的任务。相对而言，直接税较之间接税，具有更大的调节作用。间接税较之直接税，则具有更大的收入作用。所以，逐步增加直接税并相应减少间接税在整个税收收入中的比重，从而，逐步提升中国税收的调节贫富差距的功能并使其同取得收入的功能兼容，应当成为我国税制改革的方向。

又如，就直接税的布局来说，目前能够纳入现行直接税体系的，主要是处于流量层面的个人所得税。迄今为止，中国还没有真正意义上的财产税。既有的房产税和城市房地产税，尽管在名义上可以归为财产税，但其设定的纳税人并非着眼于个人。以传统意义上的"单位"作为基本纳税人的这两个税种，自然不是直接税。鉴于人与人之间的贫富差距要通过流量和存量两个层面表现出来的，并且，存量是基础性的，在相当程度上决定着流量，尽快地开征财产税，结束财产保有层面的无税状态，从而建立起至少在收入和财产两个层面全方位调节贫富差距的直接税税制体系，显然要提上议事日程。

再如，就具体税种的制度设计来说，现行的个人所得税，实行的是分类所得税制。表面上是一个税种，但实际上，它是由 11 个类别的个人所得税而构成的。如此的税制格局，其优点是便于源泉扣缴，不易跑冒滴漏，故而收入功能色彩浓重。但缺点是不适合调节收入分配差距需要，故而调节功能色彩淡薄。因为，人与人之间的收入差距，是在加总求和所有来源、所有项目收入的基础上的综合收入差距。将个人所得划分为若干类别、分别就不同类别征税，固然也能起到一些调节作用，但毕竟不全面的，甚至可能挂一漏万。让高收入者比低收入者多纳税并以此调节居民之间的收入分配差距，就要实行综合所得税制——以个人申报为基础，将其所有的所得综合在一起，一并计税。这既是各国个人所得税制历史演变的基本轨迹，也应是中国个人所得税制的改革取向。

还如，就税负水平的设计而言，如果说，在 15 年前，我们必须以偏高的"法定税负"水平来实现既定的"实征税负"目标，那么，在 15 年后的今天，随着税务部门征管水平和纳税人诚信水平的逐步提升和"实征税负"与"法定税负"之间距离的迅速拉近，我们已经不再需要留有以往那么大的"征管空间"了。并且，鉴于中共"十七大"已经提出了"提高居民收入在国民收入分配中的比重"的目标，更鉴于当前的宏观经济形势变局已经到了为企业和居民适当减负的时候，因而，把相对偏高的"法定税负"降下来，从而让中国税收回归与宏观经济环境相契合的正常增长轨道，不仅是十分必要的，也是完全可能的。

凡此种种，都可构成全面启动并完成新一轮税制改革的理由。而且，理由也足够充分。留给我们的任务，就是乘势而上，通过与时俱进的税制改革行动，把"十一五"规划已经绘就的新一轮税制改革蓝图付诸实施。

结论11：可以列出的启动新一轮税制改革的理由很多，但最根本的一条就是，现行税制同其所植根的经济社会环境之间发生了偏离。

结论12：瞻前顾后，消除阻碍经济社会发展的税制因素，让税收制度跟上经济社会的发展进程，从而使我们收获一个与经济社会发展环境相匹配的税收制度，是当前中国必须尽快完成的一个重要任务。

主要参考文献

高培勇：《税收的宏观视野》，《税务研究》2002年第2—3期。

金人庆：《中国当代税收要论》，人民出版社1992年版。

谢旭人：《谢旭人答记者问》，《中国财经报》2006年6月13日。

财政部税政司：《正确看待税收收入超GDP增长》，财政部网站，2008年9月11日。

杨斌：《对税收与GDP应同步增长理论的质疑》，《税务研究》2008年第9期。

舒启明、刘新利：《税负痛苦指数不能说明实际税负的高低》，国家税务总局网站，2006年3月9日。

国家税务总局计划统计司：《增值税征收率变动与金税工程二期效果宏观分析》，2005年。

许善达：《在中国税收高层论坛2004上的演讲》，http：//www.finance.sina.com.cn/roll/20040424/1551737。

财政部综合计划司:《中国财政统计(1950—1991)》,科学出版社 1994 年版。
《中国统计年鉴(2008)》,中国统计出版社 2008 年版。

(原载《税务研究》2008 年第 11 期)

论国家治理现代化框架下的
财政基础理论建设*

一　引言

中共十八届三中全会关于深化财税体制改革的系统部署，是从财政与财税体制的全新定位开始的。站在新的历史起点上，《中共中央关于全面深化改革若干重大问题的决定》（以下简称《决定》）围绕深化财税体制改革写了一段开宗明义的话：

"财政是国家治理的基础和重要支柱，科学的财税体制是优化资源配置、维护市场统一、促进社会公平、实现国家长治久安的制度保障。"①

这一定位具有转折性的重要里程碑意义。它标志着财政与财税体制已经同国家治理紧密对接，并且，作为国家治理体系的一个重要组成部分，财税体制改革已经同国家治理的现代化进程联系在一起，在彼此交融、相互促进的更高平台上、更广范围内发挥基础性和支撑性作用。

对照以往党和国家重要文献中有关财政与财税体制的表述以及财政学教科书，可以发现，围绕财政与财税体制的上述定位之所以

---

* 本文系笔者主持的中国社会科学院2013年重大招标课题"中共十八届三中全会研究"的阶段性成果之一。

① 《中共中央关于全面深化改革若干重大问题的决定》，人民出版社2013年版，第19页。

说是全新的，其根本的理由在于，它实质是中共十八届三中全会脱出以往的视野局限，站在国家治理的总体角度并以前所未有的历史高度，对财政与财税体制做出的全新理论概括或理论判断。

以理论创新引领和推动改革实践，理论创新与改革实践在交互作用中齐头并进，历来是中国改革道路的一大特点。事实上，在以往的30多年中，几乎每一轮财税体制改革，从理念、思路的形成到改革内容和相关举措的安排，都同财政理论的创新密切相关，都是建立在财政理论创新的基础上的。透过中共十八届三中全会所做出的一系列有关深化财税体制改革的系统部署，我们能够看到的，不仅是改革实践层面的财税体制改革进军"路线图"，而且包括财政基础理论建设层面所取得的重大突破。

深刻体会和把握中共十八届三中全会围绕财税体制改革的若干重要论断，以此为基础，梳理、总结其中所蕴含的重大理论贡献，不仅对于推进新一轮财税体制改革实践，而且对于推进中国特色的社会主义财政基础理论建设，无疑都是非常必要的。本文尝试的就是这项工作。

二 从根本上摆正了财政与财税体制的位置

从总体上说，以往无论是学术界的研究语言，还是实践层的工作用语，都将财政与财税体制作为经济范畴，在经济生活领域内寻求定位①，极少有脱出经济范畴、经济领域的局限而归结财政概

---

① 以往对财政定位的代表性表述包括：财政是政府集中一部分社会资源用于生产或提供公共物品及服务，以满足社会公共需要的活动，可简称为政府的收支活动（高培勇主编：《财政学》，中国财政经济出版社2004年版，第15页）；财政是一个经济范畴，是政府集中部分国民收入用于满足公共需要的收支活动，可简称为以国家为主体的分配活动（陈共《财政学》，中国人民大学出版社2012年版，第12页）；财政是国家为执行各种社会职能而多与社会产品分配的活动，其实质是国家在占有和支配一定份额的社会产品过程中与各方面发生的分配关系（许龄、沈经农主编：《经济大词典·财政卷》，上海辞书出版社1987年版，第1页）；财政谓理财之政，即国家或公用团体以维持其生存，发达为目的，而获得收入、支出经费之经济行为也（系20世纪40年代中华书局出版的《辞海》关于财政的解释）。

念、财税体制功能及其作用的先例。这一情形，在中共十八届三中全会《决定》中发生了重大变化。

（一）财政：国家治理的基础和重要支柱

翻开我们使用多年的各类涉及财政问题的教科书或辞典，极易找到关于财政概念的如下代表性表述：

财政是政府集中一部分社会资源用于生产或提供公共物品或服务，以满足社会公共需要的活动。可简称为政府的收支活动。①

财政是一个经济范畴，是政府集中一部分国民收入用于满足公共需要的收支活动。可简称为以国家为主体的分配活动。②

财政是国家为执行各种社会职能而参与社会产品分配的活动。其实质是国家在占有和支配一定份额的社会产品过程中与各方面发生的分配关系。③

财政谓理财之政，即国家或公用团体以维持其生存、发达为目的，而获得收入、支出经费之经济行为也。④

抛开哪样一种表述更为严谨、更加妥当之类的问题不论，对于财政概念的上述界定，显然是在财政属于经济范畴、财政收支属于政府的经济活动的认识基础上得出的。

中共十八届三中全会在以往关于财政概念的传统表述基础上，赋予财政概念全新的内涵："财政是国家治理的基础和重要支柱"。

由"政府的收支活动或以国家为主体的分配活动"到"国家治理的基础和重要支柱"，关于财政概念表述的如此重大变化，是前所未有的。

第一，作为中共十八届三中全会《决定》确立的我国全面深化改革的总目标，国家治理体系的概念系第一次进入官方话语体系。与之相伴随，财政的概念也是第一次被引入国家治理体系并在

---

① 高培勇主编：《财政学》，中国财政经济出版社2004年版，第15页。
② 陈共：《财政学》，中国人民大学出版社2012年版，第12页。
③ 许毅、沈经农主编：《经济大词典·财政卷》，上海辞书出版社1987年版，第1页。
④ 此系20世纪40年代中华书局出版的《辞海》关于财政的解释。

两者的相互联系中加以界定。认识到国家治理体系是一个全面覆盖经济、政治、文化、社会、生态文明和党的建设等所有领域的概念，将以往主要作为经济范畴、在经济领域定义的财政，转换至国家治理体系的总棋局上重新定位，这一变化的意义当然非同小可。它至少启示我们，财政的活动平台更高了，作用范围更广了。

第二，注意到在"基础"前面未加任何修饰语，意味着财政是国家治理的"唯一"基础。即便在"支柱"前面添加了"重要"二字，也意味着财政是国家治理的为数不多的支柱之一。

第三，根据字义，治理与管理虽然密不可分，但两者之间确有不同之处。国家管理视野内的主体通常只是政府，而在国家治理的视野内，其主体除了政府之外，还包括社会组织乃至居民个人，体现的是统一共治的理念。这一变化意味着，政府不仅是治理的主体，而且也是被治理的对象；社会不再只是被治理的对象，也是治理的主体。将以政府收支为基本线索、主要表现为政府收支活动的财政与国家治理相对接，意味着财政并非仅仅着眼于满足政府履行职能活动的需要，而是要满足包括政府、社会组织和居民个人在内的所有国家治理主体参与国家治理活动的需要。就此而言，财政所面对的是整个国家治理体系的需求。在更高层面、更广范围发挥更为重要的作用，是财政与国家治理相对接之后所发生的最突出变化。

第四，从国家治理体系的总体角度定位财政，至少说明，财政不是一般意义上的政府职能，而是一项可以覆盖、牵动所有政府职能，具有基础性和支撑性的政府职能。财政绝不仅仅是一个经济范畴，而且是一个事关国家治理体系和整个经济社会事务，牵动经济、政治、文化、社会、生态文明和党的建设等所有领域的基本要素。联想到学术界历来有财政学研究视角究竟属于经济学还是政治学,以及其他别的什么学科的争论,[①] 可以由此认为,从根本上说来,财政是一个跨越经济、政治、社会、文化和生态文明等多个学科和多个领域的综合性范畴。

这样的归纳和表述,昭示了一个重要的事实:在新的历史起点上,我们对于财政的认识深化了。财政不仅是政府的收支或政府的收支活动,而且是国家治理体系的基础和重要支柱。这是第一次从根本上摆正了财政的位置。

(二) 财税体制:国家治理体系的重要组成部分

对于财政认识的深化及其定位的提升,自然会传递到与之相关的另一概念"财税体制"。应当指出,财税体制是我国所特有的、具有中国国情特色的一个概念。其他国家与之相匹配或具有类似含义的表述,往往是"财政制度"。我国之所以常常将财政制度称为财税体制,是因为我国的财政与税务部门在管理体制上实行分设。主要出于凸显各自重要性的考虑,举凡涉及政府收支领域的事项,往往以"财税"二字冠之。所以,在我国通常情形下,财政与财税同义,财政制度与财税体制无异。

财税体制顾名思义,是对用以规范政府收支及其运行的一系列制度安排的统称。从根本上说来,它所面对并处理的无非是两条线索上的关系,即政府与企业和居民之间的分配关系,以及不同级次政府之间的分配关系。相应的,财税体制运行的结果,也无非是呈现在两条线索上的分配格局,即政府与企业和居民之间的分配格局,以及不同级次政府之间的分配格局。这即是说,财税体制的功能与作用主要是通过处理政府与企业和居民之间的分配关系,以及处理不同级次政府之间的分配关系体现出来的。这种功能与作用,

---

[①] 张馨等:《当代财政与财政学主流》,东北财经大学出版社2000年版,第16—18页。

我们通常概括为优化资源配置、调节收入分配和促进经济稳定。①②毋庸赘言，关于财税体制的上述功能与作用概括，显然主要是基于政府收支的视角、在关于政府收支活动的认识基础上得出的。

随着财政与国家治理体系相对接并获得全新的定位，如前所述，在以往概括的基础上，中共十八届三中全会《决定》对于财税体制的功能与作用也给出了新的阐释。"科学的财税体制是优化资源配置、维护市场统一、促进社会公平、实现国家长治久安的制度保障"。③ 由 "优化资源配置、调节收入分配和促进经济稳定" 到 "优化资源配置、维护市场统一、促进社会公平、实现国家长治久安"，绝非仅仅是功能与作用概括上的数量添加或项目整合，而系在充分认识财税体制功能与作用的基础上，从国家治理体系的总体角度对财税体制的全新定位。

第一，如果把财税体制理解为政府收支领域的制度安排，那么，事关所有领域的总的制度安排，或者覆盖国家生活领域所有的制度安排，便是国家治理体系。就此而论，财税体制不仅是经济体制的重要内容，而且是国家治理体系的一个重要组成部分。当财政的概念被引入国家治理领域并赋予全新定位之后，在制度安排层面，财税体制自然要融入国家治理体系之中，从局部与整体的关系上寻求新的定位。

第二，作为一个 "包括经济、政治、文化、社会、生态文明和党的建设等各方面的体制机制和法律法规"，国家治理体系实质"是一整套紧密相连、相互衔接的国家制度"。④ 作为其中的一个重要组成部分，财税体制与经济体制、政治体制、文化体制、社会体制和生态文明体制以及党的建设制度等方面均有关联，它实质上是

---

① 高培勇主编：《公共经济学》，中国社会科学出版社 2007 年版，第 18—21 页。
② 其他类似的概括还有 "资源配置职能、收入分配职能、经济稳定和发展职能"（陈共：《财政学》，中国人民大学出版社 2012 年版，第 25—30 页）。
③ 《中共中央关于全面深化改革若干重大问题的决定》，第 19 页。
④ 陈金龙：《治国理政基本理念的重大突破》，《中国社会科学报》2013 年 11 月 22 日第 A07 版。

一种可以牵动经济、政治、文化、社会、生态文明和党的建设等所有领域的综合性制度安排。将财税体制置于国家治理体系之中，并从国家治理体系的总棋局上定位财税体制，随着财税体制活动平台的转换或扩大，财税体制的功能与作用当然要超越经济领域，而延伸至包括经济、政治、文化、社会和生态文明以及党的建设在内的所有领域。

第三，对照以往关于财税体制功能与作用的理论概括，可以发现，在国家治理体系的总棋局上，财税体制每一项功能与作用的内涵与外延均有重大变化。例如，优化资源配置，其所涉及的范围绝对不限于经济资源，其所产生的影响也绝对不限于经济领域。事实上，作为一个相互联系、密不可分的统一体，包括"优化资源配置、维护市场统一、促进社会公平、实现国家长治久安"在内的四个方面的功能与作用，均是从经济生活、政治生活、文化生活、社会生活、生态文明建设和党的建设等所有国家治理领域出发而界定的。它说明，较之于以往，作为国家治理体系的重要组成部分的财税体制，可以也应当在更高层面、更广范围发挥更大的作用。

第四，同财政职能有别于其他领域、其他方面政府职能的道理近似并由此决定，与其他领域、其他方面的体制安排有所不同，财税体制在国家治理体系中所担负的功能和所发挥的作用是基础性和支撑性的，而非一般性的。它不仅应当也必须作为国家治理的主要线索，在国家治理体系中扮演主要角色，而且，以此为基础，作为经济体制、政治体制、文化体制、社会体制、生态文明体制和党的建设制度的交汇点，它应当也必须在改革发展稳定、内政外交国防、治党治国治军等有关国家治理的各个方面，全方位地履行职能，发挥基础性和支撑性作用。

于是，作为财税体制与国家治理体系相交融并在其中寻求定位的一个必然结果，也是作为对于财税体制的功能与作用认识深化的一个必然结果，财税体制在国家治理体系中的位置从根本上摆正了。从而，赋予财税体制的功能潜力更大了，其作用的空间更广了。这实际上告诉我们，之所以要在新的历史起点从根本上摆正财政与财税体制的位置，是因为要在新的历史起点上赋予财政与财税体制新的任务。在新老任务之间的变化和转换，标志着财政与财税体制功能与作用的质的飞跃。

（三）回归本义之举

说到这里，有必要着重指出的，财政也好，财税体制也罢，其定位在今天的提升和拓展，绝非人为的拔高，而是本来就该如此。只不过在以往，由于我们对它的认识不够充分，对它的理解不够深入，以至于本来具有更重要功能、可以也应当发挥更大作用的财政与财税体制，在一定程度上被低估了，甚至被"大材小用"了。从这个意义讲，财政与财税体制在新的历史起点上的定位提升和拓展，纯粹是回归本义之举。这一判断，可以从诸多方面得到印证。

第一，国家治理的主体，当然首先是政府。有别于其他方面的政府职能范畴和政府职能部门，财政职能和财税职能部门所具有的一个特殊品质，就是极具"综合性"。

审视当今世界的政府职能及其部门设置格局，就会看到，任何政府职能的履行，任何政府部门的运转，都是要用钱去支撑的。这些钱当然来自财政支出。只有财政支出到位之处，才是政府职能履行之地。财政支出又要来自财政收入。只有财政收入的筹措到位，才有财政支出的拨付可能。无论是财政支出的拨付，还是财政收入的筹措，都是财政职能的具体体现，也都是要通过财税职能部门的活动去实现的职能。所以，在所有的政府职能和所有的政府职能部门中，财政职能和财税职能部门分别是最为综合的职能和最为综合的职能部门。换言之，只有财政职能可以覆盖所有的政府职能，只有财税职能部门的活动可以牵动所有政府职能部门的活动。也正因为如此，只有财政才能作为国家治理的基础和重要支柱而存在和运转。

第二，国家治理的主体，除了政府之外，也包括社会组织和居民个人。有别于其他方面的经济社会活动线索，财政活动是一条最能够把政府、社会组织和居民个人有效地动员起来,从而实现多元交互共治的线索。

从总体上看,尽管可以有多种纽带将政府、社会组织和居民相连接,但归结起来,无非是"事"和"钱"两个方面。两相比较,"钱"比"事"更扣人心弦,更牵动全局,更关系利益得失,更易于把握和掌控。这些钱的存在和运转,在国家治理领域当然主要表现为财政收入和财政支出。财政收入来自社会组织和居民个人的缴纳,任何社会组织和居民个人,或是作为直接的纳税人,或是作为间接的负税人,都处于财政收入筹措活动的覆盖之中。财政支出用之于对社会组织和居民个人的转移支付和公共服务,任何社会组织和居民个人,或是作为转移支付的接受者而直接领到钱,或是作为公共服务的受益人而直接或间接地享受实际的公共利益,也都处于财政支出拨付活动的覆盖之中。所以,在所有的国家治理活动中,只有财政活动的触角能够延伸至所有社会组织和居民个人,只有财政活动能够牵动所有的消费、投资和储蓄环节以及所有的国家生活领域。正因为如此,也只有财政才能作为国家治理的基础和重要支柱而存在和运转。

第三,国家治理要靠一整套制度建设。与国家治理体系其他方面的制度内容有所不同,财税体制往往是起根本性、全局性、长远性作用的。

国家兴衰、政权更替,往往与财税体制密切相关,古今中外,概莫能外。我国历史上的几次重大变革,如商鞅、王安石、张居正变法,就是围绕着财税制度的变革而展开的。英国在工业革命中崛起、美国在19世纪末成为强国,都与财税制度的变革直接相关。甚至包括英国的光荣革命、法国大革命和美国的独立战争在内,起因也都在于税权的纷争。现代中国的改革开放事业,从改革开放初期的放权让利到20世纪90年代的制度创新,更是以财税体制改革作为突破口和主线索的。可以说,发生在人类历史上的每一次重大变革,几乎都带有深刻的财政烙印。在所有的有关国家治理的制度安排中，只有财税体制能够伴随着国家治理的方方面面，只有财税体制能够伸展至国家治理领域的枝枝蔓蔓。财税体制与国家治理如影随形，财税体制的变化与国家治理领域的运行亦步亦趋，是迄今可以观察到的国家治理体系演变进程的一条基本线索。

正是出于上述的原因，无论是国家政体的设计，还是国家治理体系的建立，都是以财税体制为基础和重要支柱的。

三　从宏观上理清了财税体制改革与全面深化改革的关系

以往的财税体制改革，多是作为经济体制改革的组成部分、在经济体制改革的棋局上加以部署的。以1994年的财税体制改革为例，在《国务院关于实行分税制财政管理体制的决定》中，将分税制改革的意义归结于"分税制改革是发展社会主义市场经济的客观要求"；① 在《国务院批转国家税务总局工商税制改革实施方案的通知》中，将工商税制改革的目的归结于"为了适应建立社会主义市场经济体制的需要""建立适应社会主义市场经济体制要求的税制体系"；② 在《国务院办公厅转发国家税务总局关于组建在各地的直属税务机构和地方税务局实施意见的通知》中，将两套税务机构分设的意义归结于"加强国家宏观调控和促进社会主义市场经济体制的建立"，③ 等等。正因为如此，对于1994年财税体制改革的基本目标，我们一直使用"建立与社会主义市场经济体制相适应的财税体制基本框架"的表述。

在全面深化改革的旗帜下，同财政与财税体制的全新定位相伴随，中共十八届三中全会《决定》对于深化财税体制改革给出了

---

① 国发〔1993〕85号：《国务院关于实行分税制财政管理体制的决定》。
② 国发〔1993〕90号：《国务院批转国家税务总局工商税制改革实施方案的通知》。
③ 国办发〔1993〕87号：《国务院办公厅转发国家税务总局关于组建在各地的直属税务机构和地方税务局实施意见的通知》。

不同于以往的全新解释，进而把财税体制改革的重要性提到了一个前所未有的新高度。

（一）国家治理现代化：全面深化改革的总目标

中共十八届三中全会之所以赋予财政与财税体制全新的定位，与全面深化改革的总目标直接相关。

从改革开放以来中共历次三中全会有关重大改革的部署中不难看到，以往所涉及的主题多是某一领域、某一方面的改革。如中共十四届三中全会的主题是建立社会主义市场经济体制，① 中共十六届三中全会的主题是完善社会主义市场经济体制。② 与之形成鲜明对比，中共十八届三中全会所部署的是全面深化改革。全面深化改革与以往改革的最大不同之处在于，它不是某一个领域的改革，也不是某几个领域的改革，而是全面的、涉及所有领域的改革，包括经济体制改革、政治体制改革、文化体制改革、社会体制改革、生态文明体制改革以及国防和军队改革、党的建设制度改革等各个领域。换言之，全方位联动的改革，是全面深化改革的突出特点。

既然是全方位联动的改革，围绕它的推进，就需要统筹安排，尤其是对各领域改革最终是为了什么、要取得什么样整体结果的统筹安排。故而，围绕全面深化改革而提出的目标，不能是仅仅覆盖某一领域的，也不能是覆盖某几个领域的，而是要覆盖所有领域的。于是，从总体角度布局改革、提出一个统领所有领域改革的总目标，肯定要成为当然之举而成为中共十八届三中全会《决定》的纲领："全面深化改革的总目标是发展和完善中国特色社会主义制度，推进国家治理体系和治理能力现代化"。③ 易于看出，在这一表述中，"发展和完善中国特色社会主义制度"是一个基本前提

---

① 《中共中央关于建立社会主义市场经济体制若干重大问题的决定》，人民出版社1993年版，第1—2页。
② 《中共中央关于完善社会主义市场经济体制若干重大问题的决定》，人民出版社2003年版，第1—2页。
③ 《中共中央关于全面深化改革若干重大问题的决定》，人民出版社2013年版。第3页。

或根本方向，总目标实际上落在了"推进国家治理体系和治理能力现代化"身上。

之所以将国家治理体系和治理能力现代化作为全面深化改革的总目标，显然有深刻考虑。从根本上说来，中国的改革是一场深刻而全面的社会变革，牵涉一系列体制机制的转型。随着改革不断深入和社会主义市场经济体制基本框架的逐步确立，各领域、各环节之间改革的互动性明显增强，几乎每项改革都会牵动或影响其他方面的改革，几乎每项改革也都需要其他方面的改革协同配合。来自各方面的信息表明，当前中国经济体制改革的重点、难点是与政治、文化、社会、生态文明等领域的问题相互交织在一起的，必须通过全方位联动的改革加以推进。①

中国已经持续30多年的改革开放事业，在取得举世瞩目的发展成就的同时，也积累了一系列不容回避的社会矛盾和问题。倘若这些矛盾和问题不能有效地得到解决，不仅改革难以推进，发展难以持续，而且会危及国家的长治久安。有效地解决当前面临的矛盾和问题，显然需要成熟的国家治理体系和高超的国家治理能力。

相对于我国的经济社会发展水平和人民群众的要求，相对于当今世界日趋激烈的国际竞争形势，相对于实现国家长治久安的目标，我们在国家治理体系和治理能力方面还有许多弱项和短板，有些方面甚至成为制约发展和稳定的重要因素。为了人民幸福，为了社会和谐稳定，为了国家长治久安，我们必须大踏步地跟上时代的步伐，形成有效的国家治理体系和治理能力，全面提升国家治理体系和治理能力水平。

纵观世界风云变幻，大多数的社会动荡、政权更迭，固然可从多个方面去归结原因，但其中一个根本性的问题就在于没有形成有效的国家治理体系和治理能力。由于没有有效的国家治理体系和治

---

① 田国强、陈旭东：《论中国深化改革面临的四个转变》，《中国高校社会科学》2014年第2期。

理能力作为依托，遇到社会矛盾和问题就会捉襟见肘，甚至久拖不决，起初本来不那么严重的矛盾和问题也会因日积月累而积重难返，导致严重的政治后果。

进一步说，国家治理体系和治理能力水平也是现代文明国家的重要标志。衡量一个国家的文明程度，除了诸如生产力发展水平、社会制度的优越性、国民道德素养状况、社会和谐稳定程度等方面的指标外，国家治理体系和治理能力也是其中的重要考量。故而，随着我国经济和综合国力的迅速提升，①适应国家现代化的总进程，推进国家治理体系和治理能力的现代化，以此为基础，建构文明国家形象、提升中国的国际地位，不仅非常必要，更是迫在眉睫。

一言以蔽之，在新的历史起点上，我们要着手打造一个现代国家应有的制度形态。②正是认识到推进国家治理体系和治理能力现代化的极端重要性和极端复杂性，中共十八届三中全会在将其作为统筹推进各领域改革的总目标加以提出的同时，以制度安排为主要线索、以制度定型为主要目标，确立了国家治理体系和治理能力现代化的目标："到二〇二〇年，在重要领域和关键环节改革上取得决定性成果，完成本决定提出的改革任务，形成系统完备、科学规范、运行有效的制度体系，使各方面制度更加成熟更加定型。"③

（二）从构筑财政基础和财政支柱做起

作为一项极为宏大的工程，推进国家治理体系和治理能力的现代化，无疑要从构筑其基础和支柱做起。在上面的讨论中，我们已经看到，不仅财政概念作为国家治理的基础和重要支柱而获得了全

---

① 根据世界银行 2014 年 4 月 30 日发布的《购买力平价与实际经济规模——2011 年国际比较项目结果摘要报告》，以购买力平价法（PPP）计算，中国的经济规模在 2011 年已经达到美国的 86.9%，比 2005 年的 43.1% 提高一倍多。据此，该报告预测称，2014 年中国有可能超越美国，成为全球第一大经济体。

② 楼继伟：《中国政府间财政关系再思考》，中国财政经济出版社 2013 年版，第 3 页。

③ 《中共中央关于全面深化改革若干重大问题的决定》，人民出版社 2013 年版，第 7 页。

新的定位，而且财税体制的功能与作用在纳入国家治理体系之后也获得了极大的提升和拓展，进而从根本上摆正了财政和财税体制的位置。这一切均为实践上述全面深化改革的总目标做好了相应准备。

其一，既然财政是国家治理的基础和重要支柱，既然财税体制是国家治理体系的一个重要组成部分，那么，站在国家治理的总体角度，在推进国家治理体系和治理能力现代化的棋局上，应当也必须将财政作为国家治理的基础性和支撑性要素加以打造，应当也必须将财税体制作为全面覆盖国家治理领域的综合性制度安排加以构建。

其二，作为一个必然结果，财税体制改革的目标，理应在全面深化改革的总目标统领下加以确定：追随全面深化改革总进程，对接全面深化改革总目标，并且，以全面深化改革的总目标为出发点和归宿。换言之，以往追随经济体制改革步伐、对接经济体制改革目标，并以实现经济体制改革目标为财税体制改革出发点和归宿的传统，不能也不应在新一轮财税体制改革中延续。这意味着，新一轮财税体制改革作为分目标，同全面深化改革的总目标是一致的、重合的。

其三，作为经济体制改革、政治体制改革、文化体制改革、社会体制改革、生态文明体制改革的一个交汇点，在全面深化改革的总棋局中，财税体制改革事实上是一个重点工程。它不仅可以且应当加以重点推进，还可以且应当作为突破口和主线索率先推进。正因为如此，财税体制改革不仅要立足于财税体制自身的完善，而且要着眼于为全面深化改革"铺路搭桥"。事实上，财税体制改革之所以成为围绕全面深化改革而系统部署的第一项或第一个领域的重大改革，之所以在全面深化改革进程中成为整个社会的聚焦点，其根本的原因就在于此。

（三）值得注意的历史经验

应当说，将财税体制改革与国家治理体系和治理能力的现代化相对接，并且着眼于从前者入手推进后者，绝非完全始于今日。在这方面，有一系列值得注意的历史经验。中华人民共和国成立之后的一段时间，我们虽没有明确提出国家治理体系和治理能力的概念，也没有明确提出国家治理体系和治理能力现代化的问题，更没有明确赋予财政与财税体制以国家治理的基础和重要支柱，以及国家治理体系的重要组成部分的定位，但一直在积极探索怎样治理社会主义社会、怎样治理中国。新中国在充满艰辛的探索之路上走出的每一步，几乎都是从财政和财税体制入手的。举凡涉及经济社会全局的重大事项，几乎都同财税体制的变革有关。

例如，三年国民经济恢复时期，党中央就曾狠抓"整顿财经秩序"的工作。面对当时饱经战火摧残、几乎处于崩溃边缘的国民经济，在短短的三年时间内，党中央通过推出统一财经工作、平衡财政收支、稳定物价等一系列政策措施，为国民经济的恢复、政权的巩固以及各方面的治理工作提供了有力的保障，从而实现了国民经济的全面恢复和国家财政状况的根本好转。

再如，第一个五年计划时期，作为整个计划经济体制的核心组成部分，财政担负着为工业化筹集资金和促进社会主义改造的双重任务。一方面，以筹集社会主义工业化建设资金为重点，通过改进和加强财政收支管理，开辟和扩大财源，增加资金积累，保证了"一五"计划的顺利完成。另一方面，伴随着对农业、手工业和资本主义工商业的社会主义改造进程，通过逐步建立对不同所有制和不同区域实施"区别对待"的财税体制，在发展和壮大国有制经济、削弱乃至消灭私有制经济的进程中发挥了积极作用。

还如，"大跃进"和五年调整时期，伴随"大跃进"时期国民经济比例失调引起的经济大起大落，以及国民经济调整期的特殊体制环境，财税体制做了多方面的探索。它先是配合"大跃进"实施对地方和企业的放权，在一定程度上改变了"一五"时期过度集权的体制格局。后来，它又适应国民经济调整和应对经济困难的需要，适当收缩一部分"大跃进"期间下放过多的财权，重新加强了财权、财力的集中统一。与此同时，随着经济建设回归适度规模的调整进程，财政收支规模也经历了由急剧膨胀到回归常态的变化。应当说，在生产资料所有制的社会主义改造基本完成之后进入全面建设社会主义的这一时期，无论是财税体制以及其他方面财税工作的改进和加强，还是围绕计划经济体制而在财税体制上进行的适应性调整，对于保证和推动国民经济全面调整的顺利进行和恢复与发展，都积累了宝贵经验。

又如，"文化大革命"时期，在整个经济社会生活陷入混乱状态的背景下，财税工作也面临困局。不仅财政管理指挥体系大大削弱，财政管理思想陷于混乱，国家财经纪律也受到严重践踏。为应对由此而引致的不断增加的财政压力，这一时期的财税体制，在保证国家最低限度的经常性开支、支持经济建设和工农业生产、保持财政运行的相对稳态状况等方面，扮演了苦撑危局的特殊角色。

进入改革开放的新时期以来，我们开始以全新的角度思考国家治理体系建设问题。围绕改革开放而进行的探索，实际上就是以国家治理体系和治理能力现代化为取向的改革探索。在其中，财税体制改革事实上扮演了"先锋官"和"突击队"的角色。

改革开放初期，从分配领域入手的经济体制改革，最初确定的主调，便是"放权让利"。通过"放权让利"激发各方面的改革积极性，提高被传统经济体制几乎窒息的国民经济活力。当时政府能够且真正放出的"权"，主要是财政上的管理权。政府能够且真正让出的"利"，主要是财政在国民收入分配格局中的所占份额。这一整体改革思路与财税体制自身的改革任务——由下放财权和财力入手，打破或改变"财权集中过度、分配统收统支、税种过于单一"的传统体制格局——相对接，衍生出一系列旨在为整体改革"铺路搭桥"的改革举措。

踏上"制度创新"之路后，随着改革思路由侧重于利益格局的调整向建立新型体制的转换，以 1992 年 10 月中共十四大正式确立社会主义市场经济体制的改革目标为契机，按照中共十四届三中全会所通过的《中共中央关于建立社会主义市场经济体制若干问题的决定》的部署,从1994年起,中国的财税体制改革率先踏上了制度创新之路。通过那一轮财税体制改革,不仅初步搭建起适应社会主义市场经济体制的财税体制基本框架,而且为整个社会主义市场经济体制的建立以及此后20年的经济快速发展奠定了基础。实践一再证明,1994年的财税体制改革及其20年的稳健运行,既是社会主义市场经济体制建设的里程碑,也是我国国家治理方式的一次飞跃。

从为中华人民共和国的财经秩序奠基,到支撑社会主义工业化建设和助力社会主义改造;从为建立适应计划经济体制的财税体制而进行艰难的探索,到为顶住各方面的动荡压力而在财政上苦撑危局;从主要着眼于为整体改革"铺路搭桥"而在财税上"放权让利",到走上制度创新之路、为社会主义市场经济体制的建立和完善充当"先锋官"和"突击队",60多年间,中国财税体制改革与国家治理体系和治理能力现代化之间彼此关联、相互作用的基本轨迹跃然再现。中国财税体制改革在推进国家治理体系和治理能力现代化方面所具有的特殊作用,全面深化改革并非所有领域改革"一二一"齐步走,而仍然要有先锋官和突击队。在新的历史起点上,面对推动中国特色社会主义制度更加成熟和更加定型的重大历史任务,仍然应当从财税体制改革破题,以构筑作为国家治理的基础和重要支柱的一系列行动,以推进作为国家治理体系重要组成部分的现代化进程的一系列安排,为党和国家事业发展、为人民幸福安康、为社会和谐稳定、为国家长治久安,为坚持人民民主专政的国体,提供更完备、更稳定、更管用、更有效的国家治理体系和治理能力。

(四) 以现代财政制度标识改革目标

能够与国家治理体系和治理能力现代化相匹配的财政和财税体制,应当是基于全新的理念和思维建立起来的。由此而提出的问题是,在同国家治理体系和治理能力现代化的总目标相匹配的条件下，又该怎样界定财税体制改革的分目标或财税体制改革自身的基本目标？

认识到财税体制改革须在国家治理体系和治理能力现代化的总体框架下加以推进，从财政作为国家治理的基础和重要支柱出发，从作为国家治理体系重要组成部分的财税体制，要在更高层次、更广范围发挥更大作用出发，中共十八届三中全会《决定》在将新一轮财税体制改革目标与全面深化改革总目标相对接的同时，站在全面认知现代财政文明的高度，破天荒地第一次以"建立现代财政制度"标识新一轮财税体制改革的目标。

所谓现代财政制度，其最基本的内涵无非是让中国财税体制站在当今世界财政制度形态发展的最前沿，实现财税体制的现代化。以现代国家应有的制度形态为标尺，用心体会现代财政制度概念中的"现代"二字所蕴含的深刻含义，并注意到此"现代"财政制度与彼"现代"国家治理之间的内在联系，不难理出如下的逻辑线索。

全面深化改革的总目标在于推进国家治理的现代化，实现国家治理现代化的基础和重要支柱是坚实而强大的国家财政，它的构筑要依托于科学的财税体制，科学的财税体制又要建立在现代财政制度的基础之上。于是，建立现代财政制度→科学的财税体制→国家治理的基础和重要支柱→国家治理体系和治理能力的现代化，便勾画出新一轮财税体制改革十分明确而清晰的"路线图"。可以将新一轮财税体制改革的基本目标表述为：建立与国家治理体系和治理能力现代化相匹配的现代财政制度。

由"适应市场经济体制"到"匹配国家治理体系"，从"建立与社会主义市场经济体制相适应的财税体制基本框架"到"建立与国家治理体系和治理能力现代化相匹配的现代财政制度"，20年间财税体制改革基本目标表述上的这一巨大而深刻的变化，标志着中国财税体制改革迈上了一个新的更高的平台。

四 总体勾画现代财政制度的基本形态

以现代财政制度标识新一轮财税体制改革的目标,从现代财政文明出发布局新一轮财税体制,无疑是新一轮财税体制改革相对于以往财税体制改革的一个重要变化。那么,作为现代国家应有的财政制度形态,究竟应当是什么样子的?

(一) 从公共财政制度到现代财政制度

中国的财税体制改革虽已持续多年,但在很长的一段时间内,并未形成一个能够统领、覆盖整个财税体制领域的改革线索和改革项目的概念。即便是1994年的财税体制改革,在锁定"建立与社会主义市场经济体制相适应的财税体制基本框架"这一基本目标的同时,并未对改革之后财税体制的基本形态做出相应的表述。

直到1998年,随着财税体制改革由零敲碎打型的局部调整转入整体体制机制的构建,以当年举行的全国财政工作会议为契机,决策层做出了一个具有划时代意义的重要决定,即逐步建立公共财政基本框架。① 从那以后,作为中国财税体制改革的基本目标定位,"公共财政"一词正式进入了官方话语体系。也是从那以后,举凡牵涉中国财税体制改革目标的讨论,无论在学术界还是在实践层,都是以建立公共财政制度来标识的,都是在公共财政概念的基础上,进一步归结其基本制度形态的。

然而,从根本上说来,无论公共财政的概念,还是由此而归结的基本制度形态,其主要的着眼点,都落在了财税体制的属性特征上。之所以以"逐步建立公共财政基本框架"标识财税体制改革目标,其基本的依据无非在于,只有公共财政性质的财税体制而非其他别的什么方面性质的财税体制,才是可以与社会主义市场经济

---

① 在那次会议上,时任中共中央政治局常委、国务院副总理李岚清代表中共中央明确提出,要"积极创造条件,逐步建立公共财政基本框架"(李岚清:《深化财税改革确保明年财税目标实现》,《人民日报》1998年12月16日)。

体制相适应的。正因为如此，我们才会做出如"搞市场经济，就要搞公共财政"那样的理论判断。①

与之有所不同，现代财政制度的主要着眼点是落在财税体制的时代特征上的。它是在全面深化改革总棋局中，立足于匹配国家治理体系和治理能力现代化总目标而形成的概念，意在强调，只有跟上人类文明发展进程的现代化财税体制而非其他别的什么方面特点的财税体制，才是可以与国家治理体系和治理能力的现代化相匹配的。

由建立公共财政制度到建立现代财政制度，从对应社会主义市场经济体制、以属性特征标识财税体制改革目标，到对应国家治理现代化、以时代特征标识财税体制改革目标，在关注属性特征的基础上进一步强化其时代特征，可以说是新一轮财税体制改革之灵魂所在。它标志着中国财税体制改革进入了一个新的历史阶段。做这样的选择，显然有着极为深刻的考虑。其中最为重要的可能有如下两点：

其一，实现国家治理的与时俱进，是中国社会一以贯之的"赶考"。作为国家治理的基础和重要支柱的财政，以及作为国家治理体系重要组成部分的财税体制，当然尤须如此。经过了30多年的财税体制改革进程，中国已经初步建立了适应社会主义市场经济体制的公共财政体制基本框架。在公共财政建设取得突破性进展的基础上，如何进一步强化其时代特征，跟上人类文明的发展进程，打造现代国家财政制度的一般形态，不能不作为一个新的改革和发展目标追求而提至我们的面前。

其二，迄今为止，在我国有关改革的官方话语体系内，以"现代"二字前缀某一领域制度安排的情形，除了"现代财政制度"之外，便只有"现代企业制度"一个先例。以建立现代企业

---

① 高培勇：《市场经济体制与公共财政框架》，财政部办公厅、国家税务总局办公厅编《建立稳固、平衡、强大的国家财政——省部级主要领导干部财税专题研讨班讲话汇编》，人民出版社2000年版，第150页。

制度为目标、发生于20世纪90年代的国有企业制度改革,为我国国有企业最终走出困境、迈上正常发展轨道打下了坚实基础。正如国有企业制度改革需要以现代化的企业制度作为参照系一样,在新的历史起点上,财税体制改革也要以现代化的财政制度为参照系,同样需要借鉴成熟市场经济国家财税体制的一般规则和基本做法。故而,在时隔20年左右之后,面对经济全球化深刻变化和深入发展的历史潮流,仿效建立现代企业制度的改革思维,将"现代"二字与"财政制度"对接,并且以建立现代财政制度标识新一轮财税体制改革的目标,其意义肯定不亚于曾经的国有企业制度改革。

(二) 具有一脉相承关系的统一体

接踵而来的问题是,作为新一轮财税体制改革目标的现代财政制度与此前的公共财政制度有无关联?如果有,那又表现在什么地方?这显然要从中共十八届三中、四中全会围绕建立现代财政制度的相关部署,以及此前我们关于公共财政制度的系统分析两个角度来寻求答案。

就前一角度看,立足于全面深化改革的历史背景,围绕建立现代财政制度,中共十八届三中、四中全会不仅提出了"完善立法、明确事权、改革税制、稳定税负、透明预算、提高效率"24字的基本思路,[①] 而且以此为基础,从加快形成有利于转变经济发展方式、有利于建立公平统一市场、有利于推进基本公共服务均等化以及加快建设中国特色社会主义法治体系等若干方面做出了系统部署。将这些作为基本思路的表述和作为系统部署的内容一一展开并加以透视,可以看到,它们都是以现代化的财政制度形态为参照系而提出的,也都是基于中国的特殊国情,在广泛借鉴包括典型市场经济国家在内的当今世界财税体制的一般规则和基本做法,在

---

① 《中共中央关于全面深化改革若干重大问题的决定》,人民出版社2013年版,第19页。

"坚持人民主体地位"①的基础上而部署的。

就后一角度论,改革开放伊始,围绕财税体制改革目标而进行的探索,无论是发生在收入一翼的改革还是发生在支出一翼的改革,也无论是仅涉及局部调整的改革还是牵动全局的改革,更无论是在以公共财政制度标识改革目标之前还是在此之后,在事实上作为参照系的,都是当今世界范围内现代财政制度的一般形态。其中,既有典型市场经济体制国家的成功做法,也有体制转轨国家的经验教训,当然也包括中国自身财政改革与发展过程中所积累下的深刻体会。所有这些,均构成了中国公共财政制度建设的重要思想基础,也由此形成了公共财政制度基本特征的理论概括。

两相比较,不难发现,在中国财税体制改革的进程中,无论公共财政制度或现代财政制度,其思想的来源和基础并无多少不同,二者所揭示的实质内容亦无多少差异。它们如同一枚硬币的两个方面,前者对应市场经济体制,以属性特征标识财税体制改革目标,表述为公共财政制度。后者则对应国家治理现代化,以时代特征标识财税体制改革目标,表述为现代财政制度。

进一步的观察发现,作为中国财税体制改革目标的高度概括,公共财政制度或现代财政制度,实际上都是开放性的概念,而非经过严谨论证的纯学术范畴。换言之,它们均系根植于中国国情,以海纳百川的胸怀和气魄汲取一切人类社会文明成果,成为并将两者有机融合的产物。与此同时,孕育于实践,萌生于实践,专注于实践,立足于实践,与实践如影随形、亦步亦趋,也是它们共同的突出特点。这意味着,公共财政制度和现代财政制度所揭示的实质内容并非一成不变,而是与时俱进的。随着时间的推移和认识的深化,赋予公共财政制度和现代财政制度的内涵和外延也会发生变化。在财税体制改革目标的标识上,由关注属性特征、体制性质对

---

① 《中共中央关于全面推进依法治国若干重大问题的决定》,人民出版社2014年版,第6页。

接到强化时代特征、现代文明对接,便是其中的一个重要体现。

更值得提及的是,公共财政制度或现代财政制度,本来就是为了解决中国自身问题的需要而提出的一个富有中国特色的概念。二者都寄托并融入了我们对于中国财税改革与发展的理想追求。这些理想追求,既是发展变化的,更是在一以贯之的中国特色社会主义思想脉络下产生并逐步成熟的。它们不仅主导了既有的中国财税体制改革进程,而且肯定会继续引领未来的中国财税体制改革前行之路。

现代财政制度与公共财政制度实质是一个具有一脉相承关系的统一体。按照中共十八届三中全会《决定》精神,从现代财政文明出发,在既有的关于公共财政制度系统分析的基础上,[①] 对现代财政制度所具有的基本特征做出相应的理论概括,从总体上勾画现代财政制度的基本形态,不仅是可能的,也是必要的。

立足于国家治理体系和治理能力现代化的总体框架,以及财政与财税体制的全新定位,并且,同计划经济年代的情形和传统财税体制的基本特征相对照,可以把现代财政制度的基本特征归结为三大性质:公共性、非营利性和法治化。

(三)公共性:以满足社会公共需要为根本宗旨

所谓公共性,无非是表明,现代财政制度以满足整个社会的公共需要保障人民根本利益,而不是以满足哪一种所有制、哪一类区域、哪一个社会阶层或社会群体的需要,作为界定财政功能及其作用的基本口径。凡不属于或不能纳入社会公共需要领域的事项,财政就不去介入。凡属于或可以纳入社会公共需要领域的事项,财政

---

① 高培勇:《市场经济体制与公共财政框架》,财政部办公厅、国家税务总局办公厅编《建立稳固、平衡、强大的国家财政——省部级主要领导干部财税专题研讨班讲话汇编》,第151—157页。

就必须涉足。①

公共性本来是财政这一范畴与生俱来的本质属性。这在任何社会形态和任何经济体制下，都概莫能外。我们之所以将其作为现代财政制度的一个基本特征加以提出，主要是基于对中国传统财税体制甚至包括现行财税体制之运行格局的判断。

与"二元"经济社会体制相呼应，计划经济年代的中国传统财税体制具有三个突出特点。其一，以所有制性质分界，财政收支活动主要在国有部门系统完成。其二，以城乡分界，财政收支活动主要在城市区域完成。其三，以财政支出性质分界，财政支出活动主要围绕着生产建设领域进行。有选择而非全面的财政覆盖范围，有厚有薄而非一视同仁的财政待遇，专注于生产建设而非全社会的公共服务领域，如此形成的"国有制财政＋城市财政＋生产建设财政"的财税体制运行格局，显然不能说具有完整意义上的公共性，至少其公共性是打了折扣的。正因为如此，从形成公共财政制度概念并将其作为改革目标标识的那一天起，"非公共性"就一直被当作最重要的改造对象。

时至今日，随着公共财政的建设进程，尽管现行财税体制已经向"多种所有制财政＋城乡一体化财政＋公共服务财政"的运行格局迈进了一大步，但从整体说来，它仍然在很大程度上带有"二元"经济社会体制的烙印。就坚持人民主体地位而言，它尚未完全做到全面覆盖所有的区域、所有的企业和所有的居民，尚未完全做到一视同仁地对待所有的区域、所有的企业和所有的居民，尚未完全担负起提供完整的公共服务体系的重任。这既同现代财政制度的建设方向有差距，也不能适应国家治理体系和治理能力的现代化进程。因此，站在现代国家治理体系和治理能力的高度，以

---

① 李岚清曾将公共财政的功能归结为，满足社会公共需要的功能、法制规范的功能和宏观调控的功能，并以"公共性"定义满足社会公共需要的功能，将满足社会公共需要视作公共财政的基本功能（参见李岚清《健全和完善社会主义市场经济下的公共财政和税收体制》，《人民日报》2003年2月22日）。

"公共性"归结现代财政制度的基本特征,把改革的实质内容落实在彰显"公共性"的各项安排上,不仅在以往,而且在当前,都是中国财税体制改革的重心所在。

将公共性作为现代财政制度的基本特征之一,意味着现代财政制度的建设要围绕满足社会公共需要这个核心内容来进行。为此,把握好社会公共需要的内涵,并据此进一步界定现代财政制度的功能与作用,便成为题中应有之义。

社会公共需要的含义,可以在同私人个别需要的比较中得出。(1)整体性,它是由构成一个社会的所有社会成员作为一个整体共同提出、本质上以人民为主体地位的,而不是由哪一个或哪一些社会成员单独或分别提出的。(2)集中性,它是由整个社会集中组织和执行的,而不能由哪一个或哪一些社会成员通过各自的活动分别加以组织和执行的。(3)强制性,它是依托政治权力、动用强制性的手段实现的,而不是依托个人意愿、通过市场交换的行为实现的。

以此为标尺,可归纳社会公共需要领域中具有代表性的财政功能与作用事项。

第一,提供公共物品和服务。财政介入提供公共物品或服务活动的根本原因,在于公共物品和服务是一种典型的社会公共需要。(1)它是向整个社会共同提供的。对于这类物品和服务,全体社会成员联合消费,共同受益,具有"效用的非分割性"。(2)某一或某些社会成员享受这些服务,并不排斥、妨碍其他社会成员同时享用,也不会因此减少其他社会成员享受的数量和质量,具有"消费的非竞争性"。(3)它在技术上没有办法将拒绝为其付款的社会成员排除在受益范围之外,任何社会成员也无法用拒绝为此付款的办法将其排除在自身的消费范围之外,具有"受益的非排他性"。国防安全、社会治安、环境保护、公路修建等,便是公共物品和服务的突出代表。毋庸赘言,企业一般不愿也无能力提供这类物品和服务。于是,从优化社会资源配置的国家治理目标出发,将其作为社会公共需要的典型事项，纳入财政的功能和作用范围，由政府担当起提供之责，显然是不言而喻的事情。

第二，调节收入分配。作为政府的收支活动，财政当然要介入分配。分配无论是发生在什么时期、什么领域和什么环节的分配，也无论是基于什么目的和什么背景、对什么内容进行的分配，一般而言，在现代市场经济条件下，决定居民收入分配状况的因素，一是每个人所能提供的生产要素（如劳动力、资本、土地等）的数量，二是这些生产要素在市场上所能获得的价格。由于人们所拥有（或继承）的生产要素的差别，人与人之间的收入分配状况往往高低悬殊，客观上需要有助于实现公平目标的再分配机制。在市场机制自身的框架内，又不存在这样的再分配机制。于是，从促进社会公平的国家治理目标出发，将调节收入分配的这类社会公共需要事项纳入财政的功能和作用范围，由政府借助非市场方式担负起调节的责任，当属顺理成章之事。

第三，实施宏观调控。经济的持续健康发展，不仅关系到经济稳定发展本身，更关系到社会稳定和国家的长治久安。自发的市场机制不能自行趋向于经济的稳定增长，相反，由总需求和总供给之间的非均衡而导致的经济波动，是市场经济体系中经常发生的。作为市场上的一种经济力量，财政收支可以改变原有的GDP分配格局，深刻影响企业与居民的消费、投资和社会总供求，进而影响整个经济社会活动的运行。可以说，这是现代经济社会十分重要的社会公共需要事项。从实现经济社会稳定发展和国家长治久安的国家治理目标出发，将实施宏观调控纳入财政的功能和作用范围，从而通过财政收支调控经济社会运行，贯彻政府的公共政策意图，推动经济持续健康发展，既是国家繁荣、社会稳定、人民幸福的重要基础，也是我们必须在现代国家治理体系视野内解决的重要问题。

（四）非营利性：以公共利益极大化为出发点和归宿

所谓非营利性，无非是表明，现代财政制度以公共利益的极大化而不是以投资赚钱或追求商业经营利润，作为财政收支安排的出发点和归宿。

在现代国家治理的框架内，作为建立在满足社会公共需要基础上的财政收支须与营利性绝缘，本来也是常识范围之内的事情。我们之所以将其作为现代财政制度的一个基本特征提出，在很大程度上，亦同对传统财税体制甚至包括现行财税体制之运行格局的判断有关。应当说，政企不分、全面介入竞争性领域，曾经是我国传统财税体制运行格局的一种常态。随着财税体制改革的进程，特别是在将公共财政制度作为目标标识引入改革视野之后，政企分开、逐步减少对于竞争性领域的介入，已经日益成为现行财税体制运行格局的新景象。然而，也许是传统体制惯性的作用使然，或许是既得利益格局驱动的因素所致，不容否认的一个基本事实是，在我国现行财税体制的运行中，尤其是在非一般公共预算领域，仍然存在着有违"非营利性"的种种现象。这表明，在朝着非营利性迈进的现代财政制度建设道路上，我们仍面临着相当繁重的任务。

将非营利性作为现代财政制度的基本特征之一，意味着现代财政制度的建设，必须立足于社会主义市场经济这个体制基础。在市场经济条件下，政府和企业扮演的角色不同，具有根本不同的行为动机和方式。企业作为经济行为主体，其行为的动机是利润最大化。它要通过参与市场竞争实现牟利的目标。政府作为社会管理者，其行为的动机不是也不能是取得相应的报偿或营利，而只能以追求公共利益为己任。其职责只能是通过满足社会公共需要的活动，为市场的有序运转提供必要的制度保证和物质基础。即便在某些特殊情况下，提供公共物品和服务的活动会附带产生数额不等的一定利润，其基本的出发点或归宿仍然是满足社会公共需要，而不是营利。表现在财政收支上，财政收入的取得须建立在为满足社会公共需要而筹措资金的基础上。财政支出的安排要始终以满足社会公共需要为根本宗旨。围绕满足社会公共需要而形成的财政收支，通常只有投入，没有产出（或几乎没有产出）。它的循环轨迹，基本上是"有去无回"的。进一步说，我们之所以如此强调非营利性，除了上述的一般理由之外，还有主要出于现实国情的如下特殊考虑。

第一，作为社会管理者的政府职能部门，总要拥有相应的政治权力。拥有政治权力的政府职能部门，只要进入竞争性领域，追逐营利，它将很自然地产生动用政治权力去实现追逐利润的愿望。其结果，很可能会因权钱交易的出现，干扰或破坏市场的统一和正常运行。

第二，一旦政府职能部门出于营利的目的，作为竞争者进入市场，市场与政府分工的基本规则将会被打乱。由于政企不分，本应着眼于满足社会公共需要的政府行为，很可能异化为追逐商业经营利润的企业行为。其结果，或是政府活动会偏离其追求公共利益的公共性轨道，或是财政资金因用于牟利项目，使社会公共需要的领域出现"缺位"。

第三，只要财政收支超出满足社会公共需要的界限而延伸至竞争性领域，就免不了对各个经济行为主体的差别待遇。如在财政收支的安排上，对自身出资的企业或项目，给予特殊的优惠；对非自身出资或对自身出资的企业或项目有可能产生竞争的企业或项目，则给予特殊的歧视。其结果，着眼于满足社会公共需要的财政收支活动，很可能会因厚此薄彼而违背市场正常和正当竞争的公正性，甚至给市场经济的有序发展造成障碍。

（五）法治化：将财政运行全面纳入法治规范轨道

所谓法治化，无非是表明，现代财政制度以法治规范而不是以行政或长官意志，作为财政收支活动的基本行为准则。

我们之所以将其作为现代财政制度的一个基本特征提出，同样是基于对传统财税体制甚至包括现行财税体制之运行格局的判断。主观随意性色彩浓重、财政法制观念单薄是我们长期面临的一个老大难问题。这种格局的形成和延续，在很大程度上可以归因于"国有制财政＋城市财政＋生产建设财政"的特殊历史背景。国有制财政下的收支活动，主要在国有部门系统完成，它所适用的，自然主要是国有制经济自家院落内的规范。城市财政下的收支活动，主要在城市区域完成，其经济主体主要还是国有部门，它所牵动的，自然主要是城市区域的国有部门以及供职于国有部门的职工及其家属的利益。生产建设财政下的财政支出，主要围绕生产建设领域进行，它所覆盖的自然主要不是公共服务领域事项。因而，在那一特殊时期的特殊体制背景下，财政运行的法治化自然难以提上议事日程。只是在"多种所有制财政＋城乡一体化财政＋公共服务财政"的运行格局逐渐形成之后，财政运行法治化的意义方凸显出来，并逐渐成为整个社会的共识。但是，基于传统体制惯性作用和既得利益格局驱动等方面的原因，法治化的进程并未如人们所期望的那样一蹴而就。直到今天，我们仍需在财政法治化建设既有进展的基础上，将其作为深化财税体制改革的一个重心内容加以推进。

事实上，法治化与公共性、非营利性是互为表里的关系。现代财政制度之所以要与随意性色彩浓重的传统财税体制相区别，将其自身建立在一系列严格的法治规范基础上，其最根本的原因就在于，以满足社会公共需要为根本宗旨的财政收支，同全体社会成员的切身利益息息相关。不仅财政收入要来自全体社会成员的贡献，财政支出要用于事关全体社会成员福祉的事项，就是财政收支出现差额而带来的成本和效益，最终仍要落到全体社会成员的身上。在如此广泛的范围之内运作的财政收支，牵动着如此众多社会成员利益的财政收支，当然要建立并遵循严格的法治规范，将财政运行全面纳入法治化轨道。以此为基础，推进民主理财，打造阳光财政、法治财政。

就总体而言，针对中国现行财税体制运行格局的客观现实，这些法治规范至少要有三个方面的内容。

第一，财政收支以法治为基础。财政收入的方式和数量或财政支出的去向和规模，必须建立在法治的基础上，无论哪一种形式、哪一种性质的收入，都必须先立法，后征收。无论哪一类项目、哪一类性质的支出，都必须依据既有的法律规章来安排。

第二，全部政府收支进预算。政府预算不仅是政府的年度财政收支计划，还是财政收支活动接受各级人民代表大会和全体社会成员监督的重要途径。通过政府全额预算的编制、审批、执行和决算，可将政府的收支行为从头到尾置于各级人民代表大会和全体社会成员的监督之下。预算的实质是全面规范和公开透明，公开系常态，不公开为例外。政府的收入与支出，必须以保障人民当家做主为核心，全部置于各级人民代表大会和全体社会成员的监督之下，不允许有不受监督、游离于预算之外的政府收支。

第三，财税职能部门总揽政府收支。所有的政府收支应完全归于财税职能部门管理。它们从全体社会成员中筹措资金，再转手供给各个政府职能部门作为活动经费，不再让各个政府职能部门分别向自己的服务或管理对象直接收钱、花钱。这是因为，政府职能部门之间是有职能分工的。之所以要专门设置一个财税职能部门管理政府收支，其根本的初衷就在于，割断政府部门的行政、执法同其服务或管理对象之间在"钱"上的直接联系，不让政府部门的行政、执法行为偏离既有法律和政策轨道，不允许以其服务或管理对象是否上缴钱及其多少作为公共产品及服务提供与否自取舍标准，从根本上铲除"以权牟钱、以权换钱"等腐败行为的土壤，"坚决削除权力设租导租空间"。[1] 同时在财税职能部门中要"强化内部流程控制，防止权力滥用"，[2] 使政府职能部门能在一个规范的法治环境下、以规范的行为履行它的职能。

五 结语

第一，将财政从政府收支活动的平台转换至国家治理的平台，

---

[1] 《中共中央关于全面推进依法治国若干重大问题的决定》，人民出版社 2014 年版，第 16 页。

[2] 同上书，第 19 页。

并将其定位于基础和重要支柱，将财税体制的属性定位由经济体制的重要内容转换为国家治理体系的重要组成部分，从根本上摆正了财政与财税体制的位置。

第二，将财税体制改革目标融入全面深化改革总目标，作为国家治理现代化的基础和重要支柱以及各个领域改革的交汇点，财税体制改革不仅可以且应当加以重点推进，还可以且应当作为突破口率先推进，从宏观上理清了财税体制改革与全面深化改革的关系。

第三，将中共十八届三中全会围绕建立现代财政制度的相关部署和此前作为财税体制改革目标的公共财政制度相联系，立足于两者一脉相承的关系以及总体规划和顶层设计的需要，以公共性、非营利性和法治化概括现代财政制度的基本特征，从总体上勾画了以人民为主体的现代财政制度的基本形态。

所有这些方面的重大突破，实际上是中国特色社会主义财政基础理论建设的创新。由此出发，在全力推进全面深化改革和依法治国实践的同时，不失时机地推进中国特色社会主义财政基础理论的建设，与时俱进地改造或重构中国财政学学科体系，从而实现治国理政实践和理论创新的有效互动，是时代赋予我们这一代人的神圣使命。

（原载《中国社会科学》2014 年第 12 期）

论中国财政基础理论的创新*

——由"基础和支柱说"说起

一 引言

中共十八届五中全会将创新定义为引领发展的第一动力并摆在国家发展全局的核心位置,以至由此做出了不断推进理论创新、制度创新、科技创新、文化创新等各方面创新的战略部署(2015)。可以认为,至少在中国未来五年以及更长的一个时期内,创新将贯穿于党和国家一切工作,成为引领中国经济社会发展的新航标。

理论是行动的先导,创新自然要从理论创新做起。作为排在诸方面创新第一位的理论创新,无疑是实现创新发展的战略基点。中国财政基础理论的创新便是一个显著的例子。

自中共十八届三中全会以来,"财政是国家治理的基础和重要支柱"——不妨将其简称为"基础和支柱说"——无疑是被中国社会各界引用最多的全新论断之一。这当然与全面深化改革的深入推进直接相关。作为在全面深化改革的背景下提出、对全面深化改革实践具有"路线图"意义的"基础和支柱说",本来就是回答全面深化改革从何处起步、以什么为重点之类问题的。

但是,除此之外,还应当看到,"基础和支柱说"之所以能够

---

* 本文系作者2015年4月9日在中国财政学会2015年年会上所做主题演讲的基础上充实、修订而成的。感谢与会同行和专家们给予的评论以及提出的意见。当然,文责自负。

如此迅速传播并引致广泛关注,亦源于它是一个颇具历史和理论高度的全新论断:

"基础和支柱说"所带来的最突出变化,就是以往作为经济范畴、经济领域要素之一的财政,跨越经济、政治、文化、社会、生态文明和党的建设等所有领域而跃升至国家治理层面,在国家治理的总棋局中加以定位。

"基础和支柱说"所蕴含的最重要意义,就是以往作为经济范畴、主要在经济领域定位的财政,在跃升至国家治理层面、于国家治理总棋局中定位之后,不仅其功能和作用获得了全面提升和拓展,而且,作为第一次从根本上摆正了财政位置的回归本义之举,亦获得了学理支撑和方法论支持。

以创新的理念加以理解和审视,"基础和支柱说"显然是我们在深刻总结国内外财政发展经验教训的基础上形成的,也是在深刻分析国内外财政发展大势的基础上形成的,更是针对我国财政发展中的突出矛盾和问题而提出的。它标志着我们对中国特色财政运行规律以及经济社会发展规律的认识达到了一个新高度。

故而,从"基础和支柱说"出发,全面推进中国财政基础理论的创新,无论是对于深化财税体制改革,加快形成适应国家治理体系和治理能力现代化要求的各领域基础性制度体系,还是对于提高经济新常态下的财政发展能力和水平,如期实现全面建成小康社会的奋斗目标,都是一项非做不可、意义重大的基础性工作。

本文的出发点和归宿即在于此。

二 中国财政运行新规律的基本底色

认识到"基础和支柱说"具有前所未有的理论和实践意义,如下几个互为关联的问题不能不接踵而至。

1. "基础和支柱说"是在什么样的语境下提出来的?

不难发现,中共十八届三中全会是在将国家治理概念引入官方语系，并且以国家治理的现代化作为统领全面深化改革总目标的同时，做出"基础和支柱说"这一全新论断的。习近平（2015）总书记明确指出，此次提出全面深化改革，"就是从国家治理体系和治理能力的总体角度考虑的"。这就是说，"基础和支柱说"是在国家治理命题的语境下提出来的。所谓基础和支柱，系相对于国家治理而言。说到底，它终归是国家治理的基础和重要支柱。没有国家治理，不将国家治理现代化提上议事日程，就没有"基础和支柱说"。离开了"基础和支柱说"，也就谈不上国家治理，更谈不到国家治理现代化。两者如同一对连体婴儿，是在如影随形、亦步亦趋的状态下一道进入人们视野的。

换言之，"基础和支柱说"是和国家治理或国家治理现代化命题捆绑在一起的。只有从两者相辅相成、互为条件的关系中理解"基础和支柱说"，才可能给出恰如其分的阐释。

2. 为什么直至今天才做出"基础和支柱说"的论断？

翻遍几乎所有的财政文献，在中共十八届三中全会之前，我们很难发现类如"基础和支柱说"这样的表述。即便在论及其他方面问题时，勉强可以迂回地找到一些与此表述近似的踪迹，也难以直接摆上国家治理与财政之间关系的层面。它的缘起，显然同中共十八届三中全会"站在新的历史起点上"——建设现代意义国家，实现国家治理现代化——的战略思维密切相关。

从历史上看，传统计划经济体制的最显著特征，就是把几乎所有的社会资源集中到政府手里，并由政府直接支配。在那个时候，长官意志主导一切，治理二字既提不到议事日程，更难以与国家对接、形成国家治理概念。在改革开放初期，当改革主要立足于经济体制、发展主要聚焦于经济领域的时候，我们不可能提出国家治理现代化的命题，也不可能形成建设现代意义国家那样的目标。只有在我们基本确立社会主义市场经济体制框架、跻身于世界第二大经济体之后，当我们有资格、有基础、有底气、有条件打造现代意义国家的一般制度形态的时候，才会提出推进国家治理体系和治理能力现代化的目标。

深一步说，中国经济发展和社会进步的过程，也是社会结构和利益格局深刻变动的过程。特别是市场经济的深入发展，不仅使得原有的阶级、阶层和利益群体发生分化，而且催生了一些新的社会阶层和利益群体，呈现出多元、多层的利益关系格局。不同于以往经济社会主体相对单一、利益关系相对简单的社会结构和利益格局，随着不同社会阶层、利益群体逐渐形成，经济社会主体日趋多样性和多元化，不同利益群体之间发生矛盾和冲突的可能性大大增加，传统的国家治理方式已经与此不相适应，需要启用与现代市场经济和现代社会结构相匹配的现代国家治理结构来协调越来越繁多的各种利益矛盾和冲突，包容越来越复杂的各种利益关系，规范越来越难以处理的责任、权利和利益，从而形成一种共谋、共建、共担、共享的利益共同体，保证经济发展和社会进步的全面可持续。

也正是因为我们今天走到了这一步，才会有财政被纳入国家治理体系以及与之相匹配的"基础和支柱说"的出现。

这意味着，"基础和支柱说"是中国经济社会发展到一定阶段的产物，它标志着中国财政迈上了一个新的历史发展阶段。

3. "基础和支柱说"是否具有超越改革的一般意义论断？

"基础和支柱说"显然是在全面深化改革的历史背景下提出的。它带给我们的一个重要启示就在于，随着改革深入经济、政治、文化、社会、生态文明和党的建设等所有领域一起联动的阶段，作为各领域体制改革的一个交汇点，财税体制改革须发挥基础性和支撑性作用。但是，一个不容回避的问题是，"基础和支柱说"究竟是仅具有改革的特殊意义、仅适用于改革背景下的财政功能和作用定位的表述，还是具有一般意义、系关于财政在整个国家经济社会生活中长久功能和作用定位的表述？

这是一个至关重要的关节点。因为，如果是前者，那么，当我们完成了全面深化改革的任务之后，这一论断便可能不再适用或不再存在了。如果是后者，那么，无论是在全面深化改革进程之中还是在此之后，这一论断都要作为关于财政功能和作用定位的基本原理而与我们长期相伴。

毫无疑问，中国的改革和发展已经进入以国家治理现代化为目标定位的阶段。站在现代国家治理的立场上，无论从哪个方面看，财政都是国家治理体系的一个不可或缺的组成部分。更为关键的是，它还不是具有一般意义的组成部分，而是处于基础和重要支柱位置的组成部分，恰如血管一样分布于国家治理体系的方方面面和枝枝蔓蔓。只要中国改革和发展的方向不可逆转，在大概率上，财政都要作为中国国家治理体系的基础和重要支柱而定位功能，发挥作用。

4. "基础和支柱说"是不是人类社会历史发展的共同规律？

将视野由中国伸展至世界，站在历史的峰峦之上，还可以看到，作为一个世界性的趋势性变化，"多一些治理，少一些统治"，或者"从统治走向治理"，是21世纪世界主要国家政治变革的重要特征（俞可平，2014）。所谓现代国家的一般制度形态，其实质就是现代意义的国家治理体系和治理能力。中共十八届三中全会所勾画的"完善和发展中国特色社会主义制度，推进国家治理体系和治理能力现代化"蓝图，正是在深刻认识世界发展潮流的基础上，立足中国国情，所做出的事关中国改革和发展前行方向和前途命运的战略抉择。

有别于传统的统治（government）概念，治理（governance）并非单一向度的管理，而是一个上下互动的管理过程，其实质是建立在市场规则、公共利益和广泛认同基础之上的合作。因而，它所涉及的要素和领域空前复杂和宽广，既须凝聚包括政府、企业组织、社会组织和居民自治组织等在内的尽可能多的人的意志，又须协调多元利益主体特别是公共利益与个体利益之间的冲突，还须覆盖经济、政治、文化、社会、生态文明和党的建设等多个角度或所有领域。与此相对应，国家治理体系和治理能力自然要匹配这一格局的要求。

比较分析表明，在所有国家治理活动所涉及的政府职能中，由于所有政府活动的进行均要以财政资金的及时、足额到位为前提条件，只有财政职能可以覆盖所有的政府职能，并由此影响经济、政治、文化、社会、生态文明和党的建设等所有领域，因而它是一项最具综合意义的基本政府职能；在所有国家治理体系所涉及的制度安排中，由于国家治理体系格局的任何变化均要伴之以财税体制的同步变化，只有财税体制的触角可以伸展至国家治理体系的各个环节，并由此影响经济、政治、文化、社会、生态文明和党的建设等所有领域，因而它是一项最具基础意义的基本制度安排；在所有国家治理事务所涉及的利益关系中，由于所有公共事务均要最终落实在政府与市场、政府与社会、中央与地方等方面关系的调整上（楼继伟，2014），通过财政收入的缴纳、财政支出的拨付以及财政资金的调动所形成的财政关系，实际构成了这些利益关系的基本方面，只有财政关系可以承载并牵动公共事务线索上的各方面利益，并由此影响经济、政治、文化、社会、生态文明和党的建设等所有领域，因而它是一条最具"牛鼻子"意义的基本关系链条。

这意味着，现代国家治理体系和治理能力与财政的基础性和支撑性作用是相辅相成、密不可分的统一体。伴随着人类社会向着现代国家治理阶段前行的进程，财政天然地要作为国家治理的基础和重要支柱而存在和运转。我们可以合乎逻辑地认为，"基础和支柱说"是一个具有一般意义的、同现代国家治理相匹配的财政运行规律的论断。它不仅适用于改革，而且适用于发展。不仅适用于当前，而且适用于未来。不仅适用于中国，而且适用于世界。它是一个人类社会历史发展的共同规律。

上述分析告诉我们，"基础和支柱说"勾画了中国财政运行新规律的基本底色。在国家治理体系中履行基础和重要支柱的使命，已经成为中国财政必须致力于完成的经常性工作和根本性任务。我们应当全面而适时地调整以往习以为常的理念、思维和做法，以与以往大不相同的理念、思维和做法推动中国财政理论和实践的转型。以此为基础,全面构建中国财政运行的新格局。

三 一份大致清单:财政基础理论面临的挑战

"基础和支柱说"以及由此推动的中国财政运行新格局的构建,涉及一系列重大的财政理论和实践问题。在其中,首要的是财政基础理论。所以,在认识当前、规划未来时,我们首先应当沉下心来,对照"基础和支柱说",认真地对有关财政的基本概念、基本方法和基本理论做一番清理。

如下可能是迄今能够拿出的一份大致清单:

1. 关于财政概念

对于财政,我们历来把它视作一个经济范畴并在经济生活领域来定义的。在我们使用多年的财政学教科书中,所谓财政,就是政府的收支或政府的收支活动。并且,政府的收支或政府的收支活动之所以必要,其最根本的原因,就在于满足通过市场机制解决不了或解决不好的社会公共需要。或者,就在于提供或生产通过市场机制解决不了或解决不好的公共物品和服务(高培勇,2004)。换言之,它所关注和对接的是政府职能层面的基本问题。

随着财政被从经济领域推进到国家治理层面,进而被纳入国家治理体系之中,并且注意到国家治理是一个整体性、系统性概念,国家治理体系也绝非某一领域、某一方面可以涵盖,从国家治理的总体角度加以定位,财政固然仍可表述为政府的收支或政府的收支活动,但它不再仅仅是一个经济范畴,而是一个可以跨越经济、政治、文化、社会、生态文明和党的建设等多个学科的国家治理范畴。它也不再仅仅属于经济领域,而是一个可以覆盖经济、政治、文化、社会、生态文明和党的建设等所有领域的国家治理要素。并且,从根本上说来,在国家治理层面的政府收支活动之所以必要,就在于满足存在于不同经济社会主体之中的公共利益——社会公共需要。或者,就在于提供或生产与各个经济社会主体公共利益相对应的公共物品和服务。换言之，它所关注和对接的是国家治理层面的基本问题。

这就是说，在某种意义上，"基础和支柱说"揭示并带来了财政概念性质的深刻变化。以此为转折点，财政具有了鲜明的"综合性"特征：一个可以跨越多个学科、覆盖所有领域的综合性范畴和综合性要素。

引申一步讲，财政既是一个"多元"函数，那么，将"多元"变量而非"一元"变量置于财政的视界之中，从"更高层面、更广范围"的现代国家治理意义上定位财政——治国理政的基本线索，是"基础和支柱说"的题中应有之义。

2. 关于财政职能

对于财政职能，我们通常将其与政府职能层面的基本问题相对接，从政府弥补市场失灵的职能出发，而概括为优化资源配置、调节收入分配和促进经济稳定（高培勇等，2007）。[①] 这种概括，显然是在财政作为一个经济范畴、系政府从事的收支活动的认识基础上做出的。既然是一个经济范畴而非其他方面的范畴，财政职能自然主要指的是财政在经济领域所具有的内在功能。或者，作为一个经济范畴的财政，可以在经济领域发挥或具有哪些固有的、不可替代的作用。既然是政府的收支活动而非其他行为主体的收支活动，财政职能当然要纳入政府职能体系之中，作为政府所履行的职能之一来厘清其可能的边界。

在财政作为一个国家治理范畴和国家治理要素被从经济领域推进到国家治理层面之后，财政所履行的职能便要与国家治理层面的基本问题相对接了：作为国家治理的范畴，财政职能自然不限于经济领域，而须伸展至经济、政治、文化、社会、生态文明和党的建设等在内的所有领域。作为国家治理的要素，财政职能除了对接政

[①] 其他类似的概括还有"资源配置职能、收入分配职能、经济稳定和发展职能"（陈共：《财政学》，中国人民大学出版社2012年版，第25—30页）。

府的职能之外,还要对接国家治理领域的其他经济社会主体的行为,并由此牵动经济、政治、文化、社会、生态文明和党的建设等领域在内的各种活动。正是在这样一种背景下,中共十八届三中全会站在国家治理的总体角度,从国家治理的基础和重要支柱的意义出发,将财政职能高度概括为"优化资源配置、维护市场统一、促进社会公平和实现国家长治久安"。如此的概括,无疑已经远远超出传统经济领域和政府职能的边界。

这就是说,"基础和支柱说"揭示并带来了财政职能格局的深刻变化。以此为转折点,财政职能具有了"跨越一般政府职能"的特征:一项可以覆盖并牵动国家治理领域诸方面活动的基础性、支撑性政府职能。

引申一步讲,财政职能既是可以跨越各种政府职能的交汇点,那么,将多种性质的政府职能而非单一性质的政府职能置于财政职能的视界之中,从"统揽全局"的现代国家治理意义上定位财政职能——治国理政的重要抓手,是"基础和支柱说"的题中应有之义。

3. 关于财政活动主体

按照以往的定义,财政专指政府的收支或政府的收支活动。既是由政府来组织的、集中性的收支活动,它的活动主体自然只能是政府。除此之外,以其他企业组织、社会组织或居民自治组织为主体的收支活动,都不属于财政。这是财政收支活动区别于其他收支活动的基本特征。这意味着,财政收支须以政府作为主体为前提。没有政府这一活动主体,财政这种经济活动也就不复存在。并且,在财政活动中,政府处于主动的、支配的地位。政府是财政活动的决定者和组织者,财政收入的取得,财政支出的安排,其规模大小、来源怎样、又使用于什么方向,在很大程度上取决于政府的意志。

然而,在国家治理的视界内,其活动主体并非单一的。除了政府之外,还包括企业组织、社会组织乃至居民自治组织。政府不仅是治理的主体，而且是被治理的对象；社会不再只是被治理的对象，也是治理的主体。这意味着，随着财政收支被纳入国家治理视界，作为在国家治理层面运行的一种重要活动，它不再只是单向的，同时也是互动的；不再只是独占的，同时也是共享的。因而，尽管政府仍须在财政收支中发挥主导性作用，仍旧在财政活动中居于核心地位，但不再是唯一的主体。除了政府之外，企业组织、社会组织或居民自治组织也是财政收支活动的重要参与者。并且，有关财政收支的决策和组织，除了要体现一定的强制性之外，更需在政府与社会广为互动的基础上贯彻协商性，即所谓协商民主。

这就是说，"基础和支柱说"揭示并带来了财政活动主体的深刻变化。以此为转折点，财政活动主体趋向于"多元化"：一种由政府主导、多元利益主体参与的政府收支活动。

引申一步讲，财政活动主体既是多元化的，那么，按照人人参与、人人尽力、人人享有的共享发展理念，将协商民主置于财政活动主体的视界之中，从"多元交互共治"的现代国家治理意义上定位财政活动主体——"民主财政"或社会参与式财政，进一步提高财政决策的透明度和民众参与度，是"基础和支柱说"的题中应有之义。

4. 关于财政学科属性

对于财政学科，无论是出于根深蒂固的理念，还是基于功利方面的考虑，我们从来都是把它作为一门经济学科来定性的。在计划经济年代和改革开放初期，即便它曾经被定性为政治经济学的一个分支，但在人们的内心深处，政治经济学和经济学本来就是同义语。随着市场经济体制的逐步建立以及经济学科的日趋繁荣，财政学作为一门经济学科的事实，更是几乎从未有人质疑过。故而，财政学科不仅在教学与科研领域被纳入经济学科加以管理，而且在实践中，与其相对应的财政职能部门和财政管理工作亦被划入经济领域，归属于所谓"经济口"。于是，在人们的眼中，财政问题就是经济问题，财政政策就是经济政策，财政工作就是经济工作，如此等等。

一旦站在国家治理的立场上，从财政作为国家治理的基础和重要支柱意义出发，肯定会随之发现，财政问题绝不仅仅是经济问题，财政政策绝不仅仅是经济政策，财政工作也绝不仅仅是经济工作，而是跨越经济、政治、文化、社会、生态文明和党的建设等所有领域的综合性问题、综合性政策、综合性工作。这就意味着，对于类如财政问题、财政政策和财政工作这样的事项，倘若仅仅停留于经济学视野、按照经济学的思维加以分析和处理，显然是不够全面的，甚至可能是挂一漏万的。拘泥于现有的学科分类，不加区分地套用某一个学科去分析和处理国家治理层面的问题，更是不够科学的，至少是同国家治理层面的需求不相适应的——可能因此看漏财政在政治、文化、社会、生态文明和党的建设等领域的功能和作用。正如财政是一个综合性范畴和综合性要素一样，作为一门学科的财政学，实质是经济学、管理学、政治学、法学、社会学等多个学科的融合体。当然，这并不排除经济学可能在诸多学科中处于主导地位，其他学科则可能是补充性的、辅助性的。但无论如何，经济学绝非财政学的全貌（刘尚希，2015），也非财政学的全部属性。

这就是说，"基础和支柱说"揭示并带来了财政学科属性的深刻变化。以此为转折点，财政学科还原于"交叉性"：一门以经济学为主导、兼容多个学科的交叉性或综合性学科。

引申一步讲，财政学科既是拥有多个学科基因的混合体，那么，将财政学建立在多个学科彼此交叉、相互融合的根基之上，从"多视角"的现代国家治理意义上定位财政学科——关于治国理政的学问，是"基础和支柱说"的题中应有之义。

5. 关于财政学理论体系

任何学科都有自己的理论体系。仔细地观察、比较一下各个学科的理论体系，至少可以发现两个特点：其一，这种体系是由各个范畴和概念之间的内在联系构成的。其二，随着形势和环境的变化，范畴和概念也会发生变化，范畴和概念之间的内在联系需要重新说明，故而反映范畴和概念之间内在联系的理论体系也就需要相应调整。财政学自然也不例外。

对于以什么样的理论体系建构财政学，尽管人们的看法并非完全一致，但从大的方面着眼，在过去很长的一段时间内，主流财政学理论体系的基本逻辑关系是：以满足市场经济条件下的社会公共需要为逻辑起点，围绕履行政府职能层面的基本问题而界定财政职能，以此为基础，按照政府收支活动运行的内在联系依次引入各个相关范畴和概念。其中，进入政府职能层面的基本问题主要是优化资源配置、调节收入分配和促进经济稳定。故而，其体系架构大致归结为如下线索：政府与市场关系—社会公共需要—财政职能界定—财政支出规模与结构—财政收入规模与形式—财政收支平衡—财政收支管理—财政体制安排—财政政策布局。毋庸赘言，这样一个体系架构是建立在财政是一个经济范畴、财政职能主要限于经济领域、财政活动的主体是政府、财政学是一门经济学科等方面的认识基础上的。

现在的问题是，随着财政伸展为综合性范畴和综合性要素、财政职能延伸到国家治理层面、财政活动的主体趋向于多元化、财政学还原于交叉性或综合性学科，财政学科的理论体系又该做怎样的调整和改变？

尽管许多问题尚需做深入探讨，但从上述变化所蕴含的意义对照来看，对其基本逻辑关系做出如下的调整可能是必要的：以满足国家治理活动中的社会公共需要——而不仅仅是满足市场经济条件下的社会公共需要——为逻辑起点，围绕国家治理层面的基本问题——而不仅仅是履行政府职能层面的基本问题——界定财政职能，以此为基础，按照政府收支活动运行的内在联系依次引入各个相关范畴和概念。其中，按照进入国家治理层面的基本问题而界定的财政职能主要是优化资源配置、维护市场统一、促进社会公平和实现国家长治久安。具体线索可归结为：国家治理活动——社会公共需要—财政职能界定—财政支出规模与结构—财政收入规模与形式—财政收支平衡—财政收支管理—财政体制安排—财政政策布局。

这就是说,"基础和支柱说"揭示并带来了财政学理论体系的深刻变化。以此为转折点,财政学理论体系回归于"治国理政"轨道——以满足国家治理层面的社会公共需要为中心线索布局的逻辑体系架构。

引申一步讲,财政理论体系既同国家治理活动相辅相成,从现代国家治理意义上定位财政理论体系——以治国理政为中心线索的逻辑架构,是"基础和支柱说"的题中应有之义。

诸如此类的问题还有许多,但上述清单所列举的无疑是最重要的、最基本的。只有将这些问题一一搞清楚、说明白,分别做出清晰的理论解释,进而形成一个逻辑上自洽的理论框架,"基础和支柱说"方可真正落到实处,才不至于停留于口号和标签上。也就是说,我们亟待财政基础理论的与时俱进。

毫无疑问,这是中国财政学术界和实践层理应担当并努力完成的一项重要任务。

四 财政基础理论创新的重要契机

其实,随着客观世界的变化保持基础理论的与时俱进状态,系基础理论本身所须具有的基本品质。这是因为,所谓理论,无非是人们从实践中概括出来的关于自然界和人类社会知识的系统结论。毛泽东曾经说过,真正的理论在世界上只有一种,那就是从客观实际抽象出来又在客观实际中得到证明的理论。除此之外,没有任何别的什么东西可以称得起我们所讲的理论。

由于财政实践本身不仅在不断变化,而且在以令人眼花缭乱的速度变化,财政理论判断也好,财政理论概括也好,财政理论体系也罢,都极难达到对既有现实给予终极解释的境界。因而,面对多变、速变的世界，只有让财政基础理论跟上实践变化的进程，才能保持它的生命力。

1. 理论创新与实践变化的互动轨迹

追溯一下改革开放 30 多年来中国财政基础理论创新的基本轨迹，就会发现，事实上，财政基础理论创新同财政改革与发展实践始终是密切联系在一起的。

比如概念。在改革开放初期，那时使用计划经济的传统用语、用词来讨论财政问题并没有多大困难。后来，随着计划经济与市场调节相结合原则和有计划商品经济体制、社会主义市场经济体制的相继提出和确立，计划经济的传统用语、用词便行不通了。于是，计划经济的传统用语、用词便被相应替换为同计划经济与市场调节相结合和有计划商品经济、社会主义市场经济相匹配的用语、用词。在今天，我们所使用的很多财政概念以及其他相关范畴，都是改革开放以后出现的，都可归之于改革开放的产物。

再如方法论。以往的财政研究多习惯于以抽象的规范分析为主、以静态的定性分析为主，而不那么擅长定量分析。随着中国财政学融入世界的进程，特别是在社会主义市场经济体制确立之后，单纯思辨角度的研究便显得力不从心了。于是，规范分析和实证分析并重，定性分析和定量分析、静态分析和动态分析相结合的系统性研究，以及信息论、博弈论等一系列现代分析方法便被一一引入到财政问题的分析之中，甚至已经成为居主流地位的分析方法。

又如研究目的。在过去很长的一段时间中，财政研究往往侧重于揭示财政分配关系，强调透过现象看本质。那个时期形成的所谓不同学术流派，如国家分配说、价值分配说、社会再生产说、剩余产品说、国家资金运动说等，尽管表述有所不同，但均没有离开"财政本质"这个靶心。随着改革开放的不断深入，财政理论研究与财政工作实践之间的距离凸显出来了。于是，由以本质问题为中心的研究转向服务于经济社会发展，以财政与经济、财政与社会的关系为主线索，着眼于财政运行效应和财政运行机制的分析和描述,逐步演变为财政研究的主流状态。

还如宏观分析。对于财政收支,计划经济年代虽然也进行所谓宏观分析,但那时主要是被当作总量问题而放在综合平衡要素序列的。进入市场经济体制之后,随着总供求均衡这个具有普遍真理性的命题越来越多地提至人们面前,不仅财政收支越来越多地被当作宏观经济平衡中的一个重要砝码,而且宏观经济分析入主财政学学科的势头亦十分显著。于是,立足于宏观,从宏观角度探索财政问题。并且,运用宏观经济分析方法研究财政资源的配置,实现国民经济的持续健康发展,越来越成为财政基础理论创新的主流取向。

可以清晰地看出,中国财政改革与发展实践的变化,实质上是推动财政基础理论创新的重要源泉。故而,直面客观现实并与客观现实共进,积极而有效地回应实践层面的呼唤,无论过去、现在以及未来,都始终是中国财政基础理论创新的必由之路。

2. 直面中国财政步入新阶段的现实

聚焦当下的中国,财政改革与发展无疑步入了一个新的历史阶段。鉴于中国财政运行的规律已经发生极大变化,鉴于中国财政运行新格局的构建已经摆上议事日程,更鉴于这些变化系历史性的,躲不开、绕不过,留给我们的几乎唯一的选择,就是正视它们,并且谦虚地面对它们的挑战。

说到这里,有必要提及一件事情。曾经在不少场合多次听到这样的议论:相对于其他经济学科如金融学,这些年来,中国财政学的进步不大。如果说此种说法多少符合一些事实,那么,按照前述的道理,其基本的成因无非有二:实践层面的变化不大或尚未达到足以推动理论创新的地步,或者,理论创新未能完全跟上实践层面的变化。无论归结于那样一种情形,可以立刻得到的判断是,在当下的中国,我们正迎来财政基础理论创新的重要契机。

既然中国财政运行的规律已经极大变化,那么,围绕新规律,以财政运行规律为研究对象的中国财政学当然要做出新的理论诠释。围绕新诠释而展开的学术探索,本身即是中国财政学研究的富矿所在。

既然中国财政运行新格局的构建已经摆上议事日程，那么，围绕新格局，以服务于实践为己任的中国财政学当然要给予新的科学指引。围绕新的科学指引而展开的学术探索，本身即是中国财政学理论创新的源泉所在。

既然这些变化是历史性的，躲不开、绕不过，那么，无论是你是喜欢还是讨厌这些变化，都要不由分说地将其视作关系国家和民族发展的既定事实，在历史与现实相融合、理论与实践相结合的过程中进行集中阐释和系统解析。围绕这些阐释和解析而展开的学术探索，本身即是中国财政学进步的推动力所在。

所以，直面中国财政发展步入新阶段的现实，循着"基础和支柱说"的线索，从基础理论入手，不失时机地推进财政理论创新，为中国财政改革与发展实践提供学理支撑和方法论支持，已成为时代赋予我们这一代财政学人的神圣使命。

3. 在"接地气"中推进财政基础理论创新

认识到推进中国财政基础理论创新的紧迫性，不妨说得更深入一些。

学术界通常将中国财政学的思想来源归结为两个方面：一是苏联财政学科体系，二是现代西方财政学（马珺，2015）。其实，除此之外，更全面地看，还应有第三个来源，这就是中国的"地气"——中华民族的思维传统和中国的实践。因为，无论哪一方面的思想，都只有在接上中国"地气"的前提下，才可能在中国生根、开花、结果。否则，简单照搬或照样移植，都难免以偏概全，水土不服，搞成"夹生饭"。应当说，对于今天的中国财政基础理论创新而言，第三个来源更值得我们关注，也恰是我们需要尽快补上的"短板"。

在过去的30多年中，中国财政取得的成就是有目共睹的。但与此同时，不能不承认，迄今为止，我们还未能真正建立起体现中国特色、中国风格、中国气派的中国财政学体系。在世界上，我们拥有的话语权也同中国的经济地位不相匹配。这是需要认真思考的。

从常识来看，中国财政之所以成功，一定是因为我们做对了什么。这些做对了的东西，当然是从苏联或现代西方的财政学教科书中难以直接找到的，也不可能是从马克思主义经典作家那里照抄照搬来的，而只能从中国的实践中来，只能在扎根于中国国情土壤的基础上产生。因而，把做对了的东西总结出来并上升于规律层面，本身就是理论创新，就是对财政学的理论贡献。

"基础和支柱说"仅是一个突出的例子。除此之外，值得提及的至少还包括公共财政体制、全口径预算、费改税、税利分流、分税制等。尽管这些具有理论创新意义的观点、主张、理念、思路等，是循着与西方主流财政学或苏联财政学科体系不大一样的研究范式生成的，但它们绝对是"接地气"的，是有用、能用、管用的，实践也可证明是做对了的东西。如果能按照国际学术规范将这些东西系统化，则不仅可以极大推动中国财政基础理论创新的进程，而且可以通过讲好中国财政的故事而极大地增强中国财政学的国际话语权。

从根本上说来，这也是我们的理论自信、道路自信和制度自信的源泉所在。

五　结语

本文围绕中国财政基础理论创新的讨论主要是提出问题，而且在一定程度上主要是意识流状态的讨论。尽管目前的分析不乏新意，但还不是很成熟，也尚未完全形成逻辑上能够自洽的框架。笔者期望，能以此为基础，在更广阔的范围内，将围绕此论题的研究深入下去。

迄今的讨论已经表明，从"基础和支柱说"出发，国家治理的现代化与中国财政学的现代化实质是一枚硬币的两个方面。国家治理现代化的推进进程,就是中国财政运行新格局的构建进程。毋庸赘言,这也就是中国财政学向现代化目标逼近的进程。

注意到以国家治理现代化为总目标的全面深化改革和以建立现代财政制度为基本目标的深化财税体制改革的"时间表"均指向 2020 年,再注意到全面建成小康社会已进入决胜阶段,须下大气力破解制约这一目标如期实现的重点、难点问题,这意味着,在我们这一代财政学人的手上,理应实现初步建立起体现中国特色、中国风格、中国气派的中国财政学体系的愿景。

应当承认,这绝非一项可以轻松完成的工作。但是,我们只能义无反顾地朝着既定的目标,扎实前行。

主要参考文献

《中共中央关于制定国民经济和社会发展第十三个五年规划的建议》,《人民日报》2015 年 11 月 4 日。

习近平:《切实把思想统一到党的十八届三中全会精神上来》,载《习近平谈治国理政》,外文出版社 2015 年版。

俞可平:《论国家治理现代化》,社会科学文献出版社 2014 年版。

楼继伟:《深化财税体制改革建立现代财政制度》,《求是》2014 年第 20 期。

高培勇:《财政学》,中国财政经济出版社 2004 年版。

高培勇、杨志勇、杨之刚、夏杰长编著:《公共经济学》,中国社会科学出版社 2007 年版。

刘尚希:《重新认识财政》,载贝多广组编《大变革时代的中国经济》,中国人民大学出版社 2014 年版。

马珺:《财政学研究的不同范式及其方法论基础》,《财贸经济》2015 年第 7 期。

(原载《管理世界》2015 年第 12 期)

理解和把握新时代中国宏观经济调控体系

党的十八大以来,伴随着中国经济由高速增长阶段转向高质量发展阶段的进程,中国的宏观经济调控体系呈现了一系列大不相同于以往的深刻变化。这些变化,既是客观经济规律的作用使然,更是践行习近平新时代中国特色社会主义经济思想的产物。正是立足于这些变化,我们才能成功驾驭中国经济发展大局,中国经济也才能在错综复杂的国内外形势下,始终保持持续健康发展的势头。

站在新的历史起点上,以习近平新时代中国特色社会主义经济思想为指导,对初步确立的新时代中国宏观经济调控体系做出理论概括,将新时代中国宏观经济调控的实践提升至规律层面加以认识,从而为加快构建中国特色社会主义政治经济学奠定坚实基础,不仅是主动"对表"经济高质量发展要求的迫切需要,而且是中国经济理论工作者必须担当的历史责任。

一 宏观经济调控理论与实践的深刻变化:一个基本脉络

习近平新时代中国特色社会主义经济思想,源于对党的十八大以来一系列经济工作新理念、新思想和新战略的高度概括。其中的一个重要领域,就是宏观经济调控。以一年一度的中央经济工作会议精神为主要线索,简要追溯党的十八大以来中国宏观经济调控新理念、新思想和新战略的形成过程,进而梳理中国宏观经济调控理论与实践深刻变化的基本脉络,无疑是十分必要的。

2012年12月举行的中央经济工作会议,是党的十八大之后党中央召开的第一个全国性重要会议。面对中国经济发展呈现的转折性变化,怎么看待经济形势,以习近平同志为核心的党中央提出了一个重要观点:"世界经济已由危机前的快速发展期进入深度转型调整期","我国经济已经进入个位数增长的阶段"。① 正是基于这样一种判断,这次会议做出了两项重大政策调整。一是摒弃对于经济增长速度"快"的追求,不再使用"持续快速协调健康""平稳较快""又快又好"或"又好又快"等字眼,而是将经济工作目标聚焦于"实现经济持续健康发展和社会和谐稳定"。② 二是拓展宏观经济政策的反经济周期工具定位,不再局限于熨平经济周期,而是将"逆周期调节"和"推动结构调整"两方面的作用,同时赋予宏观经济政策功能。以此为转折点,单纯抓引资、抓投资、抓项目、抓生产的做法得以纠偏,经济工作的立足点开始转向提高经济发展质量和效益、加快形成新的经济发展方式。③

一年之后,于2013年12月举行的中央经济工作会议,正式做出了我国经济发展正处于经济增长速度换挡期、结构调整阵痛期、前期刺激政策消化期"三期叠加"的重要判断。④ 以此为基础,党中央提出了全面认识经济持续健康发展和生产总值增长二者关系的全新命题。不能把发展简单化为增加生产总值,要抓住机遇保持国内生产总值合理增长,推进经济结构调整,努力实现经济发展质量和效益得到提高而又不会带来后遗症的速度。要冷静扎实办好自己的事,大力推进改革创新,把发展的强大动力和内需的巨大潜力释放出来。

又是一年之后,在2014年12月举行的中央经济工作会议上,

---

① 《中央经济工作会议在北京举行 习近平温家宝李克强作重要讲话》,《人民日报》2012年12月17日。
② 同上。
③ 参见中共中央文献研究室编《习近平关于社会主义经济建设论述摘编》,中央文献出版社2017年版,第315页。
④ 同上书,第73页。

"三期叠加"被进一步高度概括为"经济发展新常态"。围绕经济发展新常态,这次会议分别从消费需求、投资需求、出口和国际收支、生产能力和产业组织方式、生产要素相对优势、市场竞争特点、资源环境约束、经济风险积累和化解、资源配置模式和宏观经济调控方式九个方面,全面分析了中国经济发展所发生的趋势性变化。我国经济正在向形态更高级、分工更复杂、结构更合理的阶段演化,发展速度正从高速增长转向中高速增长,发展方式正从规模速度型粗放增长转向质量效率型集约增长,经济结构正从增量扩能为主转向调整存量、做优增量并存的深度调整,发展动力正从传统增长点转向新的增长点。[1]

在解决了"怎么看"的问题之后,"怎么干"的问题自然接踵而来。

2015年10月,党的十八届五中全会审议通过了《中共中央关于制定国民经济和社会发展第十三个五年规划的建议》。在深刻认识经济发展新常态以及由此形成的一系列治国理政新理念、新思想和新战略的基础上,这一建议提出并形成了"创新、协调、绿色、开放、共享"五大新发展理念。创新发展注重的是解决发展动力问题,协调发展注重的是解决发展不平衡问题,绿色发展注重的是解决人与自然和谐问题,开放发展注重的是解决发展内外联动问题,共享发展注重的是解决社会公平正义问题。[2] 习近平将其视为针对我国经济发展进入新常态、世界经济复苏低迷开出的药方。

于是,在2015年12月举行的中央经济工作会议,以新发展理念为指导,适时做出了推进供给侧结构性改革的重大决策,进一步明确了经济建设的主攻方向和工作重点。会议围绕推进供给侧结构

---

[1] 参见中共中央文献研究室编《习近平关于社会主义经济建设论述摘编》,中央文献出版社2017年版,第74—79页。

[2] 同上书,第19—20页。

性改革，部署了"去产能、去杠杆、去库存、降成本、补短板"①五大结构性调整任务。作为适应和引领经济发展新常态以及践行新发展理念的重大创新，习近平特别指出，"党中央提出推进供给侧结构性改革，是在综合分析世界经济长周期和我国经济发展新常态的基础上，对我国经济发展思路和工作着力点的重大调整，是化解我国经济发展面临困难和矛盾的重大举措，也是培育增长新动力、形成先发新优势、实现创新引领发展的必然要求和选择"。②

2016年12月举行的中央经济工作会议，将党的十八大以来宏观经济领域所取得的重要工作进展做了系统总结：作出经济发展进入新常态的重大判断，形成以新发展理念为指导、以供给侧结构性改革为主线的政策框架以及贯彻稳中求进总基调。③供给侧结构性改革的基本内涵，亦由此进一步明确为"最终目的是满足需求，主攻方向是提高供给质量，根本途径是深化改革"。④与此同时，其重点任务也由"三去一降一补"扩展至农业、实体经济和房地产等领域。至此，从对变化了的经济形势怎么看，到在经济发展新常态下怎么干，再到做好经济工作的方法论，一个适应中国经济发展新常态的宏观经济政策框架初步形成。

2017年10月，党的十九大报告在全面总结党的十八大以来我国经济发展历程的基础上，郑重宣布我国社会主要矛盾已经转化为人民日益增长的美好生活需要和不平衡不充分的发展之间的矛盾，我国经济已经由高速增长阶段转向高质量发展阶段。在勾画出当前及未来一个时期我国经济发展基本底色的基础上，建设现代化经济体系被锁定为跨越关口的迫切需求和经济发展的战略目标。围绕建设现代化经济体系，十九大报告分别从创新驱动、乡村振兴、区域

---

① 中共中央文献研究室编：《习近平关于社会主义经济建设论述摘编》，中央文献出版社2017年版，第101页。
② 同上书，第107页。
③ 同上书，第111—113页。
④ 同上书，第115页。

协调发展、经济体制改革和对外开放等几个方面做出了战略部署。

2017年12月举行的中央经济工作会议，是党的十九大后党中央召开的第一个全国性会议。在这次会议上，党的十八大以来提出并形成的一系列经济工作新理念、新思想和新战略，被高度概括为习近平新时代中国特色社会主义经济思想。并且，以我国经济已由高速增长阶段转向高质量发展阶段为基本标志，会议明确指出，我国经济发展进入了新时代，推动高质量发展，成为当前和今后一个时期确定发展思路、制定经济政策、实施宏观调控的根本要求。

从将经济工作目标定位于"实现经济持续健康发展和社会和谐稳定"，到赋予宏观经济政策"逆周期调节和推动结构调整"双重功能；从做出经济增长速度换挡期、结构调整阵痛期、前期刺激政策消化期"三期叠加"的重要判断，到全面分析中国经济发展所发生的趋势性变化，并将其进一步高度概括为"经济发展新常态"；从认识新常态、适应新常态、把握新常态、引领新常态，到将着重点和着力点转到提升经济发展的质量和效益上来，采取果断措施转方式调结构、化解产能过剩；从提出创新、协调、绿色、开放、共享的新发展理念，到做出实行供给侧结构性改革的重大决策，引导经济朝着更高质量、更有效率、更加公平、更可持续的方向发展；从坚持稳中求进工作总基调，掌握做好经济工作的科学方法，到形成以新的发展理念为指导、以供给侧结构性改革为主线的政策框架，并最终形成适应经济发展新常态的经济政策框架；从提出我国经济由高速增长阶段转向高质量发展阶段，到明确指出我国经济发展进入了新时代、以推动高质量发展为根本要求布局现代化经济体系建设；这一系列有关宏观经济调控的新理念、新思想和新战略，构成了作为习近平新时代中国特色社会主义经济思想重要组成部分的宏观经济调控思想。

可以十分清晰地看到，习近平新时代中国特色社会主义经济思想，是在深刻总结我国改革开放和社会主义经济建设实践的基础上形成的，中国宏观经济调控理论与实践所发生的一系列深刻变化是

"接中国地气"的，是有用、能用、管用的，实践也已证明是做对了的。它们不仅是5年来推动我国经济发展实践的理论结晶，而且是中国特色社会主义政治经济学的最新成果，是党和国家十分宝贵的精神财富，我们必须长期坚持，不断丰富发展。

二 新时代宏观经济调控体系的基本内容：基于总体层面的归纳

同习近平新时代中国特色社会主义经济思想的形成进程如影随形，党的十八大以来，作为中国宏观经济调控理论与实践一系列深刻变化的结果，一个大不相同于以往的新时代中国宏观经济调控体系已经初步确立。

不妨以"比对"这一既行之有效又事半功倍的方法，对其中的主要方面加以揭示和归纳，在"比对"中透过其间的变化，理解和把握新时代中国宏观经济调控体系的基本内容。

（一）分析视角：由周期性和总量性因素到多因素交叉融合

对于经济形势的专业分析和精准判断，无疑是实施宏观经济调控的前提，也是一项十分重要的基础性工作。

从总体上讲，以往我们对于经济形势的分析，是在传统宏观经济学的语境下展开的。根据传统宏观经济学的原理，经济形势的变化如同人的感冒发烧，总要周期性地出现于人的生命过程中。经济总是在周期性波动中前行，或是周期性下行，或是周期性过热。经济下行和过热的病因，又被归结于需求总量和供给总量的失衡。经济下行系总需求小于总供给所致；经济过热系总需求大于总供给之结果。因此，每当遇有经济形势变化，我们在坚持抓突出矛盾和主要问题的同时，基本分析视角无非对准两个方面——周期性因素和总量性因素，不是将其归结于周期性因素的影响，就是将其视作总量性因素作用的结果。按照周期性因素分析，下行的矛盾也好，过热的问题也罢，均属于"周期性"而非趋势性的，或者，均被认定为短期性而非长期性的。按照总量性因素分析，无论是总需求小于总供给，还是总需求大于总供给，主要矛盾在于供求总量，矛盾的主要方面在于需求侧，均可通过加减需求总量办法得以缓解或解决。

然而，随着我国经济发展步入新常态，面对增速换挡、结构调整和动能转换的新形势以及由此带来的趋势性变化，主要基于周期性和总量性因素的分析，不仅越来越凸显出它们的局限性，也越来越同经济运行的实际情形相脱节。

习近平明确指出，"当前，我国经济运行面临的突出矛盾和问题，虽然有周期性、总量性因素，但根源是重大结构性失衡"。①"结构性问题最突出，矛盾的主要方面在供给侧"。②

这显然是一个颇具创新意义的重要论断。

（1）既然经济运行中的突出矛盾和主要问题不是或不再是周期性和总量性因素，而系短期周期性波动因素和长期趋势性因素、总量性矛盾与结构性问题相交织，那么，经济形势的变化便不似感冒发烧般简单易辨，而可能是感冒发烧和心血管疾病夹杂在一起，系急性病和慢性病相交织的复杂病。

（2）既然突出矛盾和主要问题的根源不是或不再是周期性波动和供求总量失衡，而系重大结构性失衡导致的经济循环不畅，那么，经济形势的变化便可能不仅是周期性而且是趋势性的，不仅是短期性而且是长期性的。或者说，可能是周期性变化和趋势性变化相叠加，短期性变化与长期性变化相交织。

（3）既然结构性问题最突出，矛盾的主要方面在供给侧，那么，供求总量便不是或不再是主要矛盾，需求侧便不是或不再是矛盾的主要方面，加减需求总量已不是或不再是缓解或解决矛盾的有效办法。

---

① 中共中央文献研究室编：《习近平关于社会主义经济建设论述摘编》，中央文献出版社 2017 年版，第 113 页。

② 同上书，第 105 页。

这表明，经济发展新常态下的经济形势分析，其视角的相应拓展势在必行。不仅要关注短期性经济波动，而且要引入长期性结构因素，将熨平需求侧的短期波动与解决供给侧的长期结构性问题巧妙结合。不仅要关注供求总量平衡，而且要追求供给结构的优化，将诊断和医治表现在总量失衡上的急性病，与以产业结构失衡、区域发展失衡等一系列重大结构性失衡为代表的慢性病紧密对接。

（二）发展理念：由高速增长到高质量发展

对经济发展阶段的准确研判是做好经济工作的出发点，不同的发展阶段自然会形成不同的经济工作指导思想，即发展理念。作为管全局、管根本、管方向、管长远的东西，发展理念是发展思路、发展方向、发展着力点的集中体现。

我们以往所秉持的发展理念，是在经济高速增长阶段的语境下生成并与之相契合的。植根于高速增长阶段的特殊语境，经济工作的重心和聚焦点，自然会放在经济总量和增长速度上，也自然要围绕 GDP 的规模和速度转动。因此，GDP 增速的快与慢，往往被当作判断经济形势好坏和经济工作优劣的几乎唯一标尺。增速快了，就是形势好；增速慢了，就是形势不好。增速快一点，就是工作有成绩；增速慢一点，就是工作有问题。可以说，在 GDP 的规模和速度指标上做文章，以 GDP 论英雄，是一种约定俗成的普遍现象。

然而，面对我国经济由高速增长阶段转向高质量发展阶段这一历史性的变化，传统意义上且可能已经成为惯性思维的经济发展理念，不仅在经济运行层面，而且在政策考量层面，均遇到了强有力的挑战。

在经济发展新常态下，针对我国经济发展环境、条件、任务、要求等方面的新变化，习近平要求，"经济工作的理念、思路、着力点都要进行调整"。[①] "发展必须是科学发展，必须坚定不移贯彻

[①] 中共中央文献研究室编：《习近平关于社会主义经济建设论述摘编》，中央文献出版社 2017 年版，第 112 页。

创新、协调、绿色、开放、共享的发展理念","努力实现更高质量、更有效率、更加公平、更可持续的发展"。①

这一调整绝非限于字面意义,而是有着实实在在的内容。

(1) 既然经济发展的方向已经由粗放型高速增长转为高质量发展,那么,对于经济形势和经济工作的评价,虽仍离不开 GDP 的增速,但 GDP 增速绝非唯一的标尺,亦非最重要的标尺。除此之外,质量和效益指标不仅要引入,而且要放在经济工作的首位,成为整个经济评价体系的中心线索和核心内容。评估经济发展成效,不是看 GDP 增速有多快,而是看质量和效益有多好。

(2) 既然目标在于实现更高质量、更有效率、更加公平、更可持续的经济发展,那么,当下的经济发展虽仍不免于扩大总需求的操作,但只能是"适度"的。为短期经济增长而实行"大水漫灌"的刺激政策、透支未来增长,已不是或不再是我们注重的选项。取而代之的,是引领经济持续健康发展,坚持质量第一、效益优先,以提升经济发展的质量和效益为出发点和最终归宿。

(3) 既然要坚持创新、协调、绿色、开放、共享,那么,发展仍是解决我国一切问题的基础和关键,但我们所谋求的发展已不是或不再是传统意义上的发展,而是体现新发展理念的发展,是创新成为第一动力、协调成为内生特点、绿色成为普遍形态、开放成为必由之路、共享成为根本目的的新时代发展。

这意味着,在跨越经济高质量发展阶段关口的新时代中国,对于规模和速度的关注已经让位于质量和效益,推动高质量发展已经成为保持经济健康持续发展的根本要求。与之相匹配,在实践层面,以新发展理念为指导,构建一套有助于推动经济高质量发展的指标体系、政策体系、标准体系、统计体系、绩效评价、政绩考核办法,使之成为主导经济工作的基准尺度,已经箭在弦上。

---

① 习近平:《决胜全面建成小康社会 夺取新时代中国特色社会主义伟大胜利——在中国共产党第十九次全国代表大会上的报告 (2017 年 10 月 18 日)》,人民出版社 2017 年版,第 21、35 页。

（三）政策主线：由需求管理到供给侧结构性改革

宏观经济政策总要有一个主线索，它不仅规定着宏观经济调控的立足点、聚焦点，也决定了宏观经济调控的着力对象、操作方法和主攻方向，实际上是宏观经济政策的灵魂所在。

从总体上说来，以往我国宏观经济政策的主线索是需求管理。其基本特征是，立足于需求侧并紧盯需求总量，随着经济的周期性波动，针对社会总需求实施立足于短期稳定的"对冲性"逆向调节。每当经济下行、社会总需求不足时，便实施扩张社会总需求的操作。每当经济过热、总需求过多时，便实施紧缩社会总需求的操作。可以说，如此针对社会总需求的收放型管理方式方法，在经过了40年改革开放进程洗礼的中国，即便是非经济专业人士，也能大致说出一二，甚至如家常便饭般熟悉。

然而，随着供给侧结构性改革这一全新理念的创造性提出，并且取代需求管理而成为宏观经济政策的主线索，以往烂熟于心且运用多年的那一套宏观经济政策机理及其操作办法，便不再如以往那般适用，必须进行相应调整了。

习近平指出，"要把推进供给侧结构性改革作为当前和今后一个时期经济发展和经济工作的主线，转变发展方式，培育创新动力，为经济持续健康发展打造新引擎、构建新支撑"。①"必须把改善供给侧结构作为主攻方向，从生产端入手，提高供给体系质量和效率，扩大有效和中高端供给，增强供给侧结构对需求变化的适应性"。②

这种调整，实质是对需求管理的颠覆性变革，也意味着宏观经济调控的方向性改变。

（1）既然供给侧结构性改革的立足点在供给侧而非需求侧，那么，其着力对象虽不排除需求，但主要战场已经让位于供给。更

---

① 中共中央文献研究室编：《习近平关于社会主义经济建设论述摘编》，中央文献出版社2017年版，第107—108页。
② 同上书，第119页。

加注重在供给侧发力，注重激发经济增长活力，努力实现供求关系新的动态平衡，是其着力的基本出发点。

（2）既然供给侧结构性改革的聚焦点是解决结构性而非总量性问题，那么，其操作方法虽不排除需求总量收放，但主攻方向已经让位于结构性调整，短期的"对冲性"逆向操作尽管不可或缺，但已不再是主要选项。

（3）既然供给侧结构性改革的主要目标，锁定于提高供给质量和优化供给结构，那么，如周期性波动和供求总量失衡这样的急性病虽仍须纳入医治范围，但推动经济发展质量变革、效率变革、动力变革，更加着力在结构性调整上下功夫，已然是重心所在。

这提示我们，呈现在宏观经济政策主线索上的重大调整，意味着宏观经济调控的立足点和聚焦点变化了，也意味着其着力对象、操作方法和主要目标变化了。认识到这一变化不可逆转，在继续运用需求管理思想的合理成分适度收放总需求的同时，走出一条以供给侧结构性改革为主线索的宏观经济调控新路子，已成为新时代提交给我们的重要课题。

（四）实施机制：由政策性操作到政策与改革联动

宏观经济调控的实施，总要通过一定的操作环节加以完成。不同的宏观经济政策格局，也需有不同的实施机制与之匹配。

以往宏观经济调控的实施，主要依托于或体现为政策层面的操作，通过各种政策性变量和政策性安排，实现宏观经济调控的目标。每年一度中央经济工作会议的议题之一，就是谋划、布局来年的宏观经济政策。这样做，显然同主要基于周期性因素和总量性因素的形势判断相适应。如前所述，源于周期性波动和供求总量失衡的矛盾和问题，我们通常是将其当作急性病来医治的。主要方法是通过短期的逆向操作加以"对冲"，一般无须牵动体制机制，往往在政策层面即可完成。

然而，随着经济形势发生深刻变化，特别是在供给侧结构性改革成为宏观经济政策的主线索之后，宏观经济调控的实施，必须脱出政策性操作的局限而伸展至体制机制层面，主要依托于改革性行动。

习近平分析道，"供给侧结构性矛盾的原因是要素配置扭曲，是体制机制障碍"。① 所以，供给侧结构性改革的"根本途径是深化改革"，"讲根本途径是深化改革，就是要完善市场在资源配置中起决定性作用的体制机制，深化行政管理体制改革，打破垄断，健全要素市场，使价格机制真正引导资源配置"。②

这是一个非常重要的转折性变化。

（1）既然我们面临的突出矛盾和主要问题已由总量失衡变身为结构失衡，急性病已经让位于慢性病，那么，短期的"对冲性"逆向操作便不再如以往那般有效，而只能在继续医治急性病"供求总量失衡"的同时，将着力点和着重点放在治疗慢性病"结构失衡"上。

（2）既然造成供给侧结构性矛盾的根本原因在于体制机制性障碍，在于市场未能在资源配置中起到决定性作用，在于政府没有更好地发挥应有的作用，那么，针对体制机制性障碍，政策层面的操作肯定力不从心，只能实行体制机制变革。

（3）既然供给侧结构性改革的核心和关键是改革，即在识别供给侧结构及其失衡的基础上，通过改革来改善总供给结构、提高总供给的能力和质量，③ 那么，推进供给侧结构性改革，必须依靠全面深化改革，将根本途径放在以改革的办法突破体制机制性障碍，放在以推进各种基础性改革为供给侧结构性改革创造条件上。

这实际上警醒我们，作为匹配高质量发展的经济工作主线索，供给侧结构性改革虽仍属宏观经济政策范畴，但已不局限于政策层面。除此之外，供给侧结构性改革还必须包括制度变革，甚至要依

---

① 中共中央文献研究室编：《习近平关于社会主义经济建设论述摘编》，中央文献出版社2017年版，第106页。
② 同上书，第115页。
③ 参见方福前《寻找供给侧结构性改革的理论源头》，《中国社会科学》2017年第7期。

靠改革来推动。换言之，须将政策调整与改革行动巧妙结合，将改革的中长期效应与宏观经济政策的短期效应紧密配合，以此获取稳定、可持续的经济增长动力。

（五）政府作用：由拾遗补阙到更好发挥

坚持问题导向，着力抓主要矛盾，既是马克思主义的方法论，也是我们做好经济以及其他各方面工作的传家宝。

以往面对"人民日益增长的物质文化需要同落后的社会生产之间的矛盾"，并且矛盾的主要方面在于"落后的社会生产"这一客观现实，经济工作的着重点和着力点是放在扭转供不应求和短缺经济的现状、做大 GDP 总量上的。因此，"有没有""有多少"是矛盾和问题的焦点，增加物质产品和文化产品供给是主要目标，企业部门和市场系统的建设是核心环节，发挥好市场在资源配置中的基础性作用是宏观经济调控的立足点。至于政府的作用，则主要是在市场失灵领域"拾遗补阙"。

然而，随着我国社会主要矛盾转变为"人民日益增长的美好生活需要同不平衡不充分的发展之间的矛盾"，并且矛盾的主要方面转变为"不平衡不充分的发展"，不仅经济工作的着重点和着力点发生变化了，政府的作用也随之凸显。

习近平在党的十九大报告中指出，"我国社会主要矛盾的变化是关系全局的历史性变化，对党和国家工作提出了许多新要求。我们要在继续推动发展的基础上，着力解决好发展不平衡不充分问题，大力提升发展质量和效益，更好满足人民在经济、政治、文化、社会、生态等方面日益增长的需要，更好推动人的全面发展、社会全面进步。"[1]

围绕这一重大转变提出的一系列新要求，对宏观经济调控的意义绝不可低估。

---

[1] 习近平：《决胜全面建成小康社会　夺取新时代中国特色社会主义伟大胜利——在中国共产党第十九次全国代表大会上的报告（2017 年 10 月 18 日）》，人民出版社 2017 年版，第 11—12 页。

（1）认识到美好生活需要既是在物质文化需要基础上的"层次提升"——对于物质文化生活提出了新的更高的要求，也是在物质文化需要基础上的"范围扩展"——由物质文化需要扩展至以民主、法治、公平、正义、安全、环境等方面需要为代表的非物质文化需要，作为满足美好生活需要的载体，便不仅包括物质和文化产品，而且包括制度和政策产品。不仅物质和文化产品要升级换代，而且制度和政策产品也须进入视野。

（2）认识到满足美好生活需要的主渠道和着力点有所不同，物质和文化产品的升级换代主要靠市场，矛盾和问题的焦点是从"有没有""有多少"转变为"好不好"，着力点应当放在大力提升物质和文化产品的质量和效益上。制度和政策产品的进入视野则主要靠政府，矛盾和问题的焦点既包括"好不好"，也包括"有没有"和"有多少"，着力点应当放在将有效满足人民对于制度和政策产品的需要作为新的增长点上。

（3）既然市场系统和政府系统对于满足人民日益增长的美好生活需要均不可或缺，两个系统均负有解决或矫正不平衡不充分发展问题的责任，那么，在坚持物质和文化产品供给与制度和政策产品供给并重的同时，应当将优化市场供给和政府供给一并纳入视野，将解决或矫正不平衡不充分发展问题的责任，同时落实到市场和政府两个系统。不仅要"使市场在资源配置中起决定性作用"，而且须"更好发挥政府作用"。① 政府不仅要在物质和文化产品领域"拾遗补阙"，而且须在制度和政策产品领域充当主角。

（4）既然当前人民日益增长的美好生活需要更多地表现为对于制度产品和政策产品的需要，制约这一日益增长需要的主要因素又主要在于政府系统供给的不平衡不充分，那么，政府系统建设、解决和矫正政府系统供给的不平衡不充分，当摆在更加重要的位

---

① 习近平：《决胜全面建成小康社会，夺取新时代中国特色社会主义伟大胜利——在中国共产党第十九次全国代表大会上的报告（2017年10月18日）》，第21页。

置。在找准现阶段影响满足人民对美好生活向往、期盼和需要主要因素的前提下，以加快推进国家治理现代化的努力，建立起更好满足人民在经济、政治、文化、社会、生态等方面日益增长需要的现代国家治理体系。

这昭示我们，在社会主要矛盾发生历史性变化的条件下，从建设充分发挥市场作用、更好发挥政府作用的经济体制入手，完善宏观经济调控体系格外重要。因此，处理好继续以经济建设为中心同注重提高经济发展质量、注重抓全面发展之间的辩证统一关系，以更平衡更充分的供给满足人民日益增长的美好生活需要，当成为新时代中国宏观经济调控以及各方面经济工作的出发点和最终归宿。

三 主动"对表"：将新时代宏观经济调控体系落到实处

说到这里，可以发现，新时代中国面临的宏观经济与政策环境已经大不相同于以往。一个以新发展理念为指导，紧扣社会主要矛盾变化，以供给侧结构性改革为主线，适应经济发展新常态和经济高质量发展要求的新时代中国宏观经济调控体系，已经呈现在我们面前。

这一体系的突出特征是：不仅聚焦于经济发展规模，而且更注重经济发展质量；不仅着眼于对经济短期波动的调控，而且更注重持续增长动力；不仅依赖于需求侧的总量收放，而且更注重供给侧的结构优化；不仅着力于满足人民日益增长的美好生活需要，而且更注重矫正和解决政府系统供给的不平衡不充分；不仅立足于政策性操作，而且更注重制度变革。

应当特别指出，中国宏观经济调控体系的这一系列深刻变化，是我国经济发展思路和工作着力点重大而非一般意义上的调整。这种调整不仅是深刻的，而且具有根本性。它不是一个短期概念，而要管相当长的历史时期。它所触动的，更不限于宏观经济政策实践，而且延伸到作为其基础和支撑的宏观经济理论层面。

认识到经济发展新常态大不相同于经济发展旧常态，高质量发展阶段大不相同于高速增长阶段，新发展理念大不相同于旧发展理念，人民对于美好生活的需要大不相同于社会生产落后条件下对物质文化的需要，供给侧结构性改革大不相同于需求管理，并且，鉴于突出矛盾和主要问题已经发生变化，其运行脉络和操作机理已经大不同于以往，当下亟待注意并重点防范的一个问题，就是"新瓶装旧酒"——操用惯性思维面对新形势，复制习惯做法处理新问题。

所以，摆在我们面前的一项异常重要而紧迫的工作，就是主动与高质量发展的要求"对表"。以习近平新时代中国特色社会主义经济思想为指导，进一步全面系统地调整以往习以为常的理念、思想和战略，以大不相同于以往的新理念、新思想和新战略，深化供给侧结构性改革，将新时代中国宏观经济调控体系落到实处。

唯有如此，我们才能保持定力，坦然应对复杂经济时局，走出一条大不相同于以往的新时代宏观经济调控以及各方面经济工作的创新之路。

（原载《中国社会科学》2018 年第 9 期）

改革以来中国国债的实证分析

一 1959—1978年：并非真正的国债"空白"时期

当1979年中国政府再度举借外债，特别是1981年决定在国内发行国库券的时候，它在中国经济生活中引起的震动绝不是轻微的。因为，中国的老百姓毕竟已在"既无内债，又无外债"的环境中生活了20年。人们只是依稀记得，中华人民共和国成立初期的50年代，为度过暂时的财政困难，政府曾举借过一些国债。但未过多久，便同举债无缘了。

对于1959—1978年长达20年的所谓国债"空白"时期的出现，理论界往往是从当时以及此后的政治经济环境寻求答案的。比如：中国和苏联的关系在1958年开始破裂，随后苏联政府停止了对华援助，并且，撕毁合同，撤走专家。以美国为代表的西方国家政府也正在对我国进行各种各样的经济封锁。所以，那一时期的国际政治环境，不允许我们举借外债。

"左"的错误思想1958年后在我国逐步处于支配地位，社会主义制度的优越性亦被加上了"既无内债，又无外债"这一条，政府举债被视为是有损于社会主义国家声誉和形象的事情。所以，那一时期的国内政治环境，也不存在举借内债的可能性。

在第一个五年计划胜利完成的刺激下，对国民经济的发展前景看好，甚至以为过不了多久就可以赶上西方工业化国家，并据此对"二五"时期以及其后的财政收入做了较高的预期，因而认为政府举债已无必要。后来，虽随着三年自然灾害的发生和经济困难的加剧，财政收入连续两年出现了负增长，对财政收入的预期已经有所调整，但那时的困难局面之严重，又使得发行国债提不上议事日程了。

凡此种种，确实都是出现国债"空白"时期的原因所在。但是，有一个更为重要的因素可能被人们看漏了。这就是，"一五"时期，伴随着对农业、手工业和私人资本主义工商业的社会主义改造的进程，在中国，已经逐步形成了一种可提供"超常"水平财政收入的特殊的财政收入形成机制。

1953年，政务院发布《关于实行粮食的计划收购和计划供应的命令》，确定在全国实行粮食统购统销制度。随后，又将统购统销的范围扩大到植物油料和棉花，从而实现了对主要农副产品的统购统销。在农副产品统购统销制度下，农民要按国家规定的价格标准将剩余农副产品统一卖给国家，并由国家按计划统一供应给城市工业部门和城市居民消费。它使得政府可以通过农副产品的低价统购，从农业中聚集起一大批资源，并以低价统销形式提供给城市工业部门和城市居民消费。低价的农副产品不仅降低了工业的原材料投入成本，也使城市居民获得实物福利并降低了工业的劳务投入成本。在低成本的基础上，工业部门获得了高的利润。

1956年，全国第二次工资制度改革时颁发了《国营企业、事业和机关工资等级制度》。这一制度涉及的内容尽管很多，但其核心就是把工作划分为若干类别，由国家统一规定国营企业、事业和机关单位的工资标准，统一组织这些单位工作人员的升级，并监督其年度工资基金计划的编制、实施。它使得政府可以通过压低工资标准、减少升级频率，来直接或间接地降低工业的劳务投入成本。在低成本的基础上，工业部门又获得了高的利润。

在自中华人民共和国成立初期就已实施下来，且几十年基本未变的财政统收统支管理体制下，国有企业（其中主要是工业企业）创造的纯收入，基本上都交财政集中分配，企业能够自主支配的财力是极其有限的。这又使得政府可以通过财政上的统收，将工业部门的高利润集中到国家手中。加之工业部门作为我国财政收入的主要来源格局的形成，国家财政便取得了"超常"水平的财政收入。

上述过程可用图1来展示：

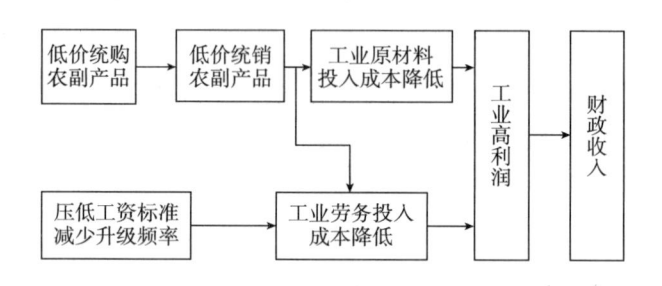

图1 特殊的财政收入形成机制

这样一种特殊的财政收入形成机制，带给政府的财政收入是"超常"水平的，那么，在正常条件下应当且可以通过举借国债完成的任务，便由"超常"的财政收入承担了。

文献考察表明，通过农副产品低价统购这一形式，20多年间农民承担了总额约6000亿元的"价格暗税"（农业部财务司，1991）；1956年以后，城市职工经常性的工资升级制度亦被中止。1957—1977年，只有1959年、1963年和1971年进行了小范围、小幅度的工资升级工作。其中，1959年的升级面只有2%；这一时期的企业留利率也一直很低，1978年只有3.7%。其中，工业企业留利率更低，仅为1.7%（马洪，1982）。城市职工的收入水平，1952—1978年，年平均工资只增加了170元，年均增长率为1.3%。而且，其中有13年还是较上年下降的。至于农民的收入，到1978年，家庭年人均纯收入也只有133.57元（袁振宇，1991）。无论是城市职工的收入水平，还是农民的收入水平，显然都与这一历史时期的国民经济发展状况相去甚远。

作为一个富有深刻意义的结果，我国财政收入占国民收入的比重,在相当长的时期内,始终保持在30%以上(1978年为37.2%)的高水平。

这就是说,1959—1978年的20年间,中国政府并非没有举债。只不过这一时期的国债是以一种特殊的形式隐含着的。它之所以没有表现为国债,是因为广大人民群众以农副产品低卖价和低工资制的形式,默默地消化了这笔本应由政府承担的债务。

二 国债的重新起用:背景何在?

如所周知,中国的经济体制改革是从分配领域入手的。改革之初的思路,是由减少国民收入分配格局中的财政份额起步,以财政"还账"来激发各方面的积极性,从而提高被传统的经济体制几乎窒息掉了的国民经济活力。财政"还账"的具体体现,就是"减税让利"(国家统计局,1994)。

减税让利首先是在农村开始的。1979年,伴随着家庭联产承包责任制的推行,国家较大幅度地提高了农副产品收购价格。当年的农副产品收购价格指数,较上年提高了48.1个百分点。紧接着,1980年,又在1979年的基础上,提高了18.9个百分点。农副产品收购价格的提高,一方面增加了工业产品的原材料投入成本,另一方面,城市居民也因此加大生活费用开支,从而增加了工业产品的劳务投入成本。于是,随着工业部门利润向农业部门的转移,国家来源于低价统购农副产品这一渠道的财政收入便减少了。

减税让利随即又扩展到城市。在1978年国有企业实行企业基金制度的基础上,1979年7月开始了在全国范围内进行利润留成的试点工作。试点企业可以按政府规定的比例,留用一部分利润,用于建立生产发展基金、职工福利基金和职工奖励基金。随后又在次年1月将原规定的全额利润留成办法,改为基数利润留成加增长利润留成,进一步扩大了国有企业的财权。在实行利润留成制度的同时,从1980年开始,还对少数国有企业进行了将上缴利润改为课征所得税办法的试点。伴随着这些改革举措的陆续出台，企业的留利额和留利率均出现了较大幅度的增加，分别从 1978 年的 27.5 亿元和 3.7% 增加到 1980 年的 144 亿元和 21.5%。与此同时，政府对城市职工的工资管理相对放松，包括国有企事业单位和其他所有制成分在内的职工工资收入有了较大的提高，并恢复了中止多年的奖金制度。1979 年和 1980 年，城市职工工资总额指数分别比上年提高了 10.5 个和 19.4 个百分点。企业留利的增加，使得政府不再能通过财政上的统收将工业部门的利润全部集中到国家手中。农副产品收购价格的提高和相对放松城市职工的工资管理，又通过增加工业产品的原材料投入成本和劳务投入成本这一渠道，压低了工业部门的利润水平。于是，国家源于城市工业部门的财政收入也相应减少了。

可以对上述各项减税让利举措的影响做多视角的考察，但就本文的分析意义来说，有一种影响是不容忽视的：传统的以"农副产品低卖价和低工资制"为基本前提、能够提供"超常"水平财政收入的传统的财政收入形成机制，被打破了。财政收入（不含债务收入）占国民收入的比重，已经大幅度下降。由 1978 年的 37.2% 相继减少到 1979 年的 31.9% 和 1980 年的 28.3%。

问题不止于此。在财政收入大幅度下降的同时，财政支出并未随之减少，反而因减税让利举措的实施而相应增加了。比如，农副产品收购价格提高后，为了减少提高收购价格可能带来的社会震动，对其销价采取了基本维持不变的办法。由此而形成的购销价差以及增加的经营费用，均由财政给予补贴。1979 年和 1980 年，财政价格补贴支出分别比 1980 年增加了 6.1 倍和 10.6 倍。还如，城市职工工资奖金收入的增加，就企业而言，是以增加产品劳务投入成本从而冲减企业利润和财政收入的途径消化的，但对行政事业单位来说，则要几乎全部依赖财政增拨专款。由此而引发的财政支出加大，仅行政管理费一项，1980 年就比 1978 年增加了 36.1 个百分点。

两方面"合力"作用的结果，引发了特殊的财政困难。1979年，国家财政出现了170.67亿元的赤字。紧接着，1980年又出现了127.50亿元的赤字。连续两年的财政赤字，导致了财政向银行的透支，从而带来了物价较大幅度的上涨。而在改革正继续沿着以减税让利为主调的思路向纵深发展的时候，1981年的财政预算又是一个赤字的预算。

如此严重的财政困难，使政府陷入了空前的窘境：

能否继续采用完全向银行透支的办法来弥补财政赤字？这虽不失为解决问题的一条出路，但绝不是一条好的出路。因为，如果那样做的话，由此而引发的通货膨胀无异于在已经上涨了的物价上火上浇油。而一旦物价上涨呈现蔓延和奔腾之势，很可能会使已经取得的改革成就化为乌有。

在理论上说，削减财政支出也可作为解决财政赤字问题的一种办法。但是，在既得利益格局难以触动和财政支出本身具有"刚性"的条件下，财政支出可以削减的余地是不大的。更何况，有些财政支出，如价格补贴支出，在改革初期的大环境中，也是不应当削减且需相应增加的。

于是，还得回过头来在增加财政收入上找出路。传统的财政收入形成机制已经被打破，恢复它又与以放权让利为主调的改革思路相左；通过向银行透支，增发通货来取得财政收入的办法，也于经济发展有害。那么，剩下的办法就只能是举借国债了。

其实，从1979年起政府就已经恢复了中断长达20年之久的外债举借。1979年和1980年分别取得了35.31亿元和43.01亿元的国外借款。但是，举借内债的问题并未随之提上议事日程。这显然与当时人们思想尚未冲破"左"的方面的束缚有关。不过，到1981年严重的财政困难迫使人们不得不正视现实的时候，来自"左"的方面的束缚最终还是被冲破了。1981年1月18日，国务院通过并颁发了《中华人民共和国国库券条例》，随后又于1月26日公布了《关于平衡财政收支，严格财政管理的决定》，决定发行中华人民共和国国库券。当年即向社会发行了为数48.66亿元（计划发行额为40亿元）的国库券。

中国的国债，就是在这样一个特定的历史条件下，被重新起用了。

三 举债实践的飞跃：戏剧性变化

不过，严格说来，1981年的国库券，基本上还是被作为一项解决临时需要的权宜之计、暂时措施加以利用的。当时并未有长期发行的打算，其初衷"主要是想把已经分散出去的资金再集中回来一部分"（高坚，1993）。也就是说，当时并未清楚地认识到传统的财政收入形成机制已不复存在和由此而带来的举借国债的必然性。这不仅表现在它的认购主体以企业和单位为主，发行条件的确对认购者的经济利益考虑不够（如利率只有年息4%，当年5年期的银行储蓄存款年利率则为6.84%）；也表现在它的发行方式仍依赖传统政治动员，并通过行政系统加以摊派。而且，推销出去的国库券既不得在二级市场自由买卖，也不得向银行贴现或抵押，从而几乎没有任何流动性可言。显而易见，国债是不能在如此的格局下长期发行下去的。

然而，从1982年起，财政困难的日益加剧使得情况发生了戏剧性的变化。

随着改革的不断深入，国家提高农副产品收购价格的频率和幅度亦在加大。1978年至1993年，农副产品收购价格总指数上涨了2.74倍。其中，粮食类产品收购价格指数上涨了3.31倍，经济作物类产品收购价格指数上涨了1.74倍。同一期间，农业部门所创造的国民收入由986亿元增加到6317亿元，增长5.4倍。来自农业部门的财政收入占农业部门所创造的国民收入的比重，则由3.2%减少到1992年的2.59%（1993年出现少许反弹，为3.7%）（国家统计局，1994）。

在改革重点逐步由农村转向城市之后,调整国有企业利润分配制度的举措一个接着一个出台。1981年12月,财政部会同国家经委在原实行的利润留成办法的基础上,提出了多种形式的利润留成和盈亏包干方案;1983年1月和1984年9月,经国务院批准在全国范围内对国有企业先后实行了第一步利改税、第二步利改税;1986年年底和1987年年初,国务院对企业承包经营责任制给予肯定,并在全国各地推行;1988年的七届人大一次会议,形成了税利分流的改革思路,随后在试点的基础上向税利分流、税后还贷、税后承包的制度过渡;1994年1月,又以《企业会计准则》和《企业财务通则》的实行以及税收制度的改革为契机,全面实行了国有企业利润分配制度的改革。尽管每次改革的内容和形式不尽相同,但以减税让利开道,不断扩大企业的可支配财力,却不能不说是其共性所在。1978年至1991年,全国企业留利额由27.5亿元增加到555.4亿元(1988年曾达700.6亿元),增加近20倍,平均每年递增33.5%。全国企业留利率由3.7%增加到65.3%(1988年曾达86.7%),增加近17倍,平均每年递增34.5%。1978—1993年,工业部门所创造的国民收入由1847亿元增加到12862亿元,增加5.96倍。来自工业部门的财政收入占工业部门所创造的国民收入的比重,则由75.4%减少至15.2%,减少60.2个百分点(财政部综合计划司,1992;国家统计局,1994)。

改革过程中税收政策和制度不断调整,变化中的税制有许多不完善之处,包括三资企业、私营企业和个体经济在内的多种经济成分迅速发展,在法制尚不健全、征管手段落后以及征管队伍素质有待提高的条件下,全国各地的偷税、漏税、逃税、骗税、欠税、抗税现象十分严重,使国家税收蒙受了巨大的损失。据国家税务局一位权威人士的估算,改革以来,全国每年因此而流失的税收,起码在100亿元以上(储兴华、解春,1993)。

对企业和地方放权,实质是一个解除企业和地方"外律"的过程,但建立企业和地方"自律"亦即企业和地方自我约束机制的工作，未能同步进行。结果，外律越来越少的一些企业和地方政府非但没有一步步走向自立，相反，却像失去了管束的孩子一样，重蹈了历史上曾经反复出现过的"一放就乱"的旧辙。不仅企业随意扩大成本开支范围，乱摊乱挤成本，侵蚀企业利润和财政收入之风久刹不住，而且，地方政府不顾国家税收法令，擅自制定名目繁多的税收优惠政策，造成了以减免税口子越开越大、越权减免、随意退税为重要特征的财政收入流失趋势的形成和蔓延。

正是在这种条件下，财政收入（不含债务收入）占国民收入的比重持续下滑，出现了一降再降（在 1980 年已降至 28.3% 的基础上，1982 年为 24.4%，1990 年为 20.4%，1993 年为 18.2%）的势头。与此同时，财政支出仍在继续为各项改革举措的出台"架桥铺路"（前面所说的农副产品收购价格的提高和城市职工工资奖金收入的增加，要求以财政支出的相应增加给予支持，便是一例），因而承受着越来越大的压力（1982 年的财政支出比上年增长 3.3%，1983 年又比 1980 年增长 12.1%。从 1978—1993 年，财政支出的年平均增长速度为 11.0%）（国家统计局，1994）。

由此带来的一个必然结果是，1982 年，财政赤字非但没有消除，反而进一步加大了（由 1981 年的 98.59 亿元增至 1982 年的 112.40 亿元）。而且，在此之后，亦是年复一年的赤字和呈膨胀之势的赤字。

现实终于使人们认识到：今天的中国财政，已经离不开国债的支持。举借国债已非一时的权宜之计或暂时措施，而将是一种与我们长期伴随的经济现象。

一旦认识到事情要从长计议，中国的举债实践便开始出现了质的飞跃：

——国债的发行规模一再跃增。由 1981—1984 年的每年 40 亿元，相继增加到 60 亿元（1985—1986）、160 亿元（1987）、250 亿元（1988）、275 亿元（1989）、380 亿元（1992）和 370 亿元（1993）。进入 1994 年，国债的发行规模又跃上了 1150 亿元的高台，相当于 20 世纪 80 年代初国债发行量的 20 多倍。

——国债的发行种类逐步增多。在名称种类上，由 1981—1986 年单一的国库券，逐步增设了国家重点建设债券（1987）、财政债券（1988）、国家建设债券（1988）、特种国债（1989）、保值公债（1989）和转换债（1991）；在期限种类上，由 1981—1984 年间单一的 10 年期，逐步增设了 5 年期（1985）、3 年期（1988）、半年期、1 年期和 2 年期（1994）；除此之外，还于 1992 年起发行了无实物国库券。

——国债的认购主体由以单位为主逐步转向以个人为主。1981 年的国库券，基本上是由企事业单位、机关团体、农村富裕社队等认购的，对居民个人未分配任务。但从 1982 年起，居民个人便逐步成为国债的主要认购主体，1983 年个人和单位的认购额几乎平分秋色，1985 年个人的认购额又开始超过单位的认购额。到了 1989 年，除了财政债券和特种国债有特定的发行对象之外，其他的国债券种几乎都是由个人认购的。在此之后，这一以居民个人（包括个体工商户）为主要认购主体的国债认购者格局，便一直维持了下来。

——国债的发行方式趋向市场化。1981—1989 年的国债，基本上是以行政手段加以派购的。1990 年开始部分采用市场发行的办法，1991 年试行了国债的承购包销方式，1992 年又在前一年的基础上试办了国债的无券竞争招标发行，1993 年推出了国债一级自营商制度。到 1994 年，已基本实现了国债发行方式的市场化。

——国债的发行条件逐步向迎合认购者偏好的方向转化。1981—1984 年的国债，不仅偿还期限长，不具流动性，而且利率低，甚至低于同期的银行储蓄存款利率。从 1985 年起，国债的发行条件根据认购者的需要，进行了一系列改进：偿还期限由原来的 10 年缩短为 5 年、3 年，此后又增设了半年期、1 年期和 2 年期，从而形成了 5 年期、3 年期、2 年期、1 年期和半年期多种期限并存的格局；允许国债持有者将债券中途贴现、抵押，直至在 1988 年开放二级市场，使债券可随时上市转让；相应提高国债利率，基本形成了国债利率追随银行存款利率而定并略高于同期银行存款利率的格局;开设代保管业务,国债持有者可将债券交付中国工商银行代为保管,等等。

——国债的管理工作范围逐步拓宽。1981—1985 年,国债的管理工作仅限于推销。从 1986 年起,还本付息工作提上议事日程。1988 年,又开放了国债二级市场。自此,国债的管理工作纳入了包括发行、偿付和流通转让诸项内容在内的全面管理的轨道。

四 偿债高峰期的到来:国债规模越滚越大

举借的国债终归是要还本付息的。无论是国债利息的支付费用,还是国债本金的偿还费用,总要形成财政的一个特殊的出项——债务支出。

自 1986 年起,国债的还本付息开始提上议事日程。不过,最初那一年还本付息的任务不算重,只有 1981 年所发行国库券本息的 20% 需要偿付,统算下来,其数额也就是 7.98 亿元,因而未构成太大的压力。但是,在此之后,随着举债规模的扩大,债务支出便出现了急剧递增的情形,并于 1990 年进入了偿债高峰期。1987 年的国债还本付息额为 23.18 亿元,已经接近 1986 年的 3 倍。到 1990 年,还本付息额一下子增长到 375 亿元,占当年财政支出的比重达 10.5% 之多。1991 年和 1992 年的国债还本付息额,也都分别居于 428 亿元和 416 亿元的高水平(张加伦等,1992)。

每年数百亿元的国债还本付息支出,对于已经处于极端困难境地的中国财政来说,无疑是雪上加霜。这时,政府唯一能做的事情,就是发新债还旧债。

其实,早在偿债高峰到来之前的 1988 年 5 月,财政部国家债务管理司在一份名为《国家内债及还本付息情况》的报告中,便提出了以推迟偿还期来应付偿债高峰的对策意见。当时的设想是:对于单位所持有的到期债券,不办理还本付息,而按应付本息额兑换新的转换债券;对于个人所持有的到期债券,则按应付本息额发行新债券，用发行新债券所筹集的资金来办理还本付息（张加伦等，1992）。

这种设想首先在1990年到期国债的兑付上初步付诸实践了。1990年到期国债所需的还本付息额共为375亿，其中，单位和个人持有的份额大约各占一半。当年的6月14日，财政部和中国人民银行联合颁发了《关于暂不办理"单位"持有1990年到期国债的兑付的通知》，决定对1990年到期的企事业单位、机关团体、部队、金融机构所持有的到期债券，实行延期偿还，暂不办理兑付事宜。同时决定，当年7月1日国债兑付期开始后，只办理个人持有的到期债券兑付，并为之相应增发了新债券。

1991年的到期国债兑付，仍然是按照1988年提出的方案来办理的。有所不同的是，对单位所持有的到期债券采取了较为规范化的处理办法——发行转换债。1991年1月国务院颁发了《关于发行1991年转换债的通知》，决定将企事业单位、机关团体、部队所持有的当年到期的国债，转换为等额的5年期新债，并按8%的年利率计息。同时，对个人所持有的当年到期国债，仍以举借新债的办法按期办理还本付息事宜。

有了1990年和1991年的实践基础，政府似乎已经找到了解决到期国债资金兑付难题的通道。于是，在财政困难始终未得到缓解的现实背景下，不断地发新债来还旧债（对单位所发行的转换债，实际上也是在借新还旧）便被作为一种自然的选择，一再地运用于到期国债的兑付实践。1992年以来每年高达数百亿元的偿债高峰，正是循着这种模式得以度过的。

不言而喻，以举借新债作为包括国债利息支出和国债还本支出在内的债务支出的资金来源，虽能实现到期国债的按时兑付，但其代价却是国债规模越滚越大，从而陷入一种"恶性循环"。用发行转换债的办法来收兑单位所持有的到期国债，也将以牺牲国债的信誉为代价。不过，对由此而导致的利弊效应，是一个需要专门研究的复杂问题，本文不拟多加评论。这里仅意在指出一个事实：正是不断地发新债来还旧债这种行为方式，加剧了1990年之后中国国债发行规模的膨胀势头。

五　结论

本文着重对经济体制改革以来中国国债所呈现的迅速发展的现象及其成因，作了一般性的分析。由于它涉及了经济体制改革举措的几乎所有的方面，分析过程中难免看漏一些细节，但基本的流程大致是不会错的。

分析结果表明，尽管中国国债的迅速发展局面是在经济体制改革以来才逐步形成的，但它并非经济体制改革的产物。经济体制改革对于中国国债的作用，只不过是使其从后台走向前台，由隐性转为显性罢了。

从根本上说来，经济体制改革以来的中国国债规模之所以出现膨胀，其基本的成因就在于：以"农副产品低卖价和低工资制"为基本前提、能够提供"超常"水平财政收入的传统的财政收入形成机制被打破之后，以工商税收和国有企业利润上交为主体的经常性财政收入相对下降。国债作为一种辅助性或补充性的财政收入形式，一再地被用于填补经常性财政收入相对下降后留下的"空缺"。与此同时，偿债高峰期的到来所引致的"借新债还旧债"的循环，也对国债规模膨胀起了推波助澜的作用。

至于同期财政支出规模的扩张对国债发行规模膨胀的作用，笔者之所以着墨不多，是因为，这一时期财政支出规模的扩张主要表现为债务支出和价格补贴支出的扩张。导致债务支出扩张的根本原因，显然在于经常性财政收入相对下降后所带来的国债规模的膨胀。价格补贴支出的扩张，主要导因于农副产品收购价格的数度提高。在前面已经说过，农副产品收购价格的提高是以经常性财政收入的相对下降为代价的。事实上，在1985年以前，我国的价格补贴支出本身就是作为财政收入的冲销项目处理的。这就是说，无论债务支出的扩张，还是价格补贴支出的扩张，均可以从经常性财政收入的相对下降中去寻求答案。财政支出规模的扩张似乎不是、或许主要不是这一时期中国国债发行规模呈现膨胀势头的根本原因所在。

上述论断的引申意义是，在目前的中国，扭转国债发行规模膨胀局面，从而使中国国债走出"恶性循环"的根本出路，在于尽快堵住经常性财政收入流失的漏洞，实现经常性财政收入与国民经济的同步增长。这样说，绝不意味着压缩国债发行规模不应以削减财政支出为对策。但同制止经常性财政收入相对下降的势头相比，它是应处于次要地位的。至少在近期内是这样。

主要参考文献

《中国统计年鉴（1994）》，中国统计出版社 1994 年版。

《中国财政统计（1950—1991）》，科学出版社 1992 年版。

《中国农业资金问题研究》，中国人民大学出版社 1991 年版。

马洪：《中国经济事典》，中国社会科学出版社 1982 年版。

袁振宇：《财政赤字研究》，中国财政经济出版社 1991 年版。

高坚：《中国的国债问题》，中国财政经济出版社 1993 年版。

储兴华、解春：《税收漏洞何其多？》，《经济日报》1993 年 10 月 20 日。

（原载《财贸经济》1995 年第 4 期）

规范政府行为：解决中国当前收入分配问题的关键

一 值得关注的居民收入分配差距

中国当前的居民收入分配差距，越来越值得我们给予更多的关注。各方面的统计指标，已经从不同的角度向我们揭示了这一问题的严峻性（袁志刚、乔延清，2001）：

——基尼系数。按照可比口径测算，农村内部居民收入的基尼系数，由1978年的0.21上升到1999年的0.36；城镇内部居民收入的基尼系数，由1978年的0.16上升到1995年的0.30。全国居民个人可支配收入的基尼系数，由1979年的0.33上升到1995年的0.45和2000年的0.46（孙立平，2001）。已经超过国际公认的0.40的警戒线。

——城乡收入差距。1999年，全国城镇居民人均可支配收入5854元人民币，农村居民人均纯收入2210元人民币，前者是后者的2.65倍。若再加上城镇居民享受的各种补贴和福利，城乡居民的实际收入差距会更大。

——地区收入差距。1999年，排在首位的上海城镇居民和排在末位的山西城镇居民可支配收入分别为10931.64元和4362.61元人民币。两者相差6569.03元人民币，其比值为2.51∶1。与此同时，排在首位的上海农村居民和排在末位的山西农村居民人均纯收入分别为5409.11元和1309.46元人民币。两者相差4099.65元人民币，其比值为 4.13∶1。

——行业收入差距。1999 年，工资最高的行业与工资最低的行业相比，职工平均工资的比值为 2.17∶1。而且，工资最高和最低的行业发生了很大变化，分配开始向科学技术含量高的行业和新兴产业倾斜。

——不同所有制单位收入差距。1999 年，国有、城镇集体和其他经济单位职工的平均工资之比为 1.50∶1∶1.70。

——高低收入阶层差距。按居民人均收入由低到高排队，1999 年，10% 的最高收入者的人均可支配收入与 10% 的最低收入者的人均可支配收入差距为 4.62 倍。

尽管这些有关收入分配差距的数字的真实性尚需论证，同其他国家相比，中国当前的收入分配差距也有许多特殊的背景。但无论如何，收入分配差距正在逐步地拉大，已经到了非采取措施加以矫正不可的地步，却是一个不争的事实。

二 差距究竟是如何产生的？

然而，透过上述的统计数字并追溯一下改革以来居民收入差距的演变历程，便会发现，中国收入分配领域存在的种种矛盾，几乎都同政府部门的行为不规范直接有关。有些矛盾，在相当程度上，本身就是政府部门非规范性行为的产物。

在我们的记忆中，收入分配差距的产生及其拉大，大约是从改革的那一天开始的。在此之前，虽然不能说没有收入分配差距，但那个时候的收入分配差距主要表现为城乡之间的差距。总体说来，在一系列国民收入初次分配和再分配制度安排下，城镇居民内部或农村居民内部的收入差距是不大的。即使少许的一些差距，亦多半是因工龄的长短、工种的差别或所种养农副产品品种的不同而致。

那么，计划经济体制下的中国国民收入分配机制及其作用，是怎样一种情形呢？（高培勇，2000）

先看农村。1953年,政府颁布了《关于实行粮食的计划统购和计划供应的命令》,赋予了政府按相对偏低的垄断价格统一收购和销售农副产品的权力。在对农副产品实行统购统销的条件下,农民剩余的农副产品,只能按照国家规定的相对偏低的价格标准统一卖给国有商业部门。由此,政府达到了两个互为关联的目的:一是牢牢地控制住了货币流向农民家庭"口袋"的闸门。那个时候,农民获取货币收入的主要渠道,就是剩余农副产品的销售。只要把农民对于农副产品的销售渠道管住了,把农民出售农副产品的价格掌握在手中了,农民每年能够获得多少货币收入,其手中又有多少货币收入,政府是可以心中有数的,也是可以牢牢地控制住的。另一是通过农副产品的低价收购,政府又为在城市压低城市职工的工资标准,进而在工业部门汇集起高额的利润打下了相应的基础。那个时候,城市居民购买农副产品的几乎唯一的渠道,就是国有商业部门。由于城市居民能够以低价购买到农副产品,其生活费用便降低了,从而城市职工的工资水平亦即工业部门的劳务投入成本也被间接降低了。

再看城市。1956年第二次工资制度改革之际,政府出台了《国营企业、事业和机关工资等级制度》亦即八级工资制,赋予了政府统一掌管城市职工工资标准、统一组织城市职工工资调配的权力。在八级工资制度下,不仅城市职工被区分为若干类别,每一类都由政府规定了相应的工资级别和标准,而且,什么时候涨工资、涨多少工资,也是由政府说了算的。由此,政府亦达到了两个互为关联的目的:一是牢牢控制住了货币流向城市居民家庭"口袋"的闸门。那个时候,城市职工获取货币收入的唯一渠道,就是工资。正如在农村的效果一样,只要把城市职工的工资渠道管住了,把城市职工的工资调配权垄断了,城市职工每年能够获得多少货币收入,其手中又有多少货币收入,政府是可以心中有数的,也是可以牢牢控制住的。另一是通过压低工资标准,减少升级频率(马洪，1982）① 的办法，政府又人为地降低了城市职工的工资水平，从而奠定了低工资制的格局。随着城市职工工资水平的人为降低，工业部门的劳务投入成本又一次被降低了。

在工业的原材料投入成本和劳务投入成本被人为降低了的同时，那一时期的工业品实行计划价格制度。计划部门是按照偏高于农副产品收购价格的水平给工业品定价的。这种当时称为"工农产品剪刀差"的格局，在计划经济条件下长期延续，没有发生大的变化。于是，在低成本和高售价的基础上，工业部门获得了高的利润。

在始自中华人民共和国成立初期且几十年未变的财政统收统支管理体制下，国有经济单位（其中主要是国有工业企业）的纯收入，基本上都交由财政集中支配，其本身能够自主支配的财力极其有限。于是，通过财政上的统收，"汇集"在国有经济单位中的高利润便转移到了政府手中，形成了财政收入的主要来源。

有了上述几个基本经济制度的支撑，政府事实上已经为有效调节居民收入分配打造了良好的基础：

——在国民收入的初次分配层面，政府拥有了一套可直接对城乡居民收入实施有效调节的手段。手中有了直接控制农民和城市职工收入分配的强有力的"权"，政府便可分别在农村和城市，进而在全国范围内有效地调节居民收入分配状况。

——在国民收入的再分配层面，政府拥有了一大笔可对城乡居民收入实施再分配、进行第二次调节的资源。手中有了经过多个环节和渠道汇集起来并转移到政府手中的比较充裕的"钱"，政府便可利用转移支付对贫困地区和弱势群体实行有效的救济和援助。

处在如此的背景下，政府自然可以按照当时的经济社会政策将居民收入分配控制在比较理想的"公平"状态，居民收入的分配状况也自然可以尽在政府的掌握之中。

---

① 事实上，1956—1977 年，我国只进行了三次小幅度、小范围的工资升级工作。

这样一种国民收入分配机制在改革之后发生了变化。

我们的改革是从农村开始的。始自 20 世纪 70 年代末的农村的改革，除了实行联产承包责任制之外，另一个重要的内容就是提高农副产品的收购价格。随着农副产品收购价格的数度提高，农民出售给国有商业部门的农副产品价格同其市场价格（影子价格）之间的距离缩小了。后来，又废除了农副产品的统购统销制度，农民出售农副产品的渠道市场化了，其价格同市场价格"合二为一"了。这时，便出现了两个问题：其一，政府失掉了对货币流向农民家庭"口袋"闸门的控制权。农民每年能够获得多少收入，其手中又握有多少收入，在相当程度上取决于市场而不是取决于政府了。其二，城市居民不再能以低价购买到农副产品，生活费用上涨，工业部门的劳务投入成本也因此上升了。政府将高额利润汇集到国有工业部门的基础动摇了。

20 世纪 80 年代初，改革的重点转向城市。城市的改革主要是两个内容，一是扩大企业自主权，其中主要是扩大财权。另一是给企业减税让利。在手中拥有了可自主支配的"权"并且呈上升势头的"钱"之后，企业的一个本能反应，就是给职工增加工资。先是制度外的各种奖金、补贴增加了，继而制度内的工资也增加了。再到后来，随着增加工资奖金的浪潮扩展至了行政事业单位，八级工资制名存实亡了。这时，政府既失掉了对货币流向城市职工家庭"口袋"闸门的控制权，又失掉了在城市地区实行低工资制的凭借。

至于工业品的计划价格制度和财政统收统支体制，亦随着市场化的改革进程而相继退出了历史舞台。工业部门不再能获得高的利润了，政府也不再能通过国有工业部门的途径获得比较充裕的财政收入了。

事情一旦走到这一步，在国民收入的初次分配层面，政府事实上已经失掉了实施调节的手段和基础；在再分配层面，政府事实上也失掉了实施调节的资源。既没有了可用于调节的"权"，又缺少了可用于调节的"钱",政府当然不再能像过去那样有效地控制国民收入分配的流程,居民收入的分配状况便不再能像过去那样掌握在政府手中了。

如果随着旧的调节机制的离去,新的调节机制能够建立起来并替代旧的机制发挥作用,国民收入的分配格局还不至于完全处于失控状态。但是,可能是基于提高效率或其他别的方面的考虑,在当时的背景下,政府实际上选择了容忍不平等程度增加,并且,寄希望于通过由此换得的经济增长自动解决不平等问题的政策(王绍光,2001)。其典型的做法就是,允许或默认各个人、各单位(部门)和各地区自行"创收",自己解决自身的收入问题。于是,作为看似奇特、实则必然的经济现象,在中国这块土地上,逐渐形成了一种可称为"各顾各"——带有"八仙过海、各显神通"特色的收入分配机制。

"各顾各"在个人身上的体现,便是拥有不同人力资本含量和不同劳动生产率的个人,分别按照个人贡献的大小获得报酬。并且,拥有不同经济资源和不同政治资源的个人,分别凭借各自的优势或特权聚敛财富。人与人之间在人力资本含量和劳动生产率的差异,在使得一部分人先富起来的同时,亦拉开了个人间的收入差距。从改革初期的价格"双轨制"[①]到20世纪90年代大规模瓜分国有资产[②]进入更为实质性的阶段,以及腐败现象的进一步普遍化,一部分人牟取了大量的"不义之财",开始并加剧了财富向少数人或社会群体积聚的势头。

"各顾各"延伸至单位(部门)那里,其表现,便是各自动用经济的或行政的手段介入分配。如果是企事业单位,处于垄断行业

[①] 例如,作为20世纪80年代中期"官倒"的延伸而在80年代末90年代初形成的所谓"价差、汇差、利差、税差",实际上成了一部分人在生产资料、金融和房地产市场进行倒买倒卖活动中牟取财富的实现形式。

[②] 20世纪90年代,特别是90年代中后期以后出现的所谓"圈地运动"和随着企业改制的名义"滞后"、实际"暗箱推进"而出现的瓜分国有资产现象,便是两个突出的例子。

的，便会在极力维持垄断地位的同时，把其所获垄断租金的一部分以各种不同形式分配给其职工。未处在垄断地位的，则会通过各种合法和非法甚或"打擦边球"的途径，尽可能多地攫取收入并将其所获收入的一部分分配给其职工。倘若是政府机关，则便是权力的滥用。或者向其管理或服务对象搞摊派、搞集资，或者向其管理或服务对象乱收费、乱罚款。由此获得的收入，当然成了为其职工分发奖金、福利的财源基础。于是，伴随着各个单位（部门）围绕抢占收入分配制高点而展开的竞赛，不同单位（部门）职工之间的收入分配差距由此形成并拉大了。

"各顾各"波及各个地区，地方保护主义、地区封锁、"跑部向钱"等有违市场经济发展规律的现象便盛行起来。再加上使城乡劳动力市场人为分割开来的城乡户籍制度和对农村的税费制度，既进一步拉大了不同地区之间经济发展水平的差距，也人为强化了不平等的竞争环境，使得不同地区之间特别是城乡之间的居民收入水平差距悬殊。

几乎是与此同时，中国的分配理念也悄悄发生了变革。传统的、在人们头脑中根深蒂固的"按劳分配"原则，尽管并没有在党和政府的文件中被抹去，但实践中已不再居于支配地位。取而代之的是从西方社会传入的"按要素分配"原则。然而，按要素分配毕竟不同于按劳分配。其最根本的特点在于，参与分配、有资格获得生产成果分配权的不只是劳动。除此之外，起码还有资本（资金）、土地和企业家才能三个生产要素。一旦除劳动之外的其他生产要素加入分配过程，那么，无论在城镇还是农村，居民收入的分配状况便取决于每个人所拥有的生产要素数量的多与少及其价格的高与低。这就是说，由于人们所拥有（或继承）的生产要素的差别，按要素分配原则决定的收入分配状况，肯定高低悬殊。而且，差距越来越大。

一方面是"各顾各"——带有"八仙过海、各显神通"特色的收入分配机制形成并在国民收入分配中发挥作用，另一方面是

"按要素分配"取代传统的"按劳分配"而成为居支配地位的分配原则,处于如此环境中的居民收入分配,怎么能不产生悬殊的差距?

再进一步,在处于转轨过程中的政府部门始终没有找到切实有效的调节措施去应对新的国民收入分配局面的条件下,居民收入分配的差距又怎么能不被日益地拉大?

三 当前居民收入分配差距的三个特点

从这些年来中国居民收入分配差距产生并拉大的历程的回顾中,可以看出,中国当前的居民收入分配差距具有三个明显的特点:

其一,当前的居民收入分配差距是在政府分配政策的导向下产生并拉大的。

从改革之初一直到20世纪90年代末期,中国政府所实行的有关收入分配问题的政策,实际上是定位在"放任"或"容忍"基调之上的。先是"允许一部分人先富起来,以先富带后富",后来,又提出了"效率优先,兼顾公平"。其基本的出发点,无非是以收入分配的差距来换取较快的经济增长,从经济的增长当中自动缓和收入分配的不平等。根据这样一种政策行事的各级政府,在长达20多年的时间里,几乎没有在调节收入分配差距方面有任何实质性的作为。而是眼睁睁地看着差距一天天拉大,唯恐走上平均主义的老路。就此而论,中国当前的居民收入分配差距,从其产生到逐渐拉大,都是一个有意识的人为设计的结果。

随着时间的推移,特别是到了20世纪90年代末,事实已经开始表明,经济增长本身并不能自动解决不平等问题,相反,收入分配差距的拉大会妨碍市场化改革和未来经济的长期增长(王绍光,2001)。这时,尽管政府已经被迫调整原来的政策导向,而采取了一些旨在缓和收入分配差距的措施,但是,一方面,这些措施,面对行驶了20多年的带有拉大收入分配差距之势的惯性颇强的列车，显得极其力不从心；另一方面，有着实行了20多年的"放任"或"容忍"政策历史的政府部门，亦不可能一下子掉转方向，而须有一个心理和行为的调整期。所以，居民收入分配差距的进一步拉大，便在所难免了。

其二，当前的居民收入分配差距是在政府"角色"扭曲的过程中产生并拉大的。

如果将政府比喻为"家长"的话，那么，计划经济年代的政府便是一个"名副其实"的家长。它可以集政府和企业于一身，把几乎所有的社会资源集中到自己手中，在全社会范围内通盘考虑、统筹安排整个资源的配置状况。因此，在那个时候，作为家长的政府部门，心中盘算、谋划的是全体社会成员的日子。政府行为的立脚点或出发点，无论在理论上还是实践上，都是能够覆盖包括城乡居民和企事业单位在内的所有社会成员利益的。

当旧的资源配置格局被打破，新的以市场为基础的资源配置格局逐步凸显，政府取得的财政收入占GDP比重日益下降的趋势形成之后，也许是"角色"上的物极必反所致，在不少场合和不少地区或不少特定背景下，政府部门行为的立脚点或出发点，开始转向追求本单位、本部门或本地区利益的轨道上来了。这些年来，可以经常见到的一个景象是，在许多政府部门那里，站在全局的立场上和从宏观的层面上考虑问题的人少了，心中盘算、谋划本单位、本部门或本地区的"小日子"的人多了。甚至，在"各顾各"的收入分配机制作用下，为数不少的政府部门行为，已经偏离了公共利益的轨道，而异化成了集追求公共利益和自身利益为一身的混合体。

正是由于政府的"角色"被扭曲了，居民收入分配差距产生并拉大的现象自然很难被顾及，调节居民收入差距的事项当然亦很难被提上议事日程，须以割舍本单位、本部门既得利益（如行业垄断、地区封锁以及非规范性收费）为代价但对解决分配不公问题有实效的改革举措,更是很难获得通过或被采纳。

其三,当前的居民收入分配差距是在体制转轨时期的"制度真空"状态下产生并拉大的。

前面已经看到,在计划经济的体制环境中,无论是国民收入的初次分配和再分配层面,我们都曾有过一套非常有效的可对居民收入分配差距实施调节的机制。这套机制随着市场化的改革进程逐渐削弱了,不复存在了。与市场经济相适应的新的规范化的收入分配机制,又始终没有真正建立起来。由此形成的"制度真空"——缺乏甚或没有相应的制度规范,在相当程度上使得中国的收入分配陷于"失控"境地。

说得具体一点,当前中国居民收入分配领域的不平等,在国民收入的初次分配层面,主要表现为"分配不公"。在再分配层面的表现,主要是"差距过大"。其实,"分配不公"也好,"差距过大"也罢,都是"制度真空"的必然产物。比如,"分配不公",主要指的是由机会不均等产生的非正常收入差别。而机会之所以会不均等,显然是由于市场经济秩序不完善以及政府动用行政权力对企业和个人的经济活动滥加干预和管制造成的。"差距过大",主要指的是收入分配差距超过了社会所能认可的程度。这显然又是由于既有制度框架中的再分配机制"缺位"以及政府始终未找到切实有效的调节措施造成的。

有关收入分配的运行既然是缺乏甚或没有章法的,涉及收入分配的秩序既然是极为混乱的,包括城乡收入差别、地区收入差别、行业收入差别、不同所有制单位收入差别和高低收入者阶层收入差别在内的各种居民收入差别的产生和拉大,也就不足为奇了。

四 几点结论

关于收入分配问题的思想进程至此,似乎应当对本文的讨论做出一些结论。

1. 收入分配差距，作为市场经济体制的必然产物，显然要与我们长期相伴了。但是，如果说适度的收入分配差距有利于促进竞争、提高效率的话，过大的差距，则会带来诸如贫困、社会冲突、低收入者得不到发展与改善自己处境的机会等一系列后果。搞不好，还会引发社会动荡，妨碍整个经济社会的稳定发展。事实上，我们当前所遇到的许多矛盾，都同收入分配差距的过大有直接关系。甚至，有些矛盾，本身就是收入分配差距过大的直接结果。所以，我们在继续坚持效率优先的同时，必须注重公平。把公平作为一个十分重要的政策目标，全力加以追求。

2. 解决中国当前的收入分配问题既难，又不难。说其难，是因为，它要牵涉各方面既得利益格局的调整，特别是政府部门既得利益格局的调整。古今中外，举凡牵涉既得利益格局调整的事项，历来都是十分困难的。在中国这样一个有着几千年封建历史，并且，政府部门对于整个经济社会的运行拥有极大权力的国度，要调整政府部门的既得利益格局，其可能遇到的困难程度，便更是可想而知了。说其不难，是因为，它无须走出多远，在政府自己的家门内，即可完成相当的工作。更何况，我们的政府是在共产党领导下的、始终以广大人民群众的根本利益为最高利益的政府。为了求得国家的长治久安，为了实现整个经济社会的稳定发展，主动地割舍一些个人的、单位（部门）的、地区的既得利益，无论从哪个方面讲，都是一件必须去做、应当去做也不用花太多的气力即可做好的事情。

3. 以规范政府行为为主要线索解决中国当前的收入分配问题，其主要的方面，在于如下三条：调整政策、端正角色和健全制度。所谓调整政策，就是变"放任"或"容忍"为积极地介入国民收入的初次分配与再分配。尽快动用一切可以动用的政策手段，将收入分配差距控制在社会所能认可的范围内；所谓端正角色，就是坚持以社会公共利益的极大化为政府部门的唯一行为动机。立即采取所有可以采取的措施，剥离掺杂于政府部门行为中的自身利益因素，使其行为真正走上与其角色相符的轨道；所谓健全制度，就是建立、完善与市场经济相适应的收入分配机制。迅速施行各种可以施行的方案，全面清除体制漏洞，规范市场经济分配秩序，铲除行政权力对资源配置的过度干预。以此为基础，重建中国的国民收入再分配机制。

4. 解决中国当前的收入分配问题，当然要启用一系列的再分配手段，但不宜对再分配机制期望过高。相对而言，打造初次分配的公平基础更为重要，解决初次分配层面的"分配不公"更加迫切。这不仅是由于导致中国当前居民收入分配差距过大的主要原因，在于初次分配层面的"分配不公"。而且，更重要的考虑在于，我们所追求的社会主义市场经济条件下的公平，是竞争机会的公平，是效率基础上的公平，而绝不是竞争结果的平等。只有将"分配不公"的问题解决好了，将初次分配的秩序规范化了，再分配层面的各种调节手段才能乘势而上，"差距过大"的状况也才有可能切实得以缓解。

5. 在市场经济的框架内，财政税收天然地具有调节收入分配的各种有利条件。政府既可通过税收大规模地介入 GDP 的分配过程，如征收累进的所得税、高额的消费税，把高收入者的一部分收入集中到政府手中。政府也可通过转移支付将从高收入者那里征集的收入，再分配给那些需要救济的低收入者。在当前的中国，充分地利用财政税收手段，深入地挖掘财政税收"潜能"，是在再分配层面解决收入差距问题的一条极好的通道。就这个意义讲，财政税务部门责无旁贷，财政税收政策任重道远。

主要参考文献

袁志刚、乔延清：《中国居民收入差距问题研究与政策建议》，《专家通讯》2001年第 10 期。

马洪：《中国经济事典》，中国社会科学出版社 1982 年版。

孙立平：《两极分化：市场与权力的双动力》，《改革内参》2001 年第 19 期。

高培勇:《市场经济体制与公共财政框架》,《税务研究》2000年第3期。

王绍光:《收入不平等的政治影响》,《改革内参》2001年第18期。

(原载《财贸经济》2002年第1期;

《新华文摘》2002年第4期)

通货紧缩下的税收政策选择

——关于当前减税主张的讨论

早在1998年间,虽然那个时候人们对于我国是否出现通货紧缩还有颇多的争议,在政府积极采取各种政策措施提高经济活动水平的声浪中,已曾有过减税的主张。进入今年以来,随着零售物价持续走低,消费需求不足,经济增长减缓,越来越多的人得出了中国经济进入通货紧缩阶段或存在通货紧缩趋势的判断。于是,在中央决定进一步加大积极财政政策的实施力度,并为此出台了一系列配套措施之后,关于政府应当减税的呼吁之声,再一次扑面而来。现在看来,在当前的中国,一个不容回避的问题是:面对严峻的通货紧缩形势,我们究竟需要实行怎样的税收政策?

一 减税:应有一个严格的界定

从严格的意义上讲,减税指的是通过调整或改变既有税制而减少政府税收,从而降低企业或居民税收负担的一种税收政策。这里包含三层意思:第一,它要通过规范化的调整或改变税制的行动——如削减税种、下调税率、缩小税基——加以实现,而非由那一个领导人或那一级党政部门说了算的非规范化的行政性行为。第二,它是着眼于长期的制度性安排,而非立足于短期的权宜之计。第三,就短期而言,它的直接结果是政府税收总量或企业和居民税收负担的减少,或者,起码是政府税收占GDP比重的下降。

对照一下当前人们有关减税的主张,尤其在具体的操作层次上，可以发现，其中的许多议论，不在上述意义的减税之列，或者，与上述意义的减税不那么相匹配。

第一，迄今为止，我们所见到的有关减税的主张，多带有非规范化的行政性色彩，而未将减税视作一种规范化的制度性安排。比如，有主张政府对生产经营困难的企业给予临时性减免税的，也有主张对企业投资实施所得税抵扣的，还有主张对国家产业政策鼓励的投资领域给予适用于外资的优惠政策的，甚至有主张给予企业缓缴税款照顾的，等等。至于如何实施这些减免，较多的提法是它具有较强的操作上的灵活性（如国家计委课题组，1999）。也就是可由政府斟酌使用，因地因时制宜。注意到这一点，极易使我们想起1994年前曾经弥漫全国的减免税之风。那一时期的经验教训，我们至今仍然记忆犹新。应当指出，把减免税作为政府调节经济社会发展的工具来使用，符合市场经济发展的规律。但是，它的操作必须在既有税制的框架内进行或者通过调整或改变既有税制的途径去实现，而不能跃出这一框架或置规范化的程序于一边。否则，在现时的国情背景条件下，很可能引发新一轮的随意减免税浪潮。所以，即便我们必须选择减税，减税的操作也应当纳入规范化的轨道。切不可为了一时的需要而重蹈历史覆辙，给长期的改革发展造成障碍。

由此可以得到两点富有深刻意义的推论：其一，在既有税制的框架内，通过加强征管、堵塞漏洞、清缴欠税、惩治腐败的行动而实现的税收增长，不属于增税。其二，同样的道理，在未调整或改变既有税制的情况下，听凭偷漏税和欠税的现象蔓延而不采取积极的行动加以阻止，亦不等于减税。

第二，尽管在具体的操作方案上有所不同，有关减税主张的基本着眼点是一致的。这就是，通过政府减税的行动增加企业和居民的可支配收入，进而刺激投资和消费，带动经济增长。问题在于，税制的变动非同小可，一旦实行，便须不只是立足于短期的权宜之计。把减税作为一种反经济周期的工具究竟是否是有效的选择，取决于我们对今后经济走势的判断。如果我们将通货紧缩视作一种长期的经济现象，那么，减税的安排，便是可以接受的。但如果通货紧缩只是短期与我们相伴，从长期来看，通货膨胀仍会再现并成为我们的最大威胁，那么，减税便不是适当的选择了。再进一步说，经济的周期性波动是不可避免带有规律性的现象，有所变化的只是它的频率和程度。把税制的设计同经济的周期性波动捆绑在一起，税制本身所应具有的相对稳定性便失去了。这就如同财政赤字弥补方式的选择：举债可以弥补赤字，增税亦可达到弥补赤字目的，但鉴于赤字的发生通常属于短期现象，并非经济生活的常态，加之其规模、频率不易把握，我们往往选择具有可调节性的举债而不是相对稳定性的增税方式去解决问题。把减税用作反周期目的，其所带来的效益和成本情况如何，恐怕不能不进入我们的视野。所以，即便我们必须选择减税，减税的实行也应当作为一种长期战略，致力于制度的创新。短期措施，特别是一些应急措施，不应使长期的制度结构调整目标或受损受挫。

顺便说一句，20世纪80年代美国里根政府的减税政策以及由此带动的世界范围内的减税浪潮，绝不是作为短期的应急措施，而是基于长远的考虑——创造有利于私人投资的制度环境——而制定和出现的。相反，出于反通货膨胀的需要，我国在1994年税制改革时所形成的对投资课以重税的税制架构，则显然带有短期的性质。到了今天，当通货膨胀为通货紧缩所替代时，它便成为一种不合时宜的政策而不能不加以改变了。

第三，有关减税的主张，大都辅之以减税非但不会减少税收反而会增加税收的理论判断。然而，撇开减税究竟能够产生怎样的长期效应不论，无论如何，它的实行肯定要伴随以现时政府税收的减少。静下心来仔细看一下我国税收的现状，便会发现，这几年来，尽管我国税收的绝对额一直呈增长态势，但其相对额——税收占GDP的比重——始终没有走出偏低的怪圈。1998年，在付出了九牛二虎的努力之后，全国各项税收之和（9262.8亿元）占当年

GDP（79553亿元）的比重，也不过11.6%多一点儿。这样的宏观税负水平，不要说同西方的发达国家比，就是同多数的发展中国家比起来，也是相当低的了（高培勇，1999a）。更何况，中国政府所担负的职能之多又几乎是世界上其他任何一个国家所不能比的。倘若在这样的条件下实行减税，对于它所带来的现时税收效应，首先要找到妥善的应对方案。所以，即便我们必须选择减税，也应当在税收拥有可调节余地或能同时削减政府支出的前提下实行。不能因寄希望于未来的税收增长而忽略现时的实施基础。

二 理想与现实的抉择

单纯说到减税，恐怕没有人不赞成，亦无人会反对。在任何时候，我们总是期望企业和居民承受的税收负担能够降低到最低的限度。但是，一旦将减税同政府的财政支出或政府所担负的职能联系起来，关于减税的话题便不能不审慎起来了。

从改革开放的那一天起，怎样度过每年的财政困难，便一直是我们的热门话题。往前看，财政收支的紧张状况非但不会缓解，反而有进一步加剧的势头。在当前的形势下，起码有几个方面的支出变化，是必须注意到的：

第一，支持国有企业改革支出。当前国有企业改革和发展面临的困难，已经成为全党和全国人民关注的焦点。如不尽快采取切实有效的措施加以解决，将危及整个经济体制改革的成功和经济社会的稳定发展。不过，应当看到，问题的解决，最终仍是要以财政拿钱为条件的。从《中共中央关于国有企业改革和发展若干重大问题的决定》（1999）所作的一系列战略部署来看，不仅加快国有企业技术进步和产业升级要由财政给予贷款贴息支持，做好减员增效、再就业和社会保障工作要由财政给予资金保证，从国有企业分离出来的社会职能要由财政承接下来，就是为解决因负债过重而陷入困境的国有企业问题而实行的所谓"债转股"，同样要由财政出面担保。可以预见，随着这些措施的逐步到位，财政支出将可能呈现跳跃式的增长。

第二，债务支出。与世界各国的通行做法有所不同，我国的债务支出完全是依赖举借新债作为资金来源的。即是说，不仅到期国债的还本支出要靠发行新债解决，而且，本应列入经常性财政支出项目的国债利息支出同样离不开新债的发行。在预算的安排上，债务支出及其对应的那一部分债务收入，亦被放在了正常的预算之外，成为有别于经常性预算、建设性预算的所谓"第三预算"——债务预算。由此带来的一个直接结果便是，每年的债务支出越滚越大并引发了国债发行规模越滚越大的恶性循环。从表面来看，似乎债务支出可以因此脱离每年的财政预算，而同与其对应的那一部分债务收入一起成为一个独立的自我循环系统。但是，脱出表面现象的局限而深入它的实质内容，就会发现，没有相应的以税收为主体的财政收入做后盾，国债的发行便如同失去了根的树木，其自身是没有能力生存下去的。严峻的事实在于，这几年，债务支出自身的膨胀加上以增发国债为扩大财政支出铺路的所谓积极财政政策的推行，我国国债的发行规模已经占到 GDP 和中央财政支出的相当比重。1998 年，这两个比重数字分别为 8.29%（6591 亿元/79553 亿元）和 76.90%（6591 亿元/8571 亿元）。如此规模的国债发行以及政府财政和整个经济社会运行对国债发行的日益严重的依赖，表明国债发行的意义已经远远超出其本身（高培勇，1999b）。能否保证每年把既定规模的国债顺利地推销出去，将越来越成为牵涉国家政治稳定和经济发展的一件大事。

第三，国防支出。尽管和平与发展仍然是当今世界的主流，但发生在今年以来的南斯拉夫科索沃危机和我国台湾地区台独势力日益猖獗等一系列事件告诉我们，国际形势并不太平，我国的周边环境亦不容乐观。面对严峻的挑战，我们只能选择走增强自身实力的道路。其中，最为重要的就是加强国防建设。国防建设的加强，当然要以财政支出的相应增加为条件。而且，从我国目前的国防建设基础以及它所应达到的目标看,今后几年,这笔支出的增长幅度,可能不会是一个小数。

第四,科教支出。相对于其实际需要和世界各国的平均水平而言,我国对科学教育事业的财政投入历来不足,欠账颇多。时至今日世纪之交,我们连1993年《中国教育改革和发展纲要》所制定的"财政性教育支出本世纪末达到4%"的目标都实现不了。甚至,同这个目标的距离还在进一步拉大之中。随着知识经济时代的到来和科技竞争、人才竞争的日趋激烈,这些年来,要求增加科学教育经费支出的呼声始终不绝于耳,决策层和财政部门为此承受的压力越来越大。事情一旦走到这一步,科学教育支出的增加实际上已经势在必行,非做不可。新一届政府组建以来,财政对科学教育事业投入的逐年加大。按照目前的势头发展下去,再加上政府为启动经济而采取的诸如扩大高校招生规模等举措的影响,财政用于科学教育事业的支出,将会有进一步的较大规模的增长。

诸如此类的支出项目,还可列出许多。当然,也不是完全没有压缩支出的余地和可能。比如行政管理费支出,就属于应当压缩之类。但是,无论如何,同上述几个方面支出的增长势头比起来,就整体的支出情况而言,肯定是有增无减的。

笔者花了浓重的笔墨描述当前中国财政面临的严峻形势,意在说明一点:在税收的作用空间相当狭小的条件下勉强减税,而同时财政支出不减甚至直线上升,其所带来的结果将不外有二:或是被迫加大举债规模以填补减税后的收入"空缺";或是难以为继而不得不中途转向。再进一步,不论出现上述哪一种情形,都将对我国整个经济社会的稳定发展构成威胁。

三 不可高估减税对于启动经济的作用

正如当前人们普遍存在着对宏观经济政策作用的过高估计一样,在税收政策上,也有高估减税可能发挥的启动经济作用的倾向。或许应当将减税主张置于现时的国情背景下，从以下几个角度重新加以审视。

在凯恩斯之后，关于政府干预经济可以熨平经济周期、消除经济波动的说法，曾一度不胫而走。后来的事实虽然表明这至多只是人们的一种企盼，但在不少场合还是能听到高估政府干预作用的议论。当来自东南亚的金融危机开始波及我国时，便有了动用货币政策扩大货币供给以使中国经济免受连累的强烈企盼。当货币政策显得力不从心，中央决定实行积极的财政政策，通过加大政府对基础设施的投入来启动内需之后，又出现了中国经济可以从此走出低迷的乐观预期。当见到以增加政府支出为主要着力点的财政政策未能如人们所期望的那样相应拉动消费需求，通货紧缩的趋势有增无减，关于政府只重支出不重收入或支出和收入政策自相矛盾的抱怨之声便沸沸扬扬了。甚至有了"跛足财政政策"的指责。似乎只要政府实行的宏观经济政策适当，我们便可以一下子摆脱通货紧缩的困扰，重归前几年的经济增长之路。看起来，人们对于这次经济波动的必然性和严重性，多少缺乏一点儿心理准备。黄达教授最近的研究表明（黄达，1999），经济自身不存在无波动增长的可能性，经济自身种种导致波动的力量并不能由人的操作而使之对消。认识到这是一条客观规律，我们对于减税的期望值似应同经济波动的周期性挂起钩来：无论政府实行的宏观经济政策如何，包括减税在内的各种政策手段，至多只能减缓而不能最终消除经济波动。此其一。

一年多以来的宏观经济政策实践，使我们对现时中国经济形势的复杂性有了不少新的认识。其中的重要一条，就是当前中国的通货紧缩不同于一般意义上的通货紧缩。通常见到的通货紧缩，是在既有制度的框架内、伴随着经济运行的周期性波动而出现的一个带有规律性的现象。当前中国的通货紧缩，则是在经济体制的变革过程中发生的。除了具有一般意义通货紧缩的基本特征之外，它还存在制度预期的不确定性。因此，简单操用适用于对付一般意义通货紧缩的办法来解决中国当前的问题，可能很难奏效。比如，按理说，政府增加支出——特别是增加用于工资性的支出——之后，居民的可支配收入肯定会有不同程度的增长。手中的钱多了，总要拿出一部分——不论这个比例有多大——用于增加消费，而不应把增加的钱全部存起来，一分不花。甚至为了多存一些，把原有的一部分收入也贴进去。但是，环顾一下我们周围的人们，看似反常的现象偏偏出现了。无论政府如何增加支出，消费的启动总是犹如雾里看花——千呼万唤不出来。究其原因，恐怕同生活在改革年代的人们对于未来改革预期的不确定性直接有关。人们虽然看到了收入在增长，但同样看到了改革在向纵深发展：住房要自己掏钱买了，子女上学要自己交学费了，而且，今后的养老、就医情况，也是一个未知数。与此同时，对于未来收入的预期又普遍倾向于看低。不确定的收支预期，再加上中国人的审慎传统，必然决定企业和居民要自行紧缩。处在这样的背景下，政府宏观经济政策的效应自然要打折扣。增支的办法尚且如此，减税的作用机制就更为间接了。减税固然可以增加企业和居民的可支配收入，但可支配收入增加后有多大的比例会被用之于增加投资和消费，可能要打一个不小的问号。此其二。

从总体上说，减税主张的理论依据，不论是引证凯恩斯的需求调节论，还是出自供给学派的学说，都是植根于西方国家的税制结构的。众所周知，西方国家的税制结构基本上是以所得课税为主体。这些年虽然有加大流转课税比重的倾向，但税制格局并无大的改变。所得课税的特点之一，就是适合作为政府调节经济的工具来使用。不管是所谓的"自动稳定器"，还是"相机抉择"的税收调节，抑或坚持减税不会减少反会增加税收收入的"拉弗定理"，都主要是凭借所得课税的机制来发挥作用的。我国现时的税制结构则与此完全不同。1998年，增值税、消费税和营业税三个税种的收入便占到了整个税收收入的近70%。以流转课税为主体的税制结构，相对于所得课税来讲，是不那么适合于作为政府调节经济的工具的。道理非常简单：它是间接税，作用机制迂回、间接，税收的最终归宿不易把握，等等。因此，曾经在20世纪80年代不少西方国家中收效显著的减税政策，如果与中国现时的税制格局结合起来，其可能产生的功效同我们寄予的期望相比，恐怕会有相当的距离。此其三。

从经济波动的周期性到当前中国通货紧缩的特殊性，再到中国现时的税制格局，似乎可以明确这样一点：我们固然不应排除减税对于缓解当前中国通货紧缩所能发挥的作用，但如果将这种作用同我们因此付出的成本——如财政困难的加剧及其对经济社会发展所可能产生的威胁——相挂钩，仔细地算一算效益与成本的比较账，减税将很可能是得不偿失之举。

四 税收政策的选择应着眼于其自身特点

把上述几个方面的分析综合在一起，顺理成章的结论便是：瞻前顾后，在当前的中国，我们不宜也无法选择减税。

不过，说当前不能实行减税，并不意味着税收政策不能在治理通货紧缩方面有所作为。相反，作为政府实行宏观调控的重要手段之一，税收历来有其独到的作用机制和特殊的作用领域。那么，当前我们究竟能够做些什么？

其一，换一种思路，把税收政策的主要着眼点转到制度创新的轨道上来。面对通货紧缩，税收政策以及据此做出的税制安排必须进行相应调整。但是，考虑到市场经济运行的规律性和我国正处于体制变革时期的特殊性，我们可能不应当沿用以往的思路，即主要依靠不断加强政府的作用来解决问题。随着经济形势的变化而对税收制度修修补补，力图使其适应政府干预经济的需要，可能不是税收政策的长处所在和主要的作用领域。作为一种规范性很强的政策手段，税收的调节主要不应是相机抉择式的，而应当是具有相对稳定性的。正如我们在对国有企业的资金支持方面通常强调"桥归桥，路归路"——不宜采用减免税办法，而应通过财政补贴途径——一样，在治理当前的通货紧缩问题上，税收政策和支出政策亦应各有侧重。凡属于相机抉择式的、带有短期应付色彩的调节事项，可以主要交由财政支出政策去完成；凡属于制度变革性的、作为长期战略确立的调节事项，则须纳入税收政策的作用领域。也就是说，税收政策应主要致力于制度创新，为市场经济的发展和国民经济的稳定增长营造一种良好的税收制度环境。

其二，在现有税收规模不减甚至有所增加的前提下，对现行税制作局部性的调整。应当看到，我国现有的各种制度，基本上都是在短缺经济条件下形成的，它们的主要倾向，都是约束消费和抑制投资（李扬，1999）。税收制度当然也在其中。虽然我们在税收总量上的调节空间狭小，但这并不排除对其进行局部性调整、使其走上刺激投资和消费或起码不至于对投资和消费需求起抑制作用道路的可能性。仔细地研究一下我国现行税制的各种安排，就会发现，在这个方面，我们要做的事情的确不少。比如，改生产型增值税为消费型增值税，以提高企业更新改造和扩大投资的能力；变对不动产销售和建筑安装业课征营业税为增值税，把企业目前承受的相对较重的投资负担降下来；适当减轻以小汽车为代表的在过去视作奢侈品、现在可能成为新的经济增长点的产品的消费税税负，以刺激对这类产品的消费需求；尽快统一内外资企业适用的税制，为包括国有企业在内的所有企业参与公平竞争铺平道路，如此等等。通过对我们的税收法律、法规、政策以及散见于各个经济管理部门和各级政府的浩如烟海的有关税收的规定进行一番全面而系统的清理，我国的税制格局，将很可能利用这次契机而朝着有利于市场经济发展和经济稳定增长的"优化"目标迈进一大步。

其三，把减税的意图纳入"费改税"进程，通过规范政府收入机制的安排加以实现。需要注意到这样一件事情，去年当我们经过艰苦的努力终于完成增加税收1000亿元的任务之后，社会上便有税负增加的反映。今年以来，特别是随着提前实现增税1000亿元目标报道的发布,对政府增加企业税负的抱怨声更有上升之势。严格说来,这两年的情形都不能算作政府的增税之举。因为,按照前述的道理,只要未调整或改变既有税制,在既有税制的框架内所进行的任何加强征管、堵塞漏洞的行动,尽管其结果是税收的相应增加,均不属于增税。但是,企业的参照系并不是既有税制,而是以往的税负。在它们的眼中,只要今年比去年或前年缴纳的税款增加了,就是增税。所以,站在企业的角度并从实际的数字看,这两年,企业税负确实有加重之嫌。

更深一层看,目前我国企业特别是国有企业的负担,除了规范性的税收之外,来自政府部门的各种非规范性的收费占了相当大的份额。而且,相比之下,后者大于前者。从某种意义上讲,我们在过去之所以能够容忍相当规模的欠税、偷漏税现象出现并蔓延开来,是以相应的收费能够作为弥补政府支出缺口的补充来源为前提的。在企业的"费负"未变且仍有增加之势的格局下,来自税收方面的任何加强征管、堵塞漏洞的行动——这当然是必需的——都会随其实际"税负"的单方面增加而使企业的总负担因此加重。照着如此的趋势演化下去,且不说投资和消费需求的增长是一句空话,国有企业的改革与发展也会因此而面临更大的困难。认识到这一点,如果确认当前我国企业负担的沉重并非"税负重"而是五花八门的"费负重",我们首先要做的事情,就是尽快启动"费改税"的进程。并且,从规范政府收入机制的宏观层次上,将"费改税"同税收制度的调整结合起来,通盘考虑政府的收入规模和企业和居民的负担水平(高培勇,1999c)。政府的收入机制规范化了,企业和居民的负担水平自然会相应减下来。换言之,其他国家一般要通过减税来达到的目的,在当前的中国,可以通过规范政府收入机制的途径去实现。它所产生的政策效应,可能不亚于减税。

主要参考文献

国家发展计划委员会投资研究所课题组:《关于当前民营部门投资的两点分析》,《经济活页文选》1999年第16期。

高培勇（1999a）:《促进经济增长：可否选择减税?》,《人民日报》1999年1月18日。

《中共中央关于国有企业改革和发展若干重大问题的决定》,《经济参考报》1999年9月27日。

高培勇（1999b）:《应当怎样看待当前中国的国债规模》,《经济活页文选》1999年第10期。

黄达:《冷静思考经济紧缩带来的启示 重新审视我们对待经济、金融问题的思路》,《财贸经济》1999年第8期。

李扬:《通货紧缩：分析与对策》,《经济参考报》1999年7月21日。

高培勇（1999c）:《"费改税"：实质在于规范政府收入机制》,《经济日报》1999年1月25日。

（原载《经济研究》2000年第1期）

中国税收持续高速增长之谜

一 引言

2006年1—9月,全国共入库税款28420亿元,比去年同期增长22.5%。① 照此推算,预计2006年全国税收收入的增长规模,至少会突破7000亿元。从而,在2004年和2005年税收收入增幅连续两年超过5000亿元的基础上,再创新高。"十一五"开局之年税收收入增长轨迹的逐步凸显,一再地向人们揭示了一个重要事实:如果不在税收政策、税收制度等方面做出重大的调整,持续了12年之久的税收收入高速增长现象,仍将在"十一五"时期延续,甚至表现出更加强劲的态势。随着这种影响向宏观层面的其他区域或领域传递,中国的宏观税负水平、税收征管机制、资源配置格局、预算法制建设和公共政策走向等各个方面,都将因此而呈现联动效应,在宏观经济运行以及整个经济社会发展进程中激起更大的波澜。

税收收入的持续高速增长,并非一个新问题。进入21世纪特别是近两三年以来,它一直属于人们议论的热门话题。然而,颇有趣味的是,尽管相关著述不少,但由于观察角度、思维路径以及研究方法等方面的差异,人们所得到的结论却往往大相径庭。总体说来,无论在官方还是学界,迄今都尚未发现能够在较大范围内达成

---

① 转引自《京华时报》2006年10月11日。

共识并具有足够说服力的研究成果。即便深谙税收运行机理、熟悉现行税制格局的专业人士，也常会在有关税收收入增长预期、税收收入增长因素解析等问题上显得力不从心。中国税收收入的持续高速增长，似乎确实是一个不易破解的"世纪之谜"。

作为"十一五"规划的重要议题，新一轮税制改革的全面启动在即。税收政策目标的选择、税收制度模式的设计以及两者的传导机制和有效性，在很大程度上取决于我们对现实中国税收运行规律的认识。所以，对税收收入持续高速增长现象以及相关问题的分析，不仅不容回避，而且变得极其紧迫。笔者以为，只有脱出表面现象的局限，而深入那些形成现实税收收入的要素、环境和条件的制度框架以及政策体系之中，并分析税收收入、税收制度和税收政策之间复杂的生成、制约、适应和促进关系，方能清楚地认识问题的实质所在，从而找到一些可行的应对方略。

基于这样一种认识，本文的分析拟由税收收入同现行税制的关联分析入手，在税收收入增长轨迹同现行税制变动轨迹的联系中，捕捉支撑税收收入持续高速增长的"特殊"因素。以此为基础，操用特殊视角，逐一聚焦由税收收入持续高速增长所引致的若干重大问题，从而得到种种政策判断，提出相关政策建议。

本文并不企望就本文主题做全面而系统的讨论，而仅立足于提供一个分析视角。

进入本文视野的税收收入，除特别提及的之外，均以由税务部门征收入库的全国税收收入数字为统计口径，不含关税和农业五税（农业税、牧业税、农业特产税、耕地占用税、契税），[①] 亦未计入出口退税因素。[②]

[①] 从 2006 年起，随着农业税、牧业税和农业特产税的取消，原有的"五税"减为"两税"（耕地占用税和契税）。

[②] 很显然，完全意义的全国税收收入，应当在此基础上加上关税和农业税收，并减去出口退税。但出于统计数字来源方便以及现行处理方法并不统一等方面的考虑，本文选择了这一口径。但这并不妨碍分析结论的正确性。

二 罕见而特殊的增长轨迹(1994—2005)

中国税收收入的持续高速增长,是从 1994 年开始的。在此之前的很长一段时间,则是另外一番景象——税收收入增长缓慢,占 GDP 的比重逐年下降。因此,我们将考察区间锁定在 1994—2005 年的 12 年间。

1993 年,全国税收收入不过 4118 亿元。1994—1997 年,年均增长 1000 亿元上下。1998 年情况特殊,在严峻通货紧缩形势的挤压中,很不容易地勉强实现了 1000 亿元的增长任务。但是,在 1999 年之后,税收收入便进入了快车道,当年跨越 10000 亿元大关。接下来,几乎是每隔两年便跃上一个高台。2001 年突破 15000 亿元,2003 年突破 20000 亿元,2005 年突破 30000 亿元(参见图1)。

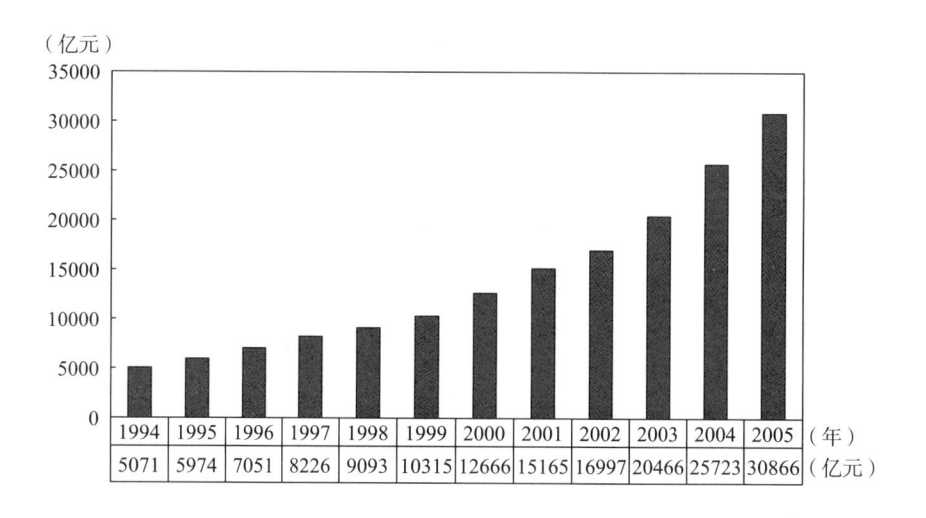

(年)	1994	1995	1996	1997	1998	1999	2000	2001	2002	2003	2004	2005
(亿元)	5071	5974	7051	8093	9093	10315	12666	15165	16997	20466	25723	30866

图 1 中国税收收入的持续高速增长轨迹(1994—2005)

资料来源:《中国税务年鉴(2005)》,中国税务出版社 2005 年版;《中国统计年鉴(2006)》,中国统计出版社 2006 年版。

12年间，税收收入的年均增长率保持在18.35%。①

注意到这种增长轨迹的形成同现行税制的诞生同步发生——1994年的税制改革改写了中国税收的历史，一个显而易见的分析线索便是，将税收收入的增长轨迹同现行税制的变动轨迹——特别是带有增税因素的变动轨迹——联系起来，从12年间现行税制的变动中捕捉支撑税收收入持续高速增长的缘由。然而，当我们循着这一线索，反观过去12年间中国税制格局发生的变化时，却不无惊讶地发现，能够称得上具有增税意义的税制调整事项，只有两个：1999年，对居民个人存款利息所得恢复课征个人所得税；2002年，将车辆购置费改为车辆购置税。但是，且不说同期亦有若干具有减税意义并可产生抵消效应的税制调整事项出台，即便将这两个调整事项所带来的税收收入增量加总求和，在2005年，也只不过500亿元上下。操用如此的边际效应，显然难以解释当年高达5143亿元的税收收入增量和30866亿元的税收收入总量。所以，一个显而易见的判断即是，我们是在现行税制格局基本未作大的调整的背景之下，取得了长达12年的税收高速增长。

将中国税收的持续高速增长现象推至世界税收发展史的平台上，则可以看得更清楚些。纵观几千年的世界税收发展史，尽管也不乏某些国度、在某些历史区间的税收收入呈现跳跃式增长的先例，但是，透过税收跳跃式增长的现象，至少可以发现其背后的两个支撑要素：一是，这些国度、在这些历史区间，一定有重大的历史事件发生。或是战争的爆发导致军费开支激增，或是严峻的自然灾害导致抗灾、社会救济开支激增，从而推动了政府支出规模的急剧扩张。另一是，这些国度、在这些历史区间，一定有重大的税制变革发生。或是增设新的税种，或是提升原有税种的税率，或是拓宽原有税种的税基，从而托起了税收收入规模的急剧上升。由支出

---

① 这12年的增长速度分别为：23.1%（1994）、17.8%（1995）、18%（1996）、16.7%（1997）、10.5%（1998）、13.4%（1999）、22.8%（2000）、19.7%（2001）、12.1%（2002）、20.4%（2003）、25.7%（2004）和20%（2005）。

扩张带动税制变革，再由税制变革带动税收收入增长，可以说是整个世界税收发展史上的一个具有规律性的现象。

中国的情况显然没有那么简单。在过去的12年间，既没有因重大的历史事件所引致的政府支出规模的激增，又没有因政府支出规模急剧扩张而带来的以增税为主要意图的重大的税制变革。可以说，中国税收收入的持续高速增长，是一个难以操用一般规律加以解释的罕见而特殊的经济现象。

三　因素分解：三因素→多因素→特殊因素

对于税收收入的持续高速增长，特别是税收收入增长持续高于同期GDP增长，人们曾经用经济增长、政策调整和加强征管即所谓"三因素"论来解释。甚至，在此基础上，将三因素所带来的支撑税收收入增长效应做了相应分解。即经济增长因素占50%，政策调整和加强征管因素各占25%（金人庆，2002）。

随着2004年的税收收入增幅蹿升至5000亿元，"三因素论"的解释显得相对粗糙了。为了进一步揭示其背后的深刻原因，作为"三因素论"的替代，"多因素论"应运而生。在多因素论下，税收收入的持续高速增长被归结为经济增长、物价上涨、GDP与税收的结构差异、累进税率制度、加强税收征管和外贸进出口对GDP与税收增长的影响差异六种因素交互作用的结果（谢旭人，2006；李方旺，2006）。[①]

相对于三因素论来说，多因素论的分析显然向前跨进了一步，更全面、更细致、更贴近现实。然而，问题在于，持续十几年且在税制基本未变条件下实现的税收收入持续高速增长，毕竟是发生在中国的一个奇迹。要透视这个特殊的现象，只能启用特殊视角。以特殊的思维、特殊的方法、特殊的线索，去描述、归结这一轨迹背

[①] 比较详尽的解释可参见《谢旭人答记者问》，《中国财经报》2006年6月13日。

后的特殊缘由。

那么，究竟什么是支撑中国税收持续高速增长的特殊因素？

将上述的因素逐一过滤并反复比较之后，可以发现，它们都不能归之于中国的特殊因素之列。无论经济增长同税收收入之间的相关性，还是物价上涨同税收收入之间的相关性，抑或 GDP 与税收结构差异、累进税率制度、加强税收征管等因素同税收收入之间的相关性，在世界上都是普遍存在的，均属于一般性而非特殊性的因素。

不过，上述因素对于税收收入持续高速增长的支撑效应，并非等量的。一旦聚焦于诸种因素的效应差异并由此入手，真正可以依赖、真正有点特殊的因素便可一下子浮出水面：中国税务机关的"征管空间"巨大。巨大的征管空间，为中国税务机关加强税收征管的努力带来了税收收入的持续高速增长。

为此引入一对概念，可能是必要的。这就是，法定税负和实征税负（钱冠林，2006）。① 所谓法定税负，就是现行税制所规定的、理论上应当达到的税负水平。所谓实征税负，则是税务部门的征管能力能够实现的、实际达到的税负水平。两者之间的距离，决定于税收征收率。故而，不同于"法定"的税负水平——税基和税率两个因素的乘积，"实征"的税负水平，则是税基、税率和税收征收率三个因素的乘积（高培勇，2002）。

分别以法定税负和实征税负作为计算税收征收率的分母和分子，来自国家税务总局的分析报告表明（许善达，2004），在1994年，中国税收的综合征收率只有 50% 上下。而到了 2003 年，综合征收率已提升至 70% 以上。换言之，在 10 年间，中国税收的综合征收率提升了 20 个百分点。在如此巨大的征管空间内，税收征收率的迅速提升，自然意味着税收跑冒滴漏的迅速减少和税收收入的迅速增长。

---

① 亦可称作名义税负和实际税负。

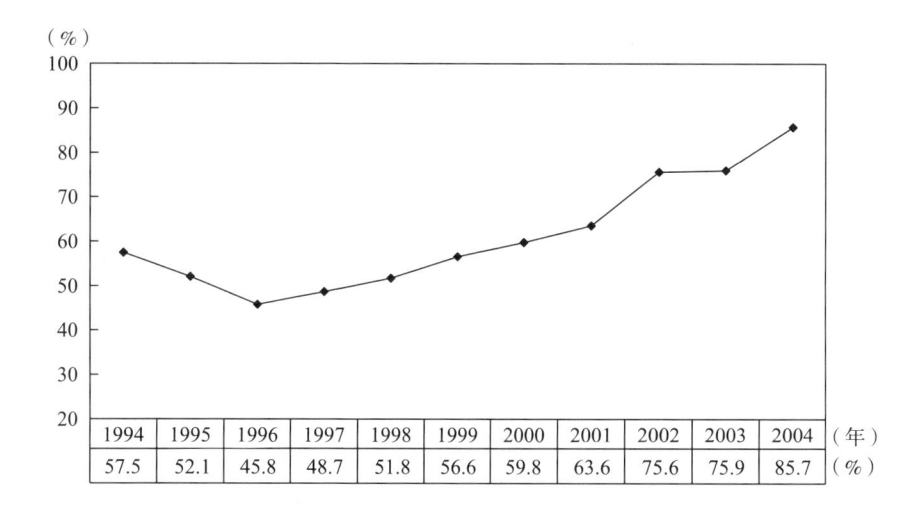

年	1994	1995	1996	1997	1998	1999	2000	2001	2002	2003	2004
%	57.5	52.1	45.8	48.7	51.8	56.6	59.8	63.6	75.6	75.9	85.7

图 2　中国增值税征收率的变化轨迹（1994—2004）

资料来源：转引自国家税务总局计划统计司《增值税征收率变动与金税工程二期效果宏观分析》。

国家税务总局的另一份分析报告《增值税征收率变动与金税工程二期效果宏观分析》进一步印证了上述判断。如图 2 所示，增值税的征收率，在 1994—2004 年的 11 年间，经历了一个先少许下降、转而迅速提升的过程。从 1994 年的 57.5%，到 1996 年的 45.8%。以 1997 年为转折点，开始迅速提升，至 2004 年，已达 85.7%。

增值税征收率提升的直接影响，便是增值税收入的相应增长。从表 1 可以清楚地看到，在增值税征收率迅速提升的作用下，增值税收入一路上扬。举 2004 年为例，依环比计算，较之 2003 年，当年增值税征收率提升了 9.79 个百分点，由此带来的增值税增收额为 1269.76 亿元。以 1994 年为基期计算，2004 年增值税征收率提升了 28 个百分点，可以归入该因素项下的增值税增收额为 3668.12 亿元。若以 1997 年为基期计算，2004 年增值税征收率提升了 37 个百分点。相应地，4805.63 亿元的增值税增收额可以归入该因素项下。

表 1　增值税征收率变动对增值税收入的影响状况（1994—2004）

年份	增值税征收率（%）	征收率变动（环比）（%）	征收率变动影响税收（亿元）	征收率变动（1994年为基期）（%）	征收率变动影响税收（亿元）	征收率变动（1997年为基期）（%）	征收率变动影响税收（亿元）
1994	57.5	—	—	—	—	—	—
1995	52.1	-5.4	-282.89	-5.38	-282.89	—	—
1996	45.8	-6.3	-381.49	-11.62	-710.53	—	—
1997	48.7	2.9	189.34	-8.77	-582.00	—	—
1998	51.8	3.1	216.05	-5.70	-401.29	3.07	216.05
1999	56.6	4.8	368.22	-0.87	-66.71	7.90	602.38
2000	59.8	3.2	274.91	2.33	199.95	11.10	951.82
2001	63.6	3.8	348.04	6.10	563.22	14.87	1372.37
2002	75.6	12.0	1200.81	18.14	1809.73	26.91	2684.55
2003	75.9	0.3	39.90	18.49	2117.63	27.26	3122.00
2004	85.7	9.8	1269.76	28.28	3668.12	37.05	4805.63

注：表中数据经过四舍五入处理。

资料来源：转引自国家税务总局计划统计司《增值税征收率变动与金税工程二期效果宏观分析》。

作为中国的第一大税种，增值税收入在全部税收收入中占据近半壁江山。[①] 增值税征收率的提升及其增收效应，对于作为一个整体的税收综合征收率和全国税收收入增长额无疑具有决定性作用。税收征收率提升对于税收收入增长的影响，由此可见一斑。

将这些年来我国在税收信息化建设方面走过的历程引入视野，并同税收征收率的提升和税收收入的增长轨迹联系起来分析，可以进一步支持上述的认识。

---

① 以2005年为例，在全国税收收入30866亿元的总盘子中，来自增值税的收入为14876亿元，占48.2%。

迄今为止，粗略划分，中国的税收信息化建设大致走过了两个阶段（金人庆，2002；谢旭人，2005）。1994—1998年，可视为前一阶段。1994年以增值税为主体的税制改革，把依托计算机网络的增值税专用发票管理提上了议事日程。计算机开始取代手工操作而担负起文字处理、表格设计、数据录入和信息存储等方面的工作，并从1994年7月开始在50个大中城市启动了增值税交叉稽核系统即金税工程一期建设试点。这一阶段的突出特征是，税收信息化建设渐成气候，税收征收率有所攀升。但对信息化的理解比较表面化，满足于技术手段的升级和管理效率的提高。1998—2003年，可视为后一阶段。从1998年8月起，在总结金税工程一期的基础上，金税工程二期建设应运而生。它以"一个平台"（信息平台）和"四个系统"（包括防伪税控开票系统、防伪税控认证系统、增值税计算机交叉稽核系统和发票协查系统）为内容，构成了增值税管理的生命线和同涉税犯罪斗争的撒手锏。不仅增值税的防伪税控开票系统覆盖到所有一般纳税人，而且，全社会税收监控网络逐步形成。2600万户纳税人进入征管信息系统，计算机处理纳税额占到全国税收收入额的80%以上。在这一阶段，对信息化的理解上升至网络化、系统化的层面，在提升税收征收率等方面的作用初见成效。

与此相呼应，中国的税收收入增长也走出了大致类似的轨迹。以1999年为分水岭，过去12年间的税收收入增长可以大致区分为两个不同的区间。前5年的增长势头相对平缓，每年1000亿元上下的增收规模，颇费周折，需严盯死守，得来不易。后6年的增长态势则迅速而猛烈，2000亿—5000亿元的增长规模，特别是近两三年的增长势头，并不似以往那样费尽气力，而颇有点儿始料不及、水到渠成的味道。

从如此的历史视角来观察，我们可以发现这样的规律：税收信息化建设每前进一步，税收征管水平每提升一分，税收收入便可相应增长一块儿。三者之间的变化，高度相关。

四 背景追溯：巨大"征管空间"的来历

常识告诉我们，法定和实征税负之间存有距离，并非中国独有。在当今的世界上，还找不到税收征收率达到100%的国度。但是，现行税制实施之初的中国税收征收率如此之低，以至于将近50%的空间有待拓展，绝对是非常罕见的。由此提出的问题是，中国税务机关何以会拥有如此之大的"征管空间"？

税收机关的征管空间同其赖以运行的税制基础密切相关。税收制度的孕育和诞生，总要打上时代的烙印。追溯一下现行税制的孕育和诞生背景，便可发现，在1993年后期，来自三个方面的因素可能左右了现行税制的设计过程。其一，严峻的通货膨胀。为应对当时高达20%以上的通胀率，要调动包括税制设计在内的几乎所有可能的手段。其二，严峻的财政拮据。为扭转当时财政收入占GDP比重的持续下滑势头，不仅要保证原有税负不减，而且要实现略有甚至较大幅度增长。其三，偏低的税收征收率。为保证既定税收收入目标的实现，要在现行税制中植入具有抵充偏低的税收征收率效应的因素。

诸多方面的因素相交融，现行税制的格局也就大体奠定：既要着眼于"抑热"，现行税制的设计就必须融入反通胀因素。比如增值税的税基界定，就不宜于实行符合增值税本来意义的、口径相对狭窄的消费型，而要采用有助于抑制企业投资冲动、口径相对较宽的生产型税基；既要着眼于"增收"，现行税制的设计就必须在税制设计中渗入增收的因子，把拿到既定规模的税收收入作为重要目标。既然税收的征收率偏低，现行税制的设计就必须留有余地，"宽打窄用"（高培勇，2006）。以"宽打"的税制架构，确保"窄用"的税收收入规模。这意味着，在当时的背景下，即便只着眼于5000亿元的税收收入目标，考虑到"抑热""增收"以及"征收率偏低"等方面的实情，也需事先建构一个可征收10000亿元的税制架子。

换言之，中国的现行税制在其孕育和诞生之时，预留了很大的"征管空间"，从而也为法定税负和实征税负水平之间的巨大反差埋下了伏笔。现行税制所具有的巨大的征管空间，可能是支撑中国税收持续高速增长的最重要的源泉。

五　几个相关问题的判断

如果上述的认识大致不错，那么，围绕税收持续高速增长现象而引发的如下几个问题的判断，也就有了相应的基础。

第一，现实中国的税负水平重不重？

在中国，对于税负水平高低的判定历来说法不一。每当问到企业或者居民中国的税负重不重时，回答往往是重或者很重。每当政府部门出面来论证中国的税负水平时，结论又往往是不重或者偏轻。随着税收收入持续高速增长势头的逐年加大，这一原本就令人费解的话题变得更加复杂了：企业和居民抱怨税负在加重，而政府部门又一再解释没有采取任何增税的行动。

将支撑中国税收增长源泉的分析应用于此，可能比较容易找到回答问题的思路。

作为纳税人的企业或居民之所以咬定中国的税负重，其论据无非是，现行税制的规定如何如何。比如，个人所得税的最高边际税率45%，企业所得税的税率33%，增值税的税率17%，等等。以这些税种的税负水平同其他国家的相关税制规定比起来，中国的税负显然不能说是轻的，甚至有些偏重了。

作为征税人和用税人的政府部门之所以认定中国的税负轻，其论据在于，实征税收收入额占GDP的多少（参见图3）。比如，在2005年，将全国税收收入加总求和并同当年的GDP求比，只不过为 16.9%。① 以这样的宏观税负水平同其他国家的情形比起来，中国的税负绝对不能说是重的，甚至有些偏轻了。

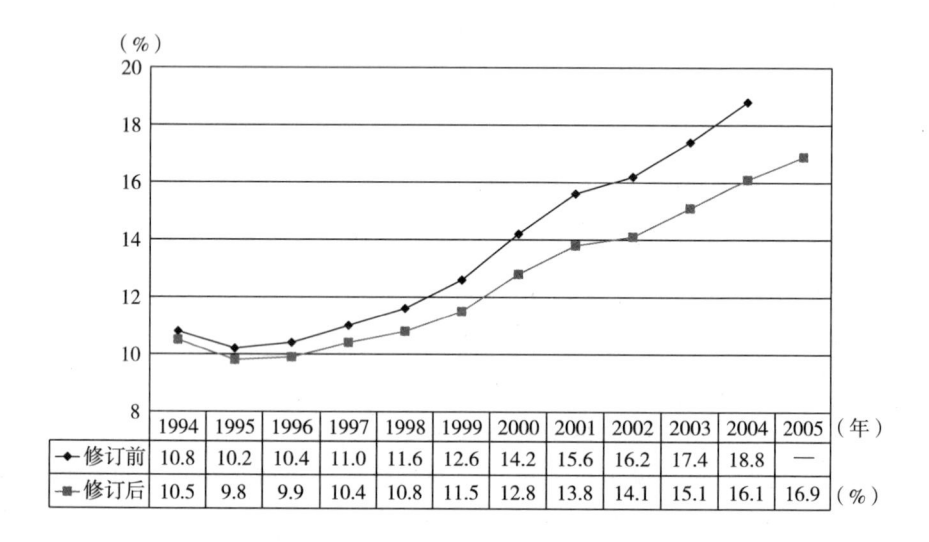

（年）	1994	1995	1996	1997	1998	1999	2000	2001	2002	2003	2004	2005
修订前	10.8	10.2	10.4	11.0	11.6	12.6	14.2	15.6	16.2	17.4	18.8	—
修订后	10.5	9.8	9.9	10.4	10.8	11.5	12.8	13.8	14.1	15.1	16.1	16.9

图 3 中国实征税负水平的稳步提升（1994—2005）

注：上一条线代表 GDP 统计口径修订之前的实征税负水平，下一条线代表 GDP 统计口径修订之后的实征税负水平。

资料来源：《中国统计年鉴（2006）》，中国统计出版社 2006 年版；《中国税务年鉴（2005）》，中国税务出版社 2005 年版。

注意到支撑两种说法的论据差异，可以捕捉到如下的信息：衡量现实中国的税负水平，必须操用"法定税负"和"实征税负"两把尺子。中国的纳税人同征税人和用税人之间在税负水平问题上的认识矛盾之所以会产生，其根本的原因无非在于，现实中国的法定和实征税负水平之间的距离甚远。

纳税人拿法定税负作为判定税负水平的参照系，并非不正常。政府部门以实征税负作为论证税负水平的参照系，也并非新鲜事。

---

① 在 2005 年，全国税收收入为 30866 亿元，GDP 为 182321 亿元，税收占 GDP 的 16.9%。

但是，如前所述，虽然世界上没有任何国家能够实现法定和实征税负的统一，但像中国这样的两者之间距离甚远，以至于在税负水平问题的判断呈现如此之大反差的情形，可能是一个特例。因此，如下的解释可能是成立的：尽管政府没有采取任何旨在增税的行动，凭借着税务部门加强征管的努力和税收征收率的稳步提升，不仅税收收入呈现了持续高速增长的态势，而且，法定税负和实征税负之间的差距已经在一步步拉近。由此，企业和居民实际感受到的税负水平也在一步步加重中。

更重要的事实在于，税务机关的工作目标之一，就是不断加强征管，以求挖潜增收。往前看，一个基本图景是，税务部门的人员素质和技术装备水平将会越来越高，税收征管工作的力度将会越来越大，法定税负和实征税负之间的距离将会越来越拉近。从而，由此而引发的诸方面矛盾也会越来越尖锐。

第二，税收的持续高速增长是否正常？

每当税务机关公布税收收入增长数字的时候，在社会上总会掀起不小的波澜。人们经常发问的一个问题是，如此的增长，特别是持续以高于GDP增长速度的速率增长，到底正常不正常？

同前者的情形类似，在这一问题上，操用不同的标准或参照系，人们得到的答案往往迥然相异。如以现行税制作为判定标准，那么，它就是正常的。因为，在既有税制的框架内，依法征税，把该收的税如数收上来，是税务机关的天职所在。而且，是税务机关必须倾力追求的目标。放着该收的税不收，听凭偷漏税的现象蔓延而不采取积极的行动加以阻止，或者，跳出既有税制的框架，随意给予企业和居民"变通"的照顾，在中国的市场经济已经有了长足的发展、税制运行格局经过1994年的改革已经逐步趋于规范的今天，无论如何，绝不能是或不再能是税务机关的所作所为。抱怨税务机关加大征管力度、提高征收效率，或者，指责税务机关办事不够灵活，因而加重了企业和居民的税收负担，无疑既片面，又不合时宜。恰恰相反，税务机关还应当继续采取一切可以采取的行动，进一步加大征收管理的力度，力争实现税收的"应收尽收"。这是必须加以肯定、在任何时候或任何情况下都不能动摇的一条。

然而，倘若换一个角度，以现行税制运行赖以依存的经济社会环境作为判定标准，则很难说是正常的了。如前所述，现行税制孕育并诞生于1993—1994年，不可避免地要打上那个时代的烙印。如果说诞生之初的现行税制同当时的经济社会环境是相匹配的，那么，在13年后的今天，基本格局保持不变的现行税制同已经发生了翻天覆地的变化的经济社会环境之间，就好像已经长大成人的孩子仍然脚穿孩提时代所购的鞋子，肯定要发生碰撞，甚至是十分激烈的碰撞。关于现实中国税负水平问题的判定就是一例。如果说现行税制诞生之时"宽打"的法定税负虽然偏高，但在加入税收征收率的因素之后，"窄用"的实征税负是一种比较适当的税负水平，那么，在13年后税收征收率已经获得较大提升的今天，企业和居民所承受的实征税负绝对不在适当的税负水平之列。

进一步看，任何一个国家的税收制度，总要植根于一定的经济社会环境并随着经济社会环境的变化而做相应调整。而且，在我们所面临的所有的经济制度中，税收制度又属于与时俱进性最强的一种。经济社会环境变化了而现行税制未变，是围绕税收收入的持续高速增长而牵动的种种矛盾现象的根本原因。事情表现在税收收入的"超常"增长上，其深刻的根源存在于现行税制同现实经济社会环境的不相匹配中。

第三，连年的税收收入"超收"有无特殊缘由？

对于历年税收收入增长规模的测度，可以有两种不同的标尺。以上一年的实际数字为标尺，得到的是"增收"额。以当年的计划或预算数字为标尺，得到的是"超收"额。两者之间的意义，具有很大的差异。鉴于统计数字来源上的方便，这里不妨以财政收入增长规模的测度为例加以说明。① 在2005年，全国财政收入31649.29亿元。这个数字，同2004年的财政收入（26396.47亿元）相比，增收5252.82亿元。同当年的预算收入（29255.03亿元）相比，超收2394.26亿元。

这便意味着，中国税收收入的增长规模，可以区分为意义截然不同的两部分：计划内的"增收"和计划外的"超收"。就字面意义理解，前者系意料之中的、事先计划好的且处于人民代表大会授权范围内的增长，后者则系意料之外的、未纳入计划的且突破了人民代表大会授权范围的增长。所以，相对于前者来讲，后者的影响更为深刻，更值得关注。

一旦专注于"超收"并以此为标尺审视过去12年来的税收收入增长历程，便会发现，巨额的"超收"，并非2005年所特有的现象，而已演化为一种常态。图4即揭示了这一持续多年的"超收"轨迹。从中至少可以得到两个清晰的印象：其一，从1994年改写了税收收入持续下降的历史之后，我国每年都会有为数不小的"超收"。少则几百亿元，多则上千亿元。其二，进入21世纪后，"超收"额一再上扬，到2004年，"超收"额越过2000亿元大关，达到了2826亿元。继而，在2005年，又保持在2394.26亿元的高位。② 如此的"超收"额，大大提升了它的"地位"——在当年财政增收额和全部财政收入额中所占的比重（见图5），由1994年的52.7%和8.8%分别提升至2005年的45.6%和7.6%。这表明，"超收"已经成为财政收支平衡中的一个不可或缺的重要因素。

---

① 税收收入和财政收入的区别，仅在于统计口径。列在财政收入项下的，除了各项税收（税收收入＋关税＋农业税收－出口退税）之外，还包括教育费附加以及其他杂项收入。其中，各项税收是主体收入。在2005年，它占整个财政收入的91%。

② 事实上，如果按照规范化的口径，将这两年基于特殊考虑而分别用于解决出口退税陈欠的1288亿元和584亿元的支出还原，列在这两年"超收"项下的数额，则要分别改写为4114亿元和2978.26亿元。

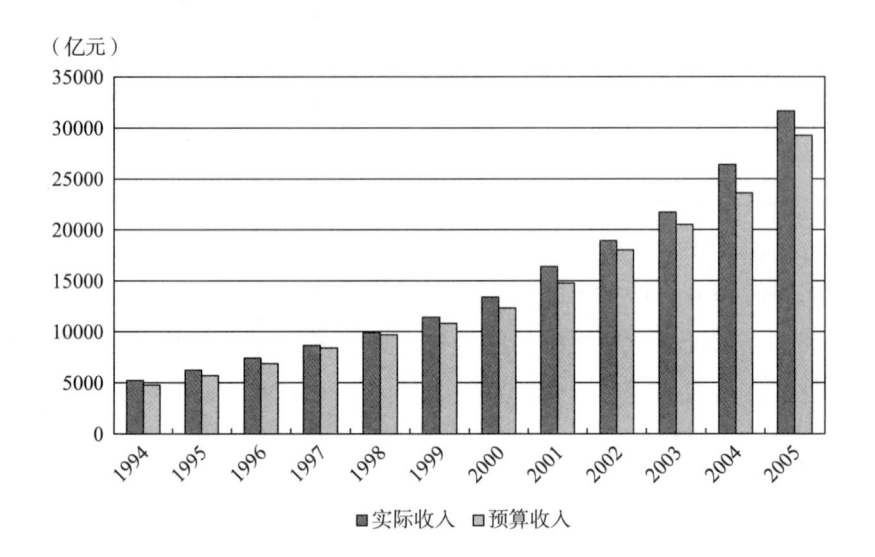

图 4　持续多年的"超收"（1994—2005）

资料来源：《中国财政年鉴（2004）》，中国财政杂志社 2004 年版；《中国统计年鉴（2006）》，中国统计出版社 2006 年版。

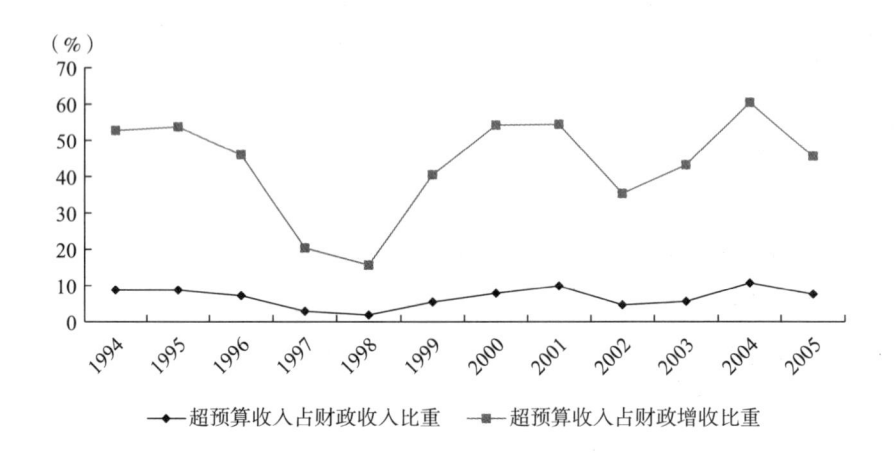

图 5　居高不下的"超收"占比（1994—2005）

资料来源：《中国财政年鉴（2004）》，中国财政杂志社 2004 年版；《中国统计年鉴（2006）》，中国统计出版社 2006 年版。

细究起来，之所以会有规模如此之大、持续如此之久的税收收入"超收",可能主要出于两个环节的原因。

其一,计划的制订环节。迄今为止,历年税收收入计划规模的确定,基本都是以GDP的计划增幅为基础外加2—3个百分点。如在2005年,GDP的计划增幅为8%,据此测定的税收收入增幅便为10.5%(=8%+2.5%)。注意到以往12年实际高达18.35%的税收收入年均增幅,可以立刻意识到,无论出于怎样的考虑,在税收收入计划的制订环节,事实上预留了"超收"的空间。

其二,计划的执行环节。在现行税收管理体制下,作为征税人的税务机关,其日常工作要在两条线索上进行:税收计划和现行税制。一方面,作为指令性的税收计划,经过层层分解并下达到各级税务机关之后,便成为必须完成的任务"底线"。另一方面,作为征税基础的现行税制,在依法治税的旗帜下,把该征的税如数征上来,又是税务机关必须履行的天职。既要依计划治税,又须依法治税。前者很"硬",没有讨价还价的余地。后者虽表面上不那么"硬",也可依征管能力的状况而有所伸缩,但在法制建设的驱动下也容不得人为的调节。在计划和税法之间的现实距离,又为税务机关打下了"超收"的基础。

再深一层,在中国现行的预算管理体制下,"超收"收入的动用和决策基本上在行政系统内完成,而未纳入人民代表大会的审批视野。即便在形式上要走某些程序,通常的情形也是,先支用,后通报。故而,基本的情形是,每年形成的"超收",都要不打任何折扣地转化为当年的"超支"。而且,超收多少,就超支多少。在"超收"与"超支"之间,是一列高度相关的"直通车"。

正是在如此的格局条件下,"超收"的意义变了味。随之,人们对于"超收"的态度也走了样:由被动的接受"超收"的结果演化为主动的追求"超收"的目标。自然地,巨额的税收收入"超收"也就滚滚而来。

第四,税收收入的增长与财政支出的膨胀有无相关性?

税收终归是作为政府支出的财源而取得的。当我们将视野由税收而转至支出时,立刻会发现,两者之间的变动轨迹有着惊人的相似。

由图 6 可以看到,在过去的 12 年间,中国财政支出规模亦经历了一个迅速膨胀的过程。1994 年,全国财政支出不过 5792.62 亿元,1998 年突破 10000 亿元。此后,两年上一个台阶。2000 年突破 15000 亿元,2002 年突破 22000 亿元,2004 年突破 28000 亿元。到 2005 年,已经达到 33930.28 亿元。12 年间,年均增长 18.08%。

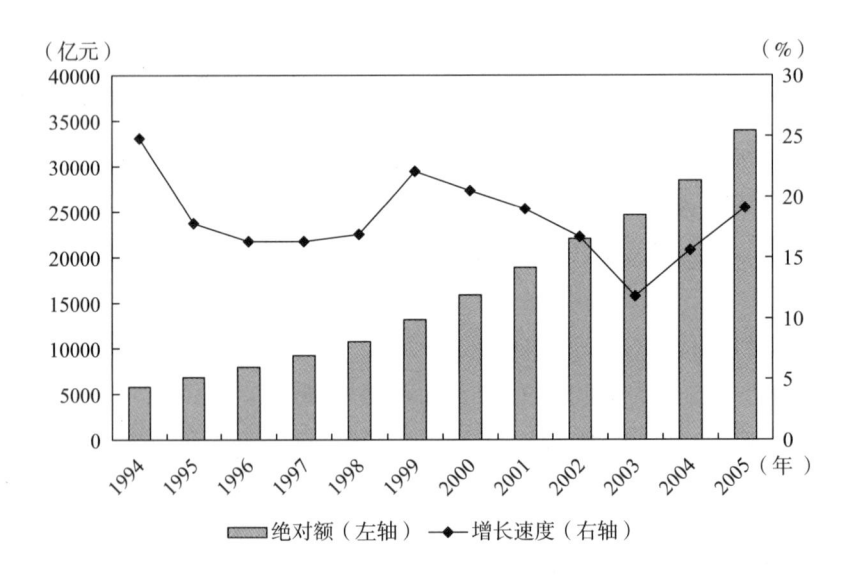

图 6　中国财政支出规模的膨胀轨迹（1994—2005）

资料来源:《中国财政年鉴（2004）》,中国财政杂志社 2004 年版;《关于 2005 年中央和地方预算执行情况及 2006 年中央和地方预算草案的报告》,《经济日报》2006 年 3 月 18 日;《中国统计年鉴（2006）》,中国统计出版社 2006 年版。

将财政支出规模的年均增速（18.08%）与同期 GDP 的年均增速（9.57%）联系起来,不难发现,前者几乎是后者的两倍。作为一个必然结果,GDP 的分割格局越来越向政府一方倾斜。至 2005 年,财政支出占 GDP 的比重,已经由 1994 年的 12.0% 提升至 18.53%。

必须注意到，财政支出规模在过去 12 年间的迅速膨胀，是以税收收入的迅速增长为基础并在税收收入迅速增长的支撑下发生的。正是由于税收收入的迅速增长弱化了政府扩张支出的约束条件，才使得财政支出的迅速膨胀成为可能。也正是在这样一种背景下，政府扩张支出的偏好才变得越来越强烈。

税收收入增长与财政支出膨胀相互推动、交相攀升的现象，把如下的严峻问题提到了我们面前：在改革之初，我们曾将降低财政支出占 GDP 的比重作为改革的目标。这个比重，1978 年为 30.8%，其后，曾走出了一个持续下降的轨迹，到 1995 年探底，仅为 11.3%。以此为转折点，开始持续提升并达到目前这样的水平。而且，往前看，在税收收入强劲增长的带动下，这个比重数字的提升势头依旧旺盛。如果说 1994 年税制改革后的最初几年，财政支出占 GDP 比重的提升带有矫正性质，值得追求。那么，在经过了持续十几年的提升之后，我们是否有必要继续提升这个比重？如果有必要，它的目标值又是多少？

问题还有复杂之处。同改革之前的情形有所不同，准确地讲，现实中国的财政支出规模，只是预算内的政府支出，并非政府支出规模的全部。若以实际发生的政府支出口径计算，那么，以 2005 年为例，还要在 33930.28 亿元财政支出规模的基础上，加上当年未列入预算的偿还到期国债支出、统筹层次不一的社会保障支出、预算外支出和制度外支出等几个类别的支出项目。[①] 而一旦如此，政府支出规模占 GDP 的比重，起码要提升至 30% 左右。这个数字，已经接近或相当于 1978 年的水平。新中国历史上的最高水平发生在 1960 年，为 39.3%。也就是说，在当前的中国，政府占用的 GDP 份额，正处于由改革的起点向历史最高点的迈进过程中。我们已经到了重新审视资源配置格局并重新评估目标取向的时候。

---

① 根据《中国统计年鉴》《中国财政年鉴》的统计数字以及相关推算，在 2005 年，这几项支出的规模分别为：3923.37 亿元、6600 亿元、4351.71 亿元和 4000 亿元。

六　结论与建议

税收制度同其赖以依存的经济社会环境之间的不相匹配现象，已经越来越清晰地为人们所看到。展望"十一五"，可以预期，只要现行税制仍然保持基本不变的格局，或者，即使变了，变动的步伐仍未跟上整个经济社会发展的进程，那么，持续十几年之久的税收收入高速增长仍将延续下去。进一步讲，现行税制同经济社会环境之间的不相匹配现象，仍将继续甚至可能演化成为阻碍中国经济社会发展的不和谐因素。

历史与现实一再告诉我们，税收收入的增速，并非越快越好；税收收入的规模，并非越大越好；税收收入占GDP的比重，也并非越高越好。应当作为目标追求的，是一个既同经济社会发展水平相适应，又与政府职能格局相匹配的适当的税收收入的增速、规模及其在GDP中的占比。也就是说，我们需要一个能够让税收收入的增速、规模及其在GDP中的占比保持在适当水平的与时俱进的税收制度。

所有这些，给我们传递的一个重要信息便是，在当前的中国，应当尽快地、全面地启动新一轮税制改革。

拟议中的新一轮税制改革的原则与内容，已经先后在《中共中央关于完善社会主义市场经济体制若干问题的决定》《中共中央关于制定国民经济和社会发展第十一个五年规划的建议》以及《中华人民共和国国民经济和社会发展第十一个五年规划纲要》中做了比较系统的阐述。现在的任务，是乘势而上，付诸行动，将蓝图变为现实。

新一轮税制改革方案的实施，要以财政上的减收为代价。在财政日子并不宽裕、方方面面亟待投入的条件下，自然需要谨慎对待。但谨慎并不意味着搁置，因财政减收的担忧而搁置拟议进行的税制改革，终归不是长久之事。指望财政的日子完全宽裕起来再实施企望已久的税制改革，不仅会使改革变得遥遥无期，而且，很可能永远等不来那一天。注意到目前正是税收收入增幅最大的时期，每年动辄数千亿元的"增收""超收"，已为我们积攒下了消化新一轮税制改革成本的本钱。抓住眼下的税收收入增长"旺季"，将"增收""超收"的税收收入用于支持新一轮税制改革的启动，应当成为"十一五"期间的一个重要选择。

新一轮税制改革方案的实施，显然要触动各方面的既得利益格局。迄今为止，我们在新一轮税制改革问题上走过的道路已经表明，在诸如内外资企业所得税制合并改革以及整个新一轮税制改革上所遇到的种种难题的破解，将最终取决于，相关的利益主体能否跳出部门利益、地方利益的局限而跃升至国家利益、宏观利益的层面上考虑问题。鉴于改革已经步入攻坚阶段，各方面的既得利益格局这道关早晚要过，不会自动化解。而且，将改革继续拖延下去，肯定要付出更加昂贵的代价。所以，以极大的决心冲破各种既得利益格局的围追堵截，让各项亟待进行、拟议进行的税制改革破冰而出，必须提上"十一五"期间的议事日程。

主要参考文献

高培勇：《关于减税问题的四个基本判断》，《光明日报》2002 年 7 月 2 日。

高培勇：《财税形势　财税政策　财税改革——面向"十一五"的若干重大财税问题盘点》，《财贸经济》2006 年第 1—2 期。

国家统计局：《中国统计年鉴（2006）》，中国统计出版社 2006 年版。

金人庆：《中国当代税收要论》，人民出版社 2002 年版。

李方旺：《2000—2005 年我国税收收入增长的数量特征与新一轮税制改革》，《税务研究》2006 年第 8 期。

谢旭人：《谢旭人答记者问》，《中国财经报》2006 年 6 月 13 日。

谢旭人：《加强执政能力建设，推进税收事业发展》，《中国税务》2005 年第 1 期。

许善达：《在中国税收高层论坛上的演讲》，2004 年 4 月 24 日，http://www.finance.sina.com.cn/roll/20040424/1551737。

钱冠林：《税收分析是税收管理的眼睛》，《中国税务报》2006 年 8 月 21 日。

《中国财政年鉴（2004）》，中国财政杂志社 2004 年版。

《中华人民共和国国民经济和社会发展第十一个五年规划纲要》，《经济日报》
    2006 年 3 月 17 日。

《中国税务年鉴（2005）》，中国税务出版社 2005 年版。

（原载《经济研究》2006 年第 12 期）

"营改增"的功能定位与前行脉络

一 引言

作为对中国正在推进中的营业税改征增值税改革的简要表述，迄今为止，"营改增"还是一个在国内外既有各类辞典中所查寻不到的经济词汇。它的形成和应用，颇具中国特色。在某种意义上说，它绝对属于植根中国国情并将在中国经济生活中产生重要影响的中国概念。

从 2012 年 1 月上海启动交通运输业和部分现代服务业营业税改征增值税试点算起，"营改增"在中国的实践已持续一年有余，其意义和效应已经或正在逐渐显露出来。来自方方面面的信息表明，对于"营改增"的意义和效应，人们的分析和评估并非是充分的。或是局限于税制改革思维，将其视作完善税制的举措，在税制结构的变化中去归结其意义和效应；或是拘泥于结构调整视野，将其视作推动服务业发展的举措，从制造业和服务业均衡发展以及产业结构的转换中去提炼其意义和效应。即便有所拓展，如将其视作宏观经济调控的手段之一，也多沉溺于经济领域，很少甚或没有同包括经济建设、政治建设、文化建设、社会建设、生态文明建设和党的建设等方面因素在内的整体发展和变革联系起来。换言之，"营改增"的实际意义和效应可能大于甚至远大于最初的预期。

很显然，倘若我们的认识停留于这样一个层次，则不仅会看漏"营改增"所具有的某些甚至可能是十分重要的意义和效应，由此做出的分析和评估难免片面之嫌。而且，在未能全面而充分地揭示其各方面现实和潜在的意义和效应的条件下，围绕"营改增"的方案选择和战略布局，亦可能因认识不够、投入不足甚或操作失当而影响实施效果。因而，在时下的中国，将与"营改增"有关或所牵涉的诸种要素提升至整个经济社会发展层面和全面深化改革开放的大棋局中仔细地加以审视，从而做出全景式的全面而系统的判断，是非常必要且十分迫切的一项重要任务。

上述任务，构成了本文的研究主题。

二 宏观经济运行视角下的"营改增"

"营改增"当然肇始于税制结构调整，最初是作为完善现行税制的一个举措而进入人们视野的。然而，由于"营改增"本身的复杂性，随着时间的推移和环境的变化，特别是当"营改增"得以正式启动并将其潜在的效应施加于宏观经济层面之后，它所具有的多重功效便接二连三地一个个展现在我们面前。如下便是其中几个突出的例子。

1. "营改增"是完善现行流转税制的基础性举措

从税理上讲，流转税有一般流转税和特殊流转税之别。与特殊流转税着眼于实施调节的功能定位有所不同，举凡一般流转税，都要按照"中性税"来设计——税制安排不对纳税人的经济选择或经济行为产生影响，不改变纳税人在消费、生产、储蓄和投资等方面的抉择。然而，主要出于历史的原因，在我国的现行税制体系中，并行着两个一般流转税税种——增值税和营业税。前者主要适用于制造业，后者主要适用于服务业。尽管可以在税制设计上按照彼此照应、相互协调的原则来确定税负水平，但在实际运行中，两个税种之间好似孪生兄弟，一直难免税负失衡。来自任何一方的哪怕是轻微的变化，都会直接影响并牵动另一方。加之前者不存在重复征税现象，因而税负相对较轻；后者则有重复征税现象，因而税负相对较重。因一般流转税"两税并行"而造成的制造业与服务业之间的税负水平差异，不仅使得增值税和营业税陷入"非中性"状态，而且也常常对于现实中的产业结构产生"逆向调整"——相对抑制服务业的发展——效应。

更为复杂的问题在于，随着经济的发展，以生产性服务业为代表的大量新兴产业不断涌现。这类产业的一个重要特点，就是兼具制造业和服务业性质，很难对其产业归属给出明确的界定。不断涌现且产业属性不清的新兴产业与现行一般流转税的"两税并行"格局相对接，便形成了一般流转税征收缴纳的模糊地带。不仅给纳税人一方在适用增值税还是营业税问题上留有不必要的选择空间，而且，在国家与地方两套税务机构并行、分别征收增值税和营业税，增值税和营业税又分别属于中央地方共享税和地方税的条件下，也带来了征税人一方——两套税务机构之间——征管范围不清甚至相互争抢税源的矛盾。

正因为如此，事实上，几乎从 1994 年现行税制诞生的那一天起，就存在着并预设了未来将两个税种合并为一个税种——增值税——的考虑。早期的称谓是"增值税扩围"，后来基于通俗化表述的需要，改称为"营业税改征增值税"即所谓"营改增"。随着这种潜藏于现行一般流转税制体内的矛盾变得更加严峻和凸显，将其付诸改革实践便成为势在必行的操作。故而，可以说，"营改增"是一项早就纳入改革视野的完善现行流转税制的基础性举措。

2. "营改增"系推动经济结构调整的重要手段

"营改增"既与现行流转税制的"非中性"状态以及由此派生的"逆向调整"产业结构效应有关，它的目标设定和方案设计，当然也就同经济结构的优化调整紧密相连。事实上，"营改增"之所以能够在国际金融危机趋向长期化和国内外经济持续震荡的背景下于 2012 年 1 月正式启动，恰恰是基于中国经济结构不平衡、不协调、不可持续的矛盾面临激化势头而倒逼的政策选择。

这一轮国际金融危机区别于以往危机的最大不同点，就在于它系周期性因素和结构性因素相交织的危机。或者说，它更多的是由结构性因素所导致的危机。正因为如此，尽管各国政府操用了规模空前、种类繁多的反危机措施，全球经济并未能如以往或所期望的那样顺利迈上周期性回升的轨道。也正因为中国经济已经与全球经济深度交织在一起，中国经济自身的结构矛盾和全球经济的结构性矛盾深度交织在一起，我们才不得不经历一个十分痛苦且相对漫长的深度转型调整过程。

经济结构的调整，在政府层面，当然牵涉税收政策以及其赖以支撑的税制布局。可以立刻指出的一个基本事实是，"营改增"即是在经济结构矛盾趋于激化状态的背景下、基于调整经济结构的需要而启动的。其契机，便是增值税转型改革的实施和完成。

作为反危机的一项宏观经济政策安排，于2009年1月实施的增值税转型改革，其最重要的变化，就是企业当期购入固定资产（主要是机器设备）所付出的款项，可以不计入增值税的征税基数，从而免征增值税。所以，说到底，它是一项减税措施。注意到增值税系现行税制体系中第一大税种的地位，它还是一项规模颇大的减税措施。这项改革，固然可以带来扩大内需的反危机政策功效，但其政策成本亦相伴而生：由于增值税税负水平相对减轻，同属于一般流转税、与增值税捆绑在一起的营业税税负水平相对加重。作为一种必然的结果，发生在不同产业之间，特别是发生在制造业和服务业之间的税负失衡矛盾，也由此激化——相对于制造业税负水平的下降，服务业的税负水平趋向于上升。

这种现象，显然同转变经济发展方式、调整经济结构的时代潮流相背离。故而，为了推进服务业的发展进而调整产业结构，在增值税转型改革大致完成之后，特别是在全球经济持续震荡和中国经济不平衡、不协调、不可持续问题更加突出而形成步步紧逼压力的背景下，作为它的后续安排，相机启动与其密切关联的另一项改革——"营改增"，在整个商品和服务流转环节统一征收增值税，便成为一种推进经济结构调整的自然选择而提上了议事日程。

3. "营改增"关系此轮宏观调控操作成败

同增值税转型改革相似,"营改增"毕竟是在国际金融危机的背景下,基于实施结构性减税的意图而启动的。从一开始,它就被打上了反危机的烙印,与宏观调控操作紧密相连。不仅如此,更值得关注的是,随着时间的推移和形势的变化,"营改增"对于宏观调控的意义日趋凸显。其在当前宏观调控体系中的地位,不仅超越了在此之前启动的增值税转型改革。而且,在某种意义上,它已演化为关系此轮宏观调控成败的一项重要操作。

仔细地审视一下当前国内外经济形势的新变化和中央经济工作会议所确定的我国宏观经济政策的主基调,如下几个互为关联的事实肯定会相继进入视野。

与以往单纯致力于发挥逆周期调节的作用有所不同,当前的宏观经济政策布局,尽管仍以"积极的财政政策"和"稳健的货币政策"冠名,但其功能定位同时指向了逆周期调节和推动结构调整。与此同时,宏观经济政策的目标,也不再仅限于稳增长,而同时添加了调结构、控物价和防风险,以至形成了所谓系列性目标。换言之,当前的宏观调控操作,必须兼具逆周期调节和推动结构调整两个方面的功能,必须兼容稳增长、调结构、控物价和防风险等多方面的目标。从而,不能不在双重作用、多重目标之间徘徊。此其一。

欧美日等主要发达经济体正在陆续推出的新一轮量化宽松政策,必将带动全球主要货币大量放水,潜在通胀和资产泡沫的压力再度全面加大,其溢出效应必将影响我国;我国财政金融领域存在的风险隐患正在蓄积,随政府换届正在出现新一轮的地方融资平台冲动;以往流动性过剩带来的通胀压力始终未能缓解,包括外部输入和内部新增在内的新一轮通胀压力正在生成,凡此种种,都将极大地牵制或压缩稳健货币政策的作为空间,使其不得不将其主要精力投入于控物价和防风险。从而,稳增长和调结构的重任将主要落在积极财政政策身上。此其二。

在连续实施了5年的财政扩张性操作之后，相对于以往，以扩大支出为主要内容的扩张性操作药效已经有所下降，其"粗放型"扩张对于结构调整的负面作用已经显现。较之于危机之前，不平衡、不协调、不可持续的问题更加突出。故而，扩大支出的操作将不能不有所节制，各级政府不仅要厉行节约，严格控制一般支出，把钱用在刀刃上——非做不可、不干不成的重要事项。而且，即便是必须增加的公共投资支出，也要在增加并引导好民间投资的同时，着眼于打基础、利长远、惠民生、又不会造成重复建设的基础设施领域。这意味着，以往以扩大政府支出为主要载体实施财政扩张的操作，不会再现于当前的宏观调控舞台。与之相反，以往处于"配角"地位、扩张功效逊于扩大支出的减少税收操作，将会异军突起，甚至成为当前积极财政政策的主要载体。此其三。

在当前的中国，每当提及启用财政扩张措施、再度增加公共投资支出规模时，总会有人发出不同声音。每当提及启用货币扩张措施、再度实施天量货币驱动时，也总会有人表达不同意见。然而，一旦提及实施减税，不论是操用结构性减税的概念，还是采用全面性减税的说法，人们的意见便变得出奇地一致。不仅可获得普遍的认同，而且，还会伴之诸如"加快推进""加大力度"等方面的一片"促进"之声。可以说，在当下的宏观经济政策抉择中，减税确实是最能赢得国人共识的一个宏观调控操作，也是宏观调控领域的最大经济政治公约数。此其四。

当前在积极财政政策旗帜下所实施的减税操作，被称为结构性减税。与全面性减税有所不同，结构性减税的最重要特点在于目标的双重性，一方面要通过减税，适当减轻企业和居民的税收负担水平。另一方面，要通过有增有减的结构性调整，求得整个税收收入结构的优化。也即是说，将减税操作与税制改革的方向相对接，是结构性减税的题中应有之义。正是出于这样的考量，中央经济工作会议操用的是"结合税制改革完善结构性减税政策"的表述。将现行税制体系以及由此决定的税收收入格局与"十二五"税制改革规划相对接，减流转税（间接税）而非直接税，减收入所占份额较大的主要流转税（间接税）而非所占份额微不足道的零星流转税（间接税），无疑是推进结构性减税的重点。此其五。

在现行税收收入体系中，收入所占份额较大、可称为主要流转税（间接税）的，分别是增值税、营业税和消费税。2012年，其所占份额分别为39.8%、15.6%和9.0%。鉴于增值税块头儿最大，牵涉它的减税效应可能是最大化的，也鉴于营业税的前途已经锁定为改征增值税，其终归要被增值税"吃掉"的趋势已经不可逆转，亦鉴于消费税的基本征税对象是奢侈品和与能源、资源消耗有关的商品。对于消费税的任何减少，都要牵涉国家的收入分配政策和节能减排政策安排，历来难以达成共识，不能不格外谨慎，相比之下，只有增值税最适宜作为结构性减税的主要对象。正在上海等地试行的"营改增"方案，本身恰是一项涉及规模最大、影响范围最广的结构性减税举措。此其六。

三　全面深化改革开放视角下的"营改增"

事情并未到此结束。循着"营改增"的前行脚步及其所牵动的因素，还可以看到，它所产生的功效，不仅可以超越宏观经济运行层面而延伸至财税体制改革领域，而且，在新一轮改革大潮扑面而来的特殊背景下，鉴于财税职能、财税体制所具有的不同于其他政府职能和管理体制的特殊品质，这种功效，亦可由此延伸至包括经济建设、政治建设、文化建设、社会建设、生态文明建设和党的建设在内的全面改革领域，从而在某种意义上具有催生全面深化改革开放的特殊功效。

1. "营改增"将催生地方主体税种以及地方税体系的重建

作为现时地方政府掌握的几乎唯一的主体税种，营业税收入大致占到地方政府税收收入的一半以上。正在9省（市）[①]试行的"营改增"方案，其范围仅涉及交通运输业和6个现代服务业（包括研发和技术服务、信息技术服务、文化创意服务、物流辅助服务、鉴证咨询服务和有形动产租赁服务），故被简称为"1+6"。由于各相关省（市）之间产业结构的差异，在"1+6"的范围内，"营改增"所牵动的地方政府营业税收入份额，在20%—30%。尽管"营改增"吃掉了地方政府原有营业税收入的一块儿，但尚未动摇营业税的根基。加之在"财力与事权相匹配"的原则下，作为实施"营改增"的配套性临时安排，被"吃掉了"——改征为增值税、转由国家税务局征收——的那块儿营业税收入，还会如数返还给地方政府，故而，对地方主体税种和地方财政收支形成的冲击，尚处于有限的、可控的地步。

然而，随着今年8月"1+6"范围内的"营改增"试点扩展至全国所有地区，与此同时，邮电通信、铁路运输和建筑安装等行业也将适时纳入试点范围，"1+6"变身为"2+N""3+N"或其他，营业税的根基便可能发生动摇，地方主体税种和地方财政收支所受到的冲击便不再是有限的、可控的。更进一步看，按照"十二五"规划的要求，至迟至2015年，"营改增"将覆盖全国所有地区和所有行业。随着营业税被全部纳入增值税框架体系、作为一个独立税种且属于地方政府主要收入来源的营业税不复存在，无论是地方主体税种还是地方财政收支，都将由此面临极大的冲击，甚至演化为难以接受、难以为继的矛盾。

到了这个时候，即便仍可以暂时操用返还被"吃掉了"的收入、以中央转移支付匹配地方政府支出责任的办法来缓和矛盾，但是，"分税制"毕竟不是"分钱制"，配套性临时安排毕竟不能作为长久之计，地方财政终归不能退居为"打酱油财政"——花多

[①] 按照加入试点的先后顺序，包括上海市、北京市、江苏省、安徽省、广东省（含深圳市）、福建省（含厦门市）、天津市、浙江省（含宁波市）、湖北省。

少钱,给多少钱。只要"分税制财政体制"的方向不变,地方主体税种的设立和存在就是必需的。只要多级次政府管理的格局不变,一级政府、一级财政的基本财政规律就是不可背离的。在坚持"分税制财政体制"方向和多级次政府管理格局的前提下,具有相对独立的收支管理权和收支平衡权的健全的地方财政体系,当然是不可废弃的。

换言之,面对"营改增"所带来的地方主体税种和地方财政收支的新变化,不能满足于治标,而须着眼于治本——重建地方主体税种以及地方税制体系,以此为基础,重构地方财政收支格局。

2. "营改增"将催生直接税体系建设的提速

前面说过,在中国现行税收收入体系中,来自增值税收入的份额最大。2012年,它占到全部税收收入的39.8%。与此同时,来自营业税收入的份额为15.6%,系第三大税种。这意味着,在"营改增"到位之后,随着第一大税种、第三大税种合并为一个税种,倘若其他税种不作相应调整,增值税在全部税收收入的占比就会一下子跃升至50%甚至55%以上。增值税"一税独大"格局的进一步加剧,既不利于税收收入体系的均衡布局,更不利于财政风险的控制,甚至会加大既有的财政风险。为此,在实现增值税"扩围"的同时,适当地控制其所占份额,尽可能做到"扩围不增(份)额",是"营改增"推进过程中不能不面对的一个重要挑战。

着眼于"扩围不增(份)额","营改增"的推进肯定会触动两个方面的问题:一方面,"营改增"之后的增值税应着手减低税率。一旦"扩围"与"降率"相伴而行,"扩围"的减税效应与"降率"的减税效应合兵一处,增值税收入本身以及附属于增值税之上的教育费附加、城市维护建设税和地方教育费附加等收入肯定会减少。而且,减少的规模将不会是一个小数。另一方面,历史与现实的考量一再证明,政府的财政支出规模通常只能增不能减。能够有所控制的,仅在于财政支出的增速或增量。一旦财政支出规模不能同步减少,由此而留下的财政收入"短缺"空间,便只能以其他税种或新增税种收入规模及其份额的相应增加来填充。

问题是该填充些什么？又有哪些税种可以作为调增的对象而进入该填充的序列之中？这涉及现行税制体系和税收收入体系格局的配置和调整。

前面也曾涉及，直接税占比低而间接税占比高，两者间的配置极不均衡，是久已存在于我国税制体系中的"老大难"问题。以2012年的数字为例，在全部税收收入100600.99亿元的盘子中，70%左右来自间接税，只有25%左右的份额来自直接税。而且，在25%左右的直接税份额中，企业所得税和个人所得税各自所占的份额，分别为19.5%和5.8%。鉴于企业所得税系对企业而非个人征收，其税负最终也是可能转嫁的，在我国现实税收收入体系中，可以基本算作完全意义上的、针对居民个人征收的直接税，只有这区区几个百分点的个人所得税。至于位于存量层面、针对居民个人征收的另一种直接税——财产税，则属于"空白"地带。

注意到直接税与间接税之间保持均衡是现代税制体系和现代税收收入体系的基本标志之一，再注意到中国已经成长为世界第二大经济体、理应构建与之相匹配的现代税制体系和现代税收收入体系，更注意到缺乏直接税的现行税制体系和现实税收收入体系格局已经演化为阻碍现代税收功能实现、阻碍社会主义市场经济体制有效运行的重要因素，加快直接税建设，逐步增加直接税并相应减少间接税在整个税收收入中的比重，显然是我国下一步税制改革必须牢牢把握、全力追求的目标。

并非巧合，作为中国税制改革的一项新的目标定位，"形成有利于结构优化、社会公平的税收制度"先后被载入中共十八大报告以及国务院批转的《关于深化收入分配制度改革的若干意见》之中。联系到中央经济工作会议关于"结合税制改革完善结构性减税政策"以及与此相关的一系列战略部署，可以认为，随"营改增"进程所可能出现的财政收入"短缺"空间，肯定要由以财产税和个人所得税为代表的直接税加以填充。故而，开征居民个人房产税和实行综合与分类相结合的个人所得税制等涉及直接税建设格局的改革的事项将可能进入实际操作阶段。显而易见,无论是居民个人住房房产税的开征,还是综合与分类相结合的个人所得税制度的建立,所涉及的都是增税。这些可能被增上去的税都属于直接税。

3. "营改增"将倒逼分税制财政体制的重构

如所周知,我国现行的财政体制,被称作"分税制财政体制"。在"分税制"旗帜下构建的现行财政体制,其最主要的内容,无非是事关两类税种收入的分享比例:增值税收入按75∶25在中央与地方财政之间分享,所得税(包括企业所得税和个人所得税)收入按60∶40在中央与地方财政之间分享。毋庸赘言,这样的分享比例是建立在既有税种归属关系格局基础上的。一旦由中央税、中央与地方共享税和地方税所构成的既有税种归属关系格局发生变化,特别是发生十分重大的变化,上述的分享比例势必要随之做出重大的调整,甚至整个分税制财政体制都要随之启动重构程序。

也许并不出人意料,在当前的中国,如此的变化已经发生了。上海市首先启动的"营改增"试点也好,其他8省(市)后来跟进的"营改增"也罢,其所带来的,无一不是其所辖区域内的交通运输业和6个现代服务业原有营业税收入归属关系格局的变化——作为地方税的部分营业税收入被划入中央与地方共享税收入范围。随着"营改增"扩展至全国所有地区和所有行业,当作为一个独立税种的营业税被全部纳入增值税框架体系之后,被转作中央与地方共享税收入的,将不再是部分的营业税收入,而是全部的营业税收入。随着既有税种归属关系格局的打破,上述的分享比例当然要随之调整。再进一步,现行分税制财政体制的基础也当然会随之动摇,甚至不复存在。

不仅如此,鉴于既有税种归属关系格局同以国、地税机构分设为主要特点的现行税收征管格局密切相连,既有税种归属关系格局的变化亦会带来国、地税两套税务机构各自税收征管范围以及国、地税两套税务机构并行格局的变化,也鉴于目前所推崇的所谓"财力与事权相匹配"原则有后退为"分钱制"之嫌,而且在事实上孕育了中央与地方财政关系的模糊地带,所以,重申和坚守"分税制财政体制"的方向,进而重构分税制财政体制格局,已经势在必行。由此出发,整个中央和地方之间的财政关系以及整个中央和地方之间的行政关系的重新界定并调整,也肯定要随之纳入议事日程。

4. "营改增"将倒逼新一轮全面改革的启动

与其他方面的政府职能和管理体制有所不同,财税职能和财税体制所具有的一个特殊品质,就在于其最具"综合性"——它的运行范围,能够覆盖所有政府职能、所有政府部门和所有政府活动。发生在这一既十分复杂又牵动全局领域的任何改革事项,都不会止步于财税领域本身,而且可以延伸至整个经济体制改革,甚至可以触动包括经济、社会、政治、文化、生态文明和党的建设在内的所有领域。牵住了财税体制改革这个"牛鼻子",就等于抓住了政府改革以至于全面改革的几乎全部内容。

这实际上告诉我们,"营改增"所点燃的新一轮财税体制改革导火索,很可能成为启动和推进全面改革的突破口和主线索。做出这一判断的基本依据和基本逻辑在于如下几条。

第一,如中共十八大报告所说,经济体制改革的核心问题是处理好政府和市场的关系。其中,特别是对于当前的中国而言,政府是矛盾的主要方面。因而,调动各级政府改革的积极性和主动性,以推动政府改革来规范政府和市场的关系,进而带动全面改革,无论从哪个方面看,都是下一步改革的关键环节。

第二,政府改革的核心问题是对政府职能做适应市场经济体制的规范化调整。纵观当前中国政府所履行的各项职能,尽管项目繁多,表现各异,但从大类分,无非是"事"和"钱"两个方面。前者主要涉及行政体制,后者主要指财税体制。故而,我们实际面临着从"事"入手还是由"钱"入手来转变政府职能两种选择。不过，相对于各级政府之间和各个政府部门之间的权力归属和利益分配关系而言，有关"事"的方面即行政体制的调整，对其的触动是直接的、正面的，有关"钱"的方面即财税体制的调整，对其的触动则是间接的、迂回的。显然，前者实施的难度较大，遇到的阻力因素较多。后者实施的难度和阻力，通常会弱于前者。以财税体制改革为突破口，顺势而上，有助于迂回地逼近政府职能格局的调整目标，进而推动政府改革和全面改革。

第三，事实上，自 1978 年以来的 30 多年间，财税体制改革一直是我国全面改革的突破口和主线索。我国的改革是从分配领域入手的。最初确定的主调，便是"放权让利"。而在当时，政府能够且真正放出的"权"，主要是财税上的管理权。政府能够且真正让出的"利"，主要是财税收入在国民收入分配格局中的所占份额。正是通过财税上的"放权让利"并以此铺路搭桥，才换取了各项改革举措的顺利出台和全面改革的平稳推进。

1992 年 10 月中共十四大正式确立社会主义市场经济体制的改革目标，标志着我国的改革进入"制度创新"阶段。随着 1993 年 11 月召开的中共十四届三中全会通过《中共中央关于建立社会主义市场经济体制若干问题的决定》，以建立适应社会主义市场经济的财税体制为突破口和主线索，为整个社会主义市场经济体制奠基，也就成为那一时期的必然选择。于是，便有了以"制度创新"为特点的 1994 年的财税体制改革。可以说，正是由于打下了 1994 年的财税体制改革的制度创新基础，才有了后来的社会主义市场经济体制的全面建立和日趋完善。

第四，当前中国经济社会发展中面临的诸多难题的破解，几乎都要以财税体制改革的全面深化为前提。比如，最终走出国际金融危机、使经济步入正常发展轨道，显然不能在现有的经济结构和经济发展方式格局下实现，而必须调整经济结构、转变经济发展方式。无论是调整经济结构，还是转变经济发展方式，都有赖于现行财税体制的深刻变革。再如，缓解或解决收入分配领域矛盾的寄望，在于重建或调整适应市场经济体制的政府收入分配调节机制。一旦论及收入分配机制的重建或调整，无论是初次分配层面，还是再分配层面，都涉及与财税体制的对接，甚至要求财税体制的根本性改革。故而，从总体上看，现行财税体制已经演化为各方面改革深入推进的"瓶颈"地带和焦点环节。全面深化财税体制改革，也就意味着包括经济、政治、文化、社会、生态文明和党的建设等领域在内的全面改革的启动和推进。

四 启示与结论

关于"营改增"的意义及其效应问题的讨论至此，可以得出如下几点启示和结论。

其一，正在逐步"扩围"并将于"十二五"落幕之时全面完成的"营改增"，绝非一般意义上的税制调整或税制改革举措。它所产生的效应，不仅可以跨越税制改革领域而延伸至宏观经济运行层面，而且可以跨越宏观经济运行层面而延伸至财税体制改革领域，并通过财税体制改革牵动包括经济建设、政治建设、文化建设、社会建设、生态文明建设和党的建设在内的全面改革。所以，很有必要对"营改增"做全面而系统的评估。

其二，作为一项早已预设且谋划多年旨在完善现行流转税制的基础性举措，"营改增"并非简单的"两税合并"。它不应也不能止步于将营业税简单地纳入增值税体系框架，而须在此基础上跃升一步，实现增值税税制的再造。这是因为，始自1994年的现行增值税税制，毕竟是专门为制造业量身打造的。将原本基于制造业的运行特点而设计的增值税税制"扩围"至服务业，不能不将包括制造业和服务业在内的两个产业相对接，在两者融为一体的条件下重启制度安排。就此而论，目前的"营改增"方案，尚属零敲碎打，终归带有修补性质，至多能够应付试点的短时之需，而难以做长远打算。这意味着,我们已经到了站在覆盖所有制造业和服务业的高度做顶层设计,着眼于增值税税制整体变革的时候。

其三,鉴于这一轮国际金融危机的特殊性,鉴于作为第二大经济体的中国经济已经全面融入世界经济体系,也鉴于人类税收制度变迁的一般规律,更鉴于结构性减税已经演化为这一轮宏观调控的主战场,抓住"营改增"这一难得的契机,通过逐步增加直接税并相应减少间接税的操作,对中国现行税制体系做结构性的重大调整,不仅关系到这一轮宏观调控的成败,而且关系到我们能否实现"形成有利于结构优化、社会公平的税收制度"的目标,能否构建起适应适合社会主义市场体制的现代税制体系和现代税收收入体系。应当说,伴随着"营改增"的启动和推进,对于以开征居民个人房产税和实行综合与分类相结合的个人所得税制为主要内容的中国的直接税建设,我们已没有选择和犹疑的余地。

其四,既然"营改增"会带来包括地方主体税种、中央和地方税收征管格局、现行分税制财政体制基础以及中央和地方财政关系在内的一系列重大变化,完全可能成为可能引发或倒逼整个财税体制改革甚至全面改革的导火索,摆在我们面前的恰当选择,就是顺藤摸瓜,循着"营改增"的推进线索,不失时机地启动新一轮财税改革:"营改增"走到哪儿,触及哪些因素,财税改革便推进到哪儿,改革哪些因素。并且,以此为基础,将财税改革作为突破口和主线索,由此带动并延伸至其他领域的改革,进而不失时机地启动新一轮全面改革。为此,在当前亟待提上议事日程的一项重要工作,就是做好财税体制改革以及全面改革的顶层设计和总体规划。

主要参考文献

财政部、国家税务总局:《关于印发〈营业税改征增值税试点方案的通知〉》(财税〔2011〕110号)。

财政部、国家税务总局:《关于在上海市开展交通运输业和部分现代服务业营业税改征增值税试点的通知》（财税〔2011〕111号）。

财政部、国家税务总局：《关于应税服务适用增值税零税率和免税政策的通知》（财税〔2011〕131号）。

财政部、国家税务总局：《关于交通运输业和部分现代服务业营业税改征增值税试点若干税收政策的通知》（财税〔2011〕133号）。

国家税务总局：《关于印发〈营业税改征增值税试点地区适用增值税零税率应税服务免抵退税管理办法（暂行）〉的公告》（国家税务总局2012年13号公告）。

高培勇：《尽快启动直接税改革——由收入分配问题引发的思考》，《涉外税务》2011年第1期。

新华社：《中央经济工作会议12月15日至16日在北京举行》，《人民日报》2012年12月16日。

楼继伟：《中国政府间财政关系再思考》，中国财政经济出版社2013年版。

胡怡建：《营改增：试点成效显著、扩围应对挑战》，《中国税务报》2013年4月22日。

财政部：《2012年中央和地方预算执行情况与2013年中央和地方预算草案的报告》，《人民日报》2013年3月17日。

《中华人民共和国国民经济和社会发展第十二个五年规划纲要》，《人民日报》2011年3月16日。

（原载《税务研究》2013年第7期）

论完善税收制度的新阶段

一 引言

完善税收制度这一提法,我们使用了多年。如果不做过细的考察,起码在 1994 年之后,随着那一轮税收制度改革效应的释放,特别是潜藏于其中的种种"短板"逐渐暴露出来,在 1994 年所搭建的税收制度基本框架的基础上,主要通过各种修补性的调整使其趋于完备和成熟,便成为税收制度领域的一个主要着力点。于是,在很长的一段时间,有别于系统性、全局性的重大税制改革行动,对于具有零敲碎打特点、旨在对现行税收制度加以修补的调整动作,我们常以完善税收制度称之。

随着时间的推移和国内外经济社会环境的变化,税收制度领域面临的问题和矛盾也在蓄积和派生。许多问题和矛盾难以在现行税收制度框架内破解,必须启动新的规模更大、影响更为深远的税制改革。到了这个时候,脱出修补性调整的局限而伸展至系统性、全局性的税制改革行动,从两者相互联系、彼此交融的角度理解、定义完善税收制度,便成为一种自然的选择而进入我们的视野。于是,在以往的基础上,完善税收制度被拓展为至少包括如下两层意义的复合概念:其一,在现行税收制度的框架内,通过各种零敲碎打的修补性调整,使其不断趋于完备和成熟。其二,针对现行税收制度,通过系统性、全局性的改革行动,使其发生趋于完备和成熟的整体变化。概念层面的这一变化,事实上将完善税收制度引入了

"常态":作为一个永恒的主题,完善税收制度演变为一项经久不息的、与中国经济社会发展如影随形的持续性工作。

追溯一下中国税收制度的变迁历史,可以发现,无论是哪一次的税收制度调整,还是哪一轮的税收制度改革,都有一个方向和目标的定位问题。从各类词典中可以查到,方向和目标之间尽管通常是一致的,但细究起来,也有些许的差异。后者指的是想要达到的境地或标准;前者则指的是该向何处去,朝何处使劲。后者往往是一次性的,所涉及的可以是一次调整或一轮改革;前者则往往一以贯之,在一个历史时期内可以跨越几次调整或几轮改革,甚至适用于一个历史时期内的所有调整动作和改革行动。故而,在完善税收制度的语境内,每一次或每一轮的调整和改革都须有特定的目标自不待言,作为一项在较长时间内持续发力的工作,更要为一系列的调整动作和改革行动界定相对持久的致力方向或前行方向。相对于目标定位而言,方向定位的意义更为重要,更需深入论证,更需反复斟酌,更值得精心谋划。

中共十八届三中全会围绕全面深化改革的部署,是建立在中国处于一个新的历史起点上的深刻判断基础之上的。所谓新的历史起点,按照《中共中央关于全面深化改革若干重大问题的决定》(以下简称《决定》)的阐释,概括起来讲,就是发展进入新常态,改革进入攻坚期和深水区。

就发展而言,经过了30多年的发展进程,按照现行汇率计算,中国已经在2011年跃升为世界第二大经济体。按照购买力平价计算,中国甚至有可能在近期跃升为世界第一大经济体。在成为经济大国的基础上,如何在经济、政治、文化、社会和生态文明等各个方面打造现代国家的一般制度形态,从而以现代意义大国的形象和境界屹立于今天的世界,已经成为一种新的发展方向追求而进入我们的视野。

就改革而论,经过了30多年的改革开放进程,中国的经济体制改革已经取得举世瞩目的成就。在基本确立社会主义市场经济体制框架的基础上，如何在经济体制、政治体制、文化体制、社会体制和生态文明建设体制改革的彼此联动中，取得改革的总体效应，形成改革的总体效果，从而大踏步跟上时代的步伐，实现国家治理的与时俱进，已经作为一个新的改革方向追求而提至我们的面前。

其实，建设现代意义的大国也好，实现国家治理的与时俱进也罢，说到底，其剑锋所指都是国家治理的现代化。认识到人类社会自有国家以来便有了国家治理，并且国家之间竞争的核心内容从来都是国家治理体系和治理能力的竞争（辛鸣，2014），它昭示着，中国由此进入了一个与以往大不相同的发展与改革的新的历史阶段。也可以说，这是一个中国发展与改革事业的"新常态"。

毋庸置疑，身处这样一个翻天覆地的新的历史进程，特别是肩负这样一个推进国家治理体系和治理能力现代化的新的历史使命，随着形势变化、任务转换，完善税收制度亦由此进入了一个新的历史阶段——思维和操作理应适时做出重大调整。当然，这样的调整，并不限于眼下这一轮税收制度改革，而且可以覆盖由此展开的一系列税收制度的调整动作和改革行动。

围绕新的历史阶段完善税收制度的方向定位及其相关问题的分析，构成了本文的主题。

二 比较分析：新一轮税制改革的重要变化和突出特点

中共十八届三中全会《决定》以"完善税收制度"为起始语，对新一轮税制改革做出了如下系统部署："深化税收制度改革，完善地方税体系，逐步提高直接税比重。推进增值税改革，适当简化税率。调整消费税征收范围、环节、税率，把高耗能、高污染产品及部分高档消费品纳入征收范围。逐步建立综合与分类相结合的个人所得税制。加快房地产税立法并适时推进改革，加快资源税改革，推动环境保护费改税"（中共中央，2013）。

单纯从字面理解并同以往党和国家相关文献关于完善税收制度

的部署相比较，这不过是围绕完善税收制度的又一次或又一轮调整动作或改革行动。它与历史上的任何一次税收制度调整或任何一轮税收制度改革所可能存在的不同点，仅在于调整或改革的内容安排。但是，站在新的历史起点上，透过这些内容安排并将其同中国发展与改革的新形势以及推进国家治理体系和治理能力现代化的新任务联系起来，可以清晰地观察到下述几个方面的重要变化和突出特点：

1. 由经济体制改革的重要内容到全面深化改革的重要组成部分

以往的税收制度改革，多是在作为经济体制改革的一项重要内容、经济体制改革的棋局上加以部署的。这一轮的税收制度改革，则是作为全面深化改革的重要组成部分、在全面深化改革的棋局上部署的。全面深化改革与以往改革的最大不同之处即在于，它不是某一个领域的改革，也不是某几个领域的改革，而是全面的改革、涉及所有领域的改革（习近平，2014）。围绕全面深化改革而提出的目标，系站在国家治理总体角度、统领所有领域改革的总目标——发展和完善中国特色社会主义制度，推进国家治理体系和治理能力的现代化。故而，服从于全面深化改革的总体布局，将税收制度改革融入全面深化改革进程，以国家治理现代化为目标定位，从而在经济体制、政治体制、文化体制、社会体制、生态文明建设体制和党的建设制度等各个领域实现改革和改进的联动，形成改革的总体效果，是这一轮税收制度改革相对于以往税收制度改革的第一个重要变化和突出特点。

这意味着，以此为契机，完善税收制度已经作为国家治理体系建设的一个重要组成部分，而同国家治理的现代化进程交织在一起。于是，一次性的调整和改革也好，一系列的调整和改革也罢，有关完善税收制度的内容安排和实施路线，都要以推进国家治理体系和治理能力的现代化为出发点和归宿，从局部与全局的集成上加以谋划。

2. 由经济范畴和经济制度安排到国家治理要素和综合性制度安排

以往的税收制度改革,多是在将税收视为一个经济范畴、将税收制度视作一种经济制度安排的基础上加以谋划的。这一轮的税收制度改革,则是在财政被赋予"国家治理的基础和重要支柱"的全新定位,并且赋予了财税体制以"优化资源配置、维护市场统一、促进社会公平、实现国家长治久安的制度保障"的全新功能和作用(中共中央,2013),从而第一次从根本上摆正了财政和财税体制位置的基础上谋划的。故而,站在国家治理的总体角度,在推进国家治理体系和治理能力现代化的棋局上,将财政作为国家治理的基础性和支撑性要素加以打造,将财税体制作为全面覆盖国家治理领域的综合性制度安排加以构建,是这一轮税收制度改革相对于以往税收制度改革的第二个重要变化和突出特点。

这意味着,以此为契机,完善税收制度已经作为经济体制改革、政治体制改革、文化体制改革、社会体制改革、生态文明体制改革的重要交汇点,而在事实上成为全面深化改革的重点工程。于是,一次性的调整和改革也好,一系列的调整和改革也罢,有关完善税收制度的内容安排和实施路线,不仅要着眼于税收制度自身的完善,而且要立足于为全面深化改革"铺路搭桥",将其作为突破口和主线索加以率先推进、重点推进。

3. 由关注属性特征、体制性质对接到强化时代特征、现代文明对接

以往的税收制度改革,多着眼于税收制度的属性特征,从建立与社会主义市场经济体制相适应的税收制度的立场出发来标识改革的方向。这一轮的税收制度改革,则站在了人类历史发展的长河中,从全面认知现代税收文明的高度,破天荒地第一次以"建立现代税收制度"作为改革的方向标识。故而,从现代税收文明出发布局税收制度改革,在关注属性特征的基础上进一步强化其时代特征,打造现代国家税收制度的一般形态,是这一轮税收制度改

有别于以往税收制度改革的第三个重要变化和突出特点。

　　这意味着，以此为契机，完善税收制度已经作为人类文明发展进程的一个重要线索，而同现代国家税收制度的一般形态紧密对接。于是，一次性的调整和改革也好，一系列的调整和改革也罢，有关完善税收制度的内容安排和实施路线，都要在总结人类社会税收制度演变规律的基础上，朝着现代意义的税收制度格局迈进。

　　所有这一切，实质上呈现了新一轮税制改革的阶段性特征。这些阶段性特征的重要启示意义在于，如果说以往完善税收制度的方向定位主要在于对接市场经济体制——随着市场化改革的进程，不断地以适应性的税制调整动作和税制改革行动去与之对接，并最终落实于"建立与社会主义市场经济体制相适应的税收制度基本框架"，那么，在新的历史起点上，面对中国发展与改革的新形势以及推进国家治理体系和治理能力现代化的新任务，完善税收制度的方向定位已经发生了重大变化：跟上全面深化改革和国家治理现代化的进程，将税制调整动作和税制改革行动的落脚点放在税收制度的现代化上——"建立与国家治理体系和治理能力现代化相匹配的现代税收制度"。

　　由"适应市场经济体制"到"匹配国家治理体系"，从"建立与社会主义市场经济体制相适应的税收制度基本框架"到"建立与国家治理体系和治理能力现代化相匹配的现代税收制度"，围绕完善税收制度方向定位的这一重大而深刻的变化，标志着中国的税收制度调整和改革进入了一个新的历史阶段。告别传统意义上的完善税收制度思维和操作而走上现代税收制度的构建之路，是这个新阶段提交给我们的全新课题。

三　全新标准：现行税制格局的功能和作用"漏项"

1. 现代税收制度的全新功能和作用

　　由传统意义上的完善税收制度操作转入建立现代税收制度的新

轨道，一个躲不开、绕不过的问题是：作为现代国家应有的税收制度形态，究竟应当是什么样子的？这显然要从现代税收制度的功能和作用定位说起。

前面曾经提及，站在国家治理的总体角度，对于财税体制的功能与作用，中共十八届三中全会作出了全新的界定："科学的财税体制是优化资源配置、维护市场统一、促进社会公平、实现国家长治久安的制度保障"。认识到税收制度包括在财税体制之中，这实际上就是对于现代税收制度功能和作用的全新界定。对照以往关于财税体制功能和作用的表述——优化资源配置、调节收入分配和促进经济稳定（高培勇等，2007），可以看到，在新的历史起点上，特别是在将其纳入现代化的国家治理体系视野、第一次从根本上摆正了财政和财税体制的位置之后，税收制度的功能和作用得到了极大的提升和拓展：它不仅要在经济领域，而且要在包括经济、政治、文化、社会、生态文明以及党的建设在内的所有领域履行功能和发挥作用。它不仅要作为政府的宏观经济调控手段，而且要作为国家治理的重要要素履行功能和发挥作用。相对于以往，其功能潜力更大了，其作为空间更广了。

这是一个非常重要的转折点。它意味着，作为完善税收制度的全新取向，现代税收制度已经从抽象的概念层面走向了具体的实践环节。从此以后，作为现代税收制度的建设标准也好，作为现行税收制度的评估标准也好，均可以也应当从如下四个方面入手：是否有利于"优化资源配置"？是否有利于"维护市场统一"？是否有利于"促进社会公平"？是否有利于"实现国家长治久安"？

2. 现行税制格局的病理分析

不妨启用新标准对中国现行税制格局做一番病理分析。这可从两个角度着手：税收收入结构和税收来源结构。

先看税收收入结构。从表1中可以看到，2013年，在全部税收收入中，来自国内增值税、国内消费税、营业税、进口货物增值税和消费税、车辆购置税等间接税收入的占比达到64.2%。若再加上间接税特征浓重的地方其他税种,① 那么,整个间接税收入在全部税收收入中的占比,超过70%。除此之外,来自企业所得税、个人所得税等直接税收入的占比,仅为26.2%。间接税收入与直接税收入之比,大致为7∶3。

表1　　　　　　　　中国税收收入结构（2013）

税种	国内增值税	国内消费税	营业税	企业所得税	个人所得税	进口货物增值税和消费税	车辆购置税	地方其他税种	全部税收收入
收入额（亿元）	28803	8230	17217	22416	6531	14003	2596	10701	110497
占全部税收收入比重（%）	26.07	7.45	15.58	20.28	5.92	12.67	2.35	9.68	100.00

资料来源：财政部：《关于2013年中央和地方预算执行情况与2014年中央和地方预算草案的报告》,财政部网站。

再看税收来源结构。从表2可以看到,2013年,在全部税收收入中,由国有企业、集体企业、股份合作企业、股份公司、私营企业等企业所缴纳的税收收入的占比达到90%。除此之外,来自非企业来源即自然人缴纳的税收收入占比,不足10%。企业来源收入与自然人来源收入之比,大致为90∶10。倘若剔除包含在自然人来源收入中的个体经济所缴纳的税收收入份额,则属于纯粹自然人来源的收入占比仅为6%左右。企业来源收入与自然人来源收入之比,则大致为94∶6。

上述的两个结构,从总体上揭示了中国现行税制格局的三个基本特征：

---

① 包括契税、土地增值税、耕地占用税、城镇土地使用税等。

表2　　　　　　　　中国税收收入来源结构（2013）

纳税人类型	国有企业	集体企业	股份合作企业	股份公司	私营企业	涉外企业	个体经济	其他	全部税收收入
收入额（亿元）	15372	1007	600	56456	11619	22992	6558	5339	119943
占全部税收收入比重（%）	12.8	0.8	0.5	47.1	9.7	19.2	5.5	4.4	100.00

注：表2与表1全部税收收入数额不同的原因在于，两者的统计口径有差异。表2未扣除出口退税，不含关税、耕地占用税、契税等。

资料来源：国家税务总局收入规划核算司：《税收月度快报》，2013年12月。

其一，价格"通道"税。70%以上的税收收入来源于间接税，意味着中国税收收入的绝大部分可作为价格的构成要素而嵌入各种商品和要素的价格之中。也即是说，中国税收收入的绝大部分是通过价格渠道实现的。

其二，企业"出口"税。90%以上的税收收入来源于企业的缴纳，意味着几乎所有的中国税收负担首先是落在企业身上的。抛开企业缴纳的税收总要通过各种渠道转嫁出去之类的问题暂且不论，也可以说，中国的税收负担基本上是由企业纳税人独自挑起的。

其三，难触"个人"税。只有大约6%的税收收入来源于自然人的缴纳，意味着中国税收同自然人之间的对接渠道是极其狭窄的。除了极少的场合和在间接税的转嫁过程中充当负税人之外，广大的自然人基本上不直接负有纳税义务。也即是说，中国税收收入是难以直接触碰自然人的。

3. 现行税制格局面临的诸多挑战

这种向间接税一边倒、由企业"独挑"税收负担以及难以触碰自然人的状态，既同当今世界的通行税制结构格局迥然相异，也与现代税收制度的功能和作用定位不相匹配。

按照 OECD 所发布的有关各国税收收入的税种构成情况①，2010 年，以 OECD 国家税收收入作为一个整体，来自一般流转税、特殊流转税和其他流转税等间接税收入的占比分别为 18.2%、8.9% 和 1.7%，合计占比 28.8%。来自公司所得税、个人所得税和财产税等直接税收入的占比分别为 8.9%、25.3% 和 6.1%，合计占比 40.3%。来自社会保障税和工薪税等社会保障税收入的占比分别为 28.9% 和 1.1%，合计占比 30.0%。

考虑到中国现行税制体系并未包括社会保障税，基于同口径比较的需要，可以将社会保障税收入剔除，以不含社会保障税收入的 OECD 国家税收收入作为 100% 加以调整计算，其结果，在 2010 年，来自一般流转税、特殊流转税和其他流转税等间接税收入的占比分别为 26.3%、12.87% 和 2.6%，合计占比 41.77%。来自公司所得税、个人所得税和财产税等直接税收入的占比分别为 12.83%、36.6% 和 8.8%，合计占比 58.23%。间接税和直接税收入之比，大致为 42∶58。

以此为基础，倘若将间接税和公司所得税视作由企业缴纳，而将其余的个人所得税、财产税等税种视作由自然人缴纳，那么，在 OECD 国家全部税收收入的盘子中，企业缴纳的税收收入和自然人缴纳的税收收入之比，大致为 55∶45。

对照 OECD 国家相对均衡的税收制度结构，中国现行税制格局显然处于严重失衡状态，故而难言"现代"二字。

更为严峻的事实在于，这种严重失衡的现行税制格局，不仅暴露了现行税收制度功能和作用的诸多"漏项"，而且导致与当前的国内外经济社会形势冲突迭起。

从有利于"优化资源配置"看，让市场在资源配置中发挥决定性作用的基础，无疑是作为引导资源配置方向的价格信号能够充分反映商品市场和要素市场的供求状况。70% 以上的税收收入要作

---

① 根据 OECD：《Revenue Statistics：1965—2011》相关数据计算。

为价格的构成要素嵌入各种商品和要素的价格之中，意味着中国税收同商品和要素价格之间高度关联。如此高比例的税收要通过价格"通道"加以实现，一方面，使得价格的升降同税收制度的变化和税负水平的高低捆绑在一起，在确有推高价格水平之嫌的同时，难免扭曲价格的正常形成机制。另一方面，使得政府控制物价水平的努力和取得税收收入的需要搅在一起，难免发生两者之间的碰撞。在国际贸易领域，由于中外税制结构的巨大差异，还会因嵌入价格之中的间接税"分量"的不同而带来境内外商品和要素价格之间的"反差"或"倒挂"。几相叠加，资源配置格局由此而受到一定程度的误导，是不言而喻的。

从有利于"维护市场统一"看，尽可能保持税收"中性"，不因税负水平差异而干扰企业的经济决策，无疑是维护市场统一的重要基础。90%以上的税收收入来源于企业缴纳，意味着中国的税收负担几乎全部压在企业纳税人一方身上。如此高比例的税收依赖于企业"出口"，一方面说明中国企业经营状况与税收之间密切相关，企业对于政府特别是地方政府给予的税收优惠格外计较，甚至相当多的企业将发展机会寄托于税收优惠。这不仅造成区域间非正常的税收竞争高潮迭起，而且导致区域性的税收优惠泛滥成灾。另一方面说明中国的企业税负水平与中国的宏观税负水平之间高度近似，即便中国的宏观税负并非处于当今世界的偏高状态，即便税收在经过一系列的转嫁过程后最终要落在负税人身上，中国企业所承担的税负也往往高于国际一般水平。由此而带来的国内、国际税负水平的差异，在置税收于"非中性"的同时，自然会成为阻碍市场统一的因素。

从有利于"促进社会公平"看，让税收在调节居民收入分配、促进社会公平方面发挥作用，无疑要建立在税收与自然人之间拥有可直接对接的渠道上。这也正是中国现行税收制度格局的"软肋"所在。一方面，只有大约6%的税收收入直接来源于自然人、又几乎没有任何向自然人直接征收的财产税，意味着中国税收与自然人之间既缺乏对接渠道，又基本只能触及收入流量。既找不准下手的地方或可操用的工具，政府运用税收手段调节居民收入分配差距，特别是调节包括收入流量和财产存量在内的贫富差距，便会在很大程度上陷于空谈状态。或者，即便勉强为之，也绝对属于小马拉大车，心有余而力不足。另一方面，70%以上的税收收入来源于间接税，意味着中国的税收归宿在整体上是难以把握的。无论增税还是减税，基本上是"一锅煮"或"一勺烩"。锁定特定的收入群体实行"定向调节"，让税收的归宿能够有所把握，对于我们，目前还是一个难以企及的事情。

从有利于"实现国家长治久安"看，回应人民群众公平意识、民主意识和权利意识不断增强的趋势，将公平和公正作为一个重要考量融入税制设计棋盘，让税收负担分配建立在公平和公正的基础上，无疑是保证社会和谐稳定的重要前提。这也恰是中国现行税收制度格局的另一个"软肋"所在。一方面，向间接税一边倒的现行税制结构，意味着中国税收负担分配的主要依据，事实上驻足于消费因素而未延伸至收入和财产。以消费作为税收负担的主要分配依据，说明中国税收具有浓重的"累退税"色彩。逐步降低税收的累退性而相应提升税收的累进性，将税收负担的分配与社会成员的负担能力和公共服务的受益情形相对接、全面联系社会成员的消费、收入和财产状况讨论税收的公平和公正问题，我们还有着不短的距离。另一方面，难以触碰自然人的现行税制结构，意味着中国税收负担分配的主要着眼点，事实上停留于企业层面而未深入自然人。以企业作为税收负担分配的主要着眼点，说明中国税收围绕公平和公正的考量还是相对粗犷的。将税收负担的分配进一步落实到自然人、在企业和自然人两个层面全面讨论税收的公平和公正问题，我们还有相当长的一段路要走。

4. 实际是现代税收功能和作用的失衡

说到这里，可以发现，一旦启用新标准，以现代税收制度的功能和作用去评估中国现行税制格局，其诸多方面的功能和作用

"漏项"便会一下子暴露在我们面前。在现行税制格局结构失衡表象的背后，实际是现代税收功能和作用的失衡。事情表现在现行税制格局的结构失衡上，问题的要害则存在于现代税收功能和作用的失衡中。

认识到"优化资源配置、维护市场统一、促进社会公平和实现国家长治久安"系现代税收制度不可或缺的功能和作用，同时注意到现代税收制度系现代国家治理体系不可或缺的重要组成部分，我们自然可以认定，在当前的中国，这些属于"漏项"的现代税收功能和作用已经不是可有可无的，而是不可或缺的。所以，通过一系列的税制调整动作和税制改革行动补足这些功能和作用"漏项"，是建立现代税收制度应当锁定的重要着力点。

四 补足"漏项"：从增加自然人直接税入手

将建立现代税收制度的着力点锁定于补足功能和作用"漏项"，可以进一步发现，这些功能和作用"漏项"之所以成为"漏项"，其根本的原因就在于，在现行税制体系中没有或找不到与这些功能和作用相对应的税种或税类。因而，所谓功能和作用"漏项"，实质上就是现行税制体系中的税种或税类"漏项"。所谓补足"漏项"，实质上就是在现行税制体系中补足履行和发挥这些功能和作用的税种或税类。这就如同交给某人一项特殊任务，必须同时为其配备完成特殊任务的相应工具一样，建立现代税收制度，当然要从健全履行和发挥现代税收制度功能和作用的工具——税制体系——做起。

所以，如果我们认定现行中国税制格局的失衡集中体现在税收收入结构和税收来源结构两个方面，如果我们判断价格"通道"税、企业"出口"税和难触"个人"税构成了中国现行税制格局的三个基本特征，那么，瞄准上述两个结构和三个基本特征，有针对性地采取调增与调减相关税种或税类的结构性矫正措施，逐步变结构失衡为结构均衡，使之成为功能和作用健全的现代税制体系，便是完善税收制度的不二选择。

1. 以"稳定税负"为约束条件

着眼于优化结构，旨在为健全税制体系而补足现代税收功能和作用"漏项"，这一完善税收制度的思维意味着，围绕它的操作应在不涉及宏观税负水平变化的前提下进行。这一政策的核心要义是，当前中国的宏观税负水平既不能增加，也不宜减少。建立现代税收制度只能从结构优化着手，建立在稳定税负水平的基础上。

宏观税负水平之所以不能增加，是因为，在经历了长达20年的税收收入规模魔幻般的增长之后，即便仅以一般公共预算收入口径计算，2013年，其占GDP的比重已经达到22.7%。倘若以包括一般公共预算收入、政府性基金预算收入、社会保险基金预算收入和国有资本经营预算收入在内的全部政府收入为口径计算并剔除其中的重复计算部分，2013年，其占GDP的比重数字便进一步提升为36.73%。注意到2010年按OECD成员国非加权平均值计算的宏观税负水平（包含社会保障税）为33.8%，并且注意到这一水平较之2007年的35.1%下降了1.3个百分点（张斌，2014），可以认为，中国当前的宏观税负水平没有多少调增的余地。

宏观税负水平之所以不宜减少，是因为，宏观税负水平的削减须以财政支出规模的压缩为前提。无论在当前的中国，还是在当前的世界，或者，无论是历史上的中国，还是历史上的世界，自有人类历史以来，除了战争和特大自然灾害过后之类的特殊情形之外，就几乎没有成功压缩财政支出规模的先例。以2014年纳入一般公共预算的全国财政支出总量154030亿元而论，只要这个规模数字减不下来，或者，只要不打算以增加赤字为代价去实施减税，那么，也可以认为，中国当前的宏观税负水平没有多少调减的可能。

正是考虑到这一切，中共十八届三中全会《决定》破天荒地第一次把"稳定税负"作为一个重要的约束条件，而同完善税收制度的一系列部署捆绑在一起。也正是以此为契机，我们开始脱出沿袭多年的追求税收收入规模增长的局限,而转入了以税收收入质量和效益为中心的轨道。在事实上,这成为完善税收制度方向定位变化的重要标志之一。

2. 以增加自然人直接税为主线索

以稳定税负为天花板,在宏观税负水平保持基本稳定的前提下谋划税制结构的优化调整,完善税收制度的焦点便演化为现行税制体系内部间接税收入和直接税收入之间、来源于企业缴纳的税和来源于自然人缴纳的税之间的此增彼减问题。

联系前面的分析,鉴于现行税收收入结构的失衡主要表现在向间接税一边倒,现行税收来源结构的失衡主要表现在由企业"独挑"税收负担,并且,由此构成了价格"通道"税、企业"出口"税和难触"个人"税三个基本特征,这种结构调整的方向可以相应确定为:逐步降低来自间接税的税收收入比重,同时相应增加来自直接税的税收收入比重,从而变向间接税一边倒为间接税与直接税相兼容。逐步降低来自企业缴纳的税收收入比重,同时相应提升来自自然人缴纳的税收收入比重,从而变基本上由企业"独挑"税负为由企业和自然人"分担"税负。

进一步说,鉴于增加直接税即是增加自然人缴纳的税,增加自然人缴纳的税也就是增加直接税,两者又可以统一于增加自然人直接税。正是基于这种认识,中共十八届三中全会《决定》开宗明义地将新一轮税制改革操作的主线索明确界定为"逐步提高直接税比重"。应当说,这是中国税收制度发展史上的一个十分重要的里程碑。

从"逐步提高直接税比重"这一特定文字的表述中,至少可以体会到两层含义:其一,既然是"逐步"而非一蹴而就地提高直接税比重,那就意味着,提高直接税比重应是一个渐进的过程。其二,既然属意于直接税比重的仅是"提高"的走向而非具体的指标,那就意味着,提高直接税比重不仅应是渐进的,而且应是在无明确时间表、无特定目标值的情况下斟酌推进的。因而,可以说，这是在全面而深刻地把握中国现实国情和税情的基础上、基于积极而稳妥的思维而做出的战略选择。

3. 逐步减少间接税比重：以"营改增"为主要渠道

面对稳定税负的约束条件，直接税比重的逐步提高显然应当也必须以间接税比重的逐步减少为前提。而且，两者宜同步操作，彼此呼应。

所以，作为税制结构优化调整的第一步，选好逐步减少间接税比重的契机和落脚点至关重要。契机的选择，当然最好同全面深化改革的总体进程相结合。落脚点的选择，当然以对现行税制格局影响较大的间接税类税种为宜。令人欣慰的是，这两条在"营改增"身上都实现了。作为中国经济发生转折性变化、步入新常态过程中率先启动的一项税收制度改革，"营改增"在全面深化改革的总体布局中可谓举足轻重。它不仅对于产业结构的调整、发展方式的转变，而且对于推动财税体制改革、经济体制改革以及其他相关领域的改革，都有不可替代的特殊功效（高培勇，2013）。若能将逐步减少间接税比重与"营改增"结合起来，无疑可收事半功倍之效。作为现行税制体系中的第一大、第三大税种，增值税和营业税收入合计在全部税收收入中占55%，在全部间接税收入中占78.6%。若能将逐步减少间接税比重落实到增值税和营业税这两个税种上，无异于牵住了这一举措的"牛鼻子"。

迄今为止的"营改增"进程恰好证实了上述论断。毋庸赘言，"营改增"不仅是一项税制改革举措，而且是一项旨在减少间接税的结构性减税举措。通过"营改增"所实现的减少间接税效应，至少可归结为如下三部曲：

第一步，始自上海的所谓"1+6"（交通运输业+6个现代服务业）方案也好，此后实施的所谓"1+7"（交通运输业+6个现代服务业和广播影视服务）方案也好，在此基础上又扩展至铁路运输和邮政服务的方案也罢，都是具有极大间接税减税效应的改革。按照迄今为止的减税实际效果计，一年的减税额可达2000亿元左右。

第二步，按照至迟于"十二五"结束之时将"营改增"推广至全国所有行业、相应废止营业税的方案，届时一年的减税规模可达到5000亿元左右。

第三步，在"营改增"全面完成之后，将进一步推进以优化税率为主要内容的增值税改革。通过优化税率，将现行的四档税率兼并为三档或两档，一方面看，收税率级次减少之效，另一方面看，肯定伴随着增值税税率总体水平的相应下调，从而进一步降低间接税在全部税收收入中的比重。根据2012年的统计数字初步计算，增值税标准税率每下调一个百分点，将减税2000亿元。再加上寄生于增值税身上的城市维护建设税、教育费附加和地方教育费附加，总的减税额度会达到2200亿元上下。

以增值税标准税率最少下调2个百分点计，加上第一、第二步的减税效应，三部合并计算，届时通过"营改增"渠道所实现的整个减税规模，可达9000亿元左右（楼继伟，2013）。按照2013年的数字计算，大约占到全部税收收入的8.1%和全部间接税收入的11.6%。

4. 逐步提高直接税比重：以个人所得税和房地产税为主要载体

如此规模和比例的间接税收入及其比重减少，显然为直接税收入及其比重的增加腾挪了空间。这个空间，可为以开征房地产税和建立综合与分类相结合的个人所得税制为代表的旨在提高直接税比重的操作铺平道路。

先说开征房地产税。抛开房地产税系财产税类的一种、属于特种财产税之类的话题不论，单就对自然人征收的整个财产税类而言，在现行的税制体系中几乎是个空白。所以，开征房地产税事实上属于"平地起高楼"。由"零"起步，不论具体的税制安排如何，也不论采取怎样的征管办法，甚至不论是否同时伴随有整合流转环节房地产税费的操作，在当前的中国，房地产税的开征绝对是一种增税而非减税措施。

再看建立综合与分类相结合的个人所得税制。从现行对11个征税所得项目实行不同的计征办法并分别征税，逐步过渡到对大部分的征税所得项目实行统一的征税办法并综合计税，显然意味着适用超额累进税率的征税所得规模的相应扩大。因而，在超额累进税率的框架下，由分类转为综合与分类相结合的个人所得税制的这一过程，对于个人所得税收入规模绝对是一种增税效应，而非减税效应。

除此之外，还可有第三种考虑，这就是择机开征遗产和赠与税。作为财产税类的一种，遗产和赠与税系针对纳税人的财产转让行为征收的。从长远看，在现代税制体系中，它绝非可有可无，迟早要纳入议事日程。注意到遗产和赠与税亦系从无到有的操作，它的开征，自然也可归入增税之列。

毋庸赘言，无论房地产税，还是个人所得税，或是遗产和赠与税，其属性都属于直接税，且都属于以自然人为纳税人的直接税。这三个税种变化所带来的直接税收入的增加，显然具有逐步提高直接税比重之效。

落实到操作层面，上述三个税种，在总体安排选择上，应同"营改增"进程相衔接。在"营改增"减税效应逐步实现并且为直接税增加逐步腾挪出相应空间的同时，不失时机地启动开征房地产税、建立综合与分类相结合的个人所得税制以及开征遗产和赠与税的工作。也就是说，直接税比重的逐步提高要同间接税比重的逐步减少结合起来，力争同步进行。除此之外，无论是间接税比重减少的单兵突进——间接税减下去了，直接税并未同步增上来，还是直接税比重增加的单兵突进——直接税增上来了，间接税并未同步减下去，都是不可取的。那样做的话，即便只是发生短时安排上的脱节，也会徒增结构性调整的压力和阻力。

具体到三个税种的推进时序选择，本着先易后难的原则，可先个人所得税、继而房地产税、再遗产和赠与税。这是因为，相比较而言，即便以1994年为起始点计算而抛开在此之前分别征收个人所得税、个人收入调节税以及城乡个体工商业户所得税的情形不论，统一征收的个人所得税在中国至少已经有了 21 年的历史。人们对于个人所得税，不仅认知程度相对较高，而且不少人已经形成了缴纳的习惯，税务机关也已经积累了一定的工作基础。故而，建立综合与分类相结合的个人所得税制所涉及的，主要是课税类型的转换，并非从零起步，可以先行推进。房地产税及遗产和赠与税的开征，则既属于从无到有，又位于我们几乎从未触碰过的存量环节。对于它们，应在建立综合与分类相结合的个人所得税制取得相应进展的基础上再予启动。就两者的比较而言，尽管房地产税及遗产和赠与税均系"开征"性质，但官方对于房地产税的开征部署起码可以追溯到 2003 年。那一年举行的中共十六届三中全会，正式将"对不动产开征统一规范的物业税"写入了《中共中央关于完善社会主义市场经济体制若干重大问题的决定》。从那以后，不仅围绕房地产税开征问题的讨论从未停止过，而且在上海、重庆两地也有了征收的试点经验。故而，房地产税的开征又可先于遗产和赠与税。

五 配套措施：税收征管机制的革命性转换

1. 失衡的现行税收征管机制格局

类如生产力与生产关系、经济基础与上层建筑之间的关系，由失衡的现行税收制度格局所决定，现行税收征管机制格局不仅亦处于失衡状态，而且呈现出同中国现行税制格局相对应的如下三个方面基本特征：

其一，主征间接税。同价格"通道"税相对应，既然 70% 以上的税收收入来源于间接税，税收征管机制的构建和税收征管工作的运行当然主要围绕着间接税而展开。抓住、抓好了间接税，就等于抓住、抓好了绝大部分的税收收入。

其二，主征企业税。同企业"出口"税相对应，既然 90% 以上的税收收入来源于企业的缴纳，税收征管机制的构建和税收征管工作的运行当然主要围绕企业缴纳的税而展开。抓住、抓好了企业缴纳的税，就等于抓住、抓好了几乎全部的税收收入。

其三，主征现金流税。同基本上只征"流量环节"税相对应，既然几乎100%的税源与现金流相捆绑，税收征管机制的构建和税收征管工作的运行当然主要围绕着收入流动的线索而展开。抓住、抓好了流量环节的税，就等于抓住、抓好了全部的税收收入。

显然，以这样的税收征管机制基础对接具有现代税收功能和作用的现代税制体系新格局，颇具"驴唇不对马嘴"之嫌。不论是综合与分类相结合的个人所得税制的建立，还是房地产税的开征，抑或遗产和赠与税的择机开征，或者，直接税比重能否逐步提高、税制结构能否得以优化，最终都要取决于税收征管机制能否同步跟进——把该征的税尽可能如数征上来，或者，税收收入不会因税制结构的调整而出现非所意愿的减少。

2. 非破解征管难题不能前行

事实上，至少从1996年起，"建立覆盖全部个人收入的分类与综合相结合的个人所得税制度"就被写入了"九五"计划。此后的"十五""十一五""十二五"规划，都列有"建立综合与分类相结合的个人所得税制度""实行综合和分类相结合的个人所得税制度""逐步建立健全综合与分类相结合的个人所得税制度"之类的条款，迄今已经跨越了四个五年计（规）划。同时，至少从2003年起，开征房地产税就被当作一个重要的税制改革目标进入官方视野，从《中共中央关于完善社会主义市场经济体制若干重大问题的决定》到此后的"十一五""十二五"规划，均可找到"对不动产开征统一规范的物业税""稳步推行物业税""研究推进房地产税改革"之类的内容，迄今已经跨越了十一个年头。两个如此重要的税种，在全党、全社会的高度关注下拖了如此长的时间始终没有落地，直至如此熟悉的字眼于《决定》中再一次呈现，一个根本性的原因，就在于它们是同现行税收征管机制难以对接的对自然人征收的直接税。

可以立刻得出的一个基本判断是，在中国，对自然人征收的直接税之所以始终是一块儿难啃的骨头，就是因为它与现行税收征管机制难以相容。除非现行税收征管机制发生可对接自然人直接税的变化，否则，无论是个人所得税实行综合与分类相结合，还是开征房地产税以及遗产和赠与税，都难有获得启动机会的那一天。中国税制结构的优化调整，难不在税制安排，而在征管实现。完善税收制度的进程至此，已经到了非破解征管难题不能继续前行的地步。

3. 向现代税收征管机制转换

这实际上告诉我们，随着现行税制体系向现代税制体系的转换过程，现行税收征管机制也有一个向现代税收征管机制转换的任务。其转换的基本方向是：

其一，由主征间接税拓展至间接税与直接税相兼容，将税收征管机制建立在同时对接间接税与直接税的基础上。

其二，由主征企业税拓展至法人税与自然人税相兼容，将税收征管机制建立在同时对接法人税与自然税的基础上。

其三，由主征现金流税拓展至流量税与存量税相兼容，将税收征管机制建立在同时对接流量税与存量税的基础上。

在上述三个方向的转换中，我们尤其需要关注的，是面向自然人的税收征管服务体系和第三方涉税信息报告制度的构建。前者是我们久已存在的致命"软肋"，绝对是一个不轻松的任务。只有聚焦这一"软肋"，围绕自然人作为直接纳税人的要求，从法律框架、制度设计、资源配置等各个方面真正转换税收征管机制，方能够实现税收征管机制与自然人直接税的对接。后者则系我们久未实现的目标，肯定是一个需调动各方面资源才可能见效的工作。只有瞄准这一目标，围绕与税收征管相关联的情报数据分享的需要，从权利与责任、法律与制度、执法与守法等各个方面规范相关主体的涉税行为，方可能形成企业法人、自然人之间税收征管的均衡格局，确保税务机关依法有效实施征管。

可以看出，对于现行税收征管机制而言，这种转换不是一般性的，而是革命性的。而且，鉴于现代税收制度的建立与现代国家治理体系和治理能力建设的推进息息相关，这种转换又绝对不属于未雨绸缪层面之举，而是火烧眉毛的现实考验。所以，这种转换需要我们投入大气力，集中全党、全社会的大智慧，在全党、全社会的广泛参与下，逐步加以实现。

六　结语

从揭示新一轮税制改革的重要变化和突出特点到以此为标准对现行税收制度格局的功能和作用做系统评估，从定位现代税收制度的功能和作用到以此为方向对建立现代税收制度的理念思维和操作路线做全面分析，立足于中国发展与改革的新形势以及推进国家治理体系和治理能力现代化的新任务，我们已经大致把握了中国税收制度的趋势性变化。

这些趋势性变化说明，在当前的中国，随着发展进入新常态，改革进入攻坚期和深水区，完善税收制度也进入了一个新的历史阶段。我国税收制度正在向形态更高级、功能更齐全、作用更完整、结构更合理的阶段演化。

我们应当也必须历史地、辩证地认识我国完善税收制度的阶段性特征，准确把握我国税收制度调整和改革的新常态，以不同于以往的、主动适应并引领新常态的一系列行动，把完善税收制度的着力点落实在逼近建立现代税收制度的方向上。

诚然，建立现代税收制度不是也不可能是一蹴而就的，而是要循序渐进的。关键的问题是，在中国国情和中国税情均发生重大变化且呈现阶段性特征的背景下，我们不仅要认识到位，观念适应，而且要工作上得力，方法上对路（新华社，2014）——瞄准这一大方向，有针对性地、主动地、自觉地有所作为。这是当前和今后一个时期我国税收制度调整和改革的大逻辑。

参考文献

辛鸣：《甲午战争对国家治理的启示》，《作家文摘》2014年8月8日。

中共中央：《中共中央关于全面深化改革若干重大问题的决定》，人民出版社2013年版。

习近平：《制度自信不是固步自封》，《人民日报》2014年2月18日。

高培勇、杨志勇、杨之刚、夏杰长编著：《公共经济学》，中国社会科学出版社2007年版。

OECD：《Revenue Statistics：1965—2011》。

张斌：《税制变迁研究》，中国社会科学出版社2014年版。

高培勇：《营改增的功能定位与前行脉络》，《税务研究》2013年第7期。

楼继伟：《财税改革的四大方向——第五轮中美战略与经济对话》，《中国税务》2013年第9期。

新华社：《中央经济工作会议在北京举行》，《人民日报》2014年12月12日。

（原载《经济研究》2015年第2期）

中国财税改革四十年：基本轨迹、基本经验和基本规律

随着改革开放四十周年的来临，与整个改革开放事业如影随形、亦步亦趋的中国财税体制改革，步入了不惑之年。对于这一历史进程的系统总结，也到了该提上议事日程之时。

这绝对是一个既意义重大，又颇不轻松的命题。因为一方面，在过去的四十年间，财税体制改革所面临的问题之复杂，所走过的道路之曲折，所承载的使命之沉重，所发生的变化之深刻，所取得的成果之显著，不仅在中国，而且在世界财税发展史上，都是罕见的特例。另一方面，对于有四十年改革开放历史并进入新时代的中国而言，举凡涉及类如财税体制改革回顾与总结方面的话题，显然不是简单地罗列成绩单所能承载的，也不再能停留于史实的追溯和再现层面，而须以此为基础，站在新时代的历史起点上，循着改革的基本轨迹，一步步地概括和提炼改革的基本经验和改革的基本规律。

如下的一连串问题，是我们在面对这一命题时绕不开、躲不过的：

对持续四十年的财税体制改革历程做出高度概括，取舍实属难免。取什么？当然要取改革的主线索。舍什么？自然要舍那些与主线索不那么直接地关联着的枝枝蔓蔓。问题是，这条主线是什么？我们能否为起初"摸着石头过河"、随着改革的深化而目标日趋明晰的渐进式财税体制改革历程理出一条主线？

财税体制改革，在一个很长的时期内，曾作为经济体制改革的

一个组成部分而加以推进。党的十八届三中全会以来，又被赋予国家治理的基础和重要支柱的全新定位而成为全面深化改革的基础工程和重点工程。如果说改革开放四十年来我们走出的一个基本轨迹就是由经济体制改革走向全面深化改革，经济体制改革和全面深化改革的目标又分别在于经济市场化和国家治理现代化，那么，作为其中的一个重要内容，财税体制改革有无自身的目标取向？如果有，那又是什么？

四十年间，发生于财税体制改革领域的事项，不仅数不胜数，而且犬牙交错。本着由部分推进至整体的考虑，在不同时点、基于某一特定背景、立足于某一侧面或角度而策划并推出的这些事项，当被放置到财税体制改革的大棋局上加以定位的时候，它们各自的角色和作用是什么？又同作为一个整体的财税体制改革工程有着怎样的联系？

梳理以往改革的基本轨迹，概括以往改革的基本经验，其最终的着眼点，当然要放在改革基本规律的提炼上。否则，中国奇迹就只能停留在经验层面而达不到理论的高度。这需要理论抽象。能否进行这种抽象？怎样进行这种抽象？迄今的财税体制改革进程是否到了足以使我们能够搭建一个理论分析框架的时候？

过去四十年所取得的财税体制改革成果，固然显著而丰盛，但同完善的社会主义市场经济体制和国家治理体系和治理能力现代化的要求相比，只能算是阶段性的。通向未来的财税体制改革道路，依然漫长。当我们对以往改革的基本轨迹、基本经验和基本规律有了一个比较清晰的认识之后，又如何定位未来的财税体制改革前行方向？

上述的这些以及其他类似的问题，构成了本文的主题。

一 改革的五个阶段：一个大致的勾勒

四十年间的中国财税体制改革历程，按照阶段性的改革目标作大致区分，可以归为如下五个既彼此独立又互为关联的阶段。

（一）1978—1994 年：为整体改革"铺路搭桥"

发端于 1978 年的中国经济体制改革是从分配领域入手的。最初确定的主调，便是"放权让利"——通过"放权让利"激发各方面的改革积极性，激活被传统经济体制几乎窒息掉了的国民经济活力。

在改革初期，政府能够且真正放出的"权"，主要是财政上的管理权。政府能够且真正让出的"利"，主要是财政在国民收入分配格局中的所占份额。这一整体改革思路与财税体制自身的改革任务——由下放财权和财力入手，打破或改变"财权集中过度，分配统收统支，税种过于单一"的传统体制格局——相对接，便有了如下的若干改革举措（财政部财税体制改革司，1989；高培勇、温来成，2001）：

——在国家与企业之间的分配关系上，实行"减税让利"。从 1978 年起，先后推出了企业基金制、利润留成制、第一步"利改税"、第二步"利改税"、各种形式的盈亏包干制和多种形式的承包经营责任制等制度。

——在中央与地方之间的财政分配关系上，实行"分灶吃饭"。从 1980 年起，先后推出了"划分收支、分级包干""划分税种、核定收支、分级包干"以及"收入递增包干、总额分成、总额分成加增长分成、上解递增包干、定额包干、定额补助"等多种不同的体制模式。

——在税收制度建设上，实行"复税制"。从 1980 年起，通过建立涉外税制、建立内资企业所得税体系、全面调整工商税制、建立个人所得税制、恢复和改进关税制度、完善农业税等方面的改革，改变了相对单一化的税制格局，建立起了一套以流转税、所得税为主体，其他税种相互配合的多税种、多环节、多层次征收的复税制体系。

——在与其他领域改革的配合上，给予"财力保障"。以大量和各种类型的财政支出铺路,配合并支撑了价格、工资、科技、教育等相关领域的改革举措的出台。

上述的这些改革举措,对于换取各项改革举措的顺利出台和整体改革的平稳推进,所发挥的作用,可说是奠基性的。然而,无论放权还是让利,事实上都是以财政上的减收、增支为代价的。主要由财税担纲的以"放权让利"为主调的改革,却使财政收支运行自身陷入了不平衡的困难境地。

一方面,伴随着各种"放权""让利"举措的实施,财政收入占 GDP 的比重和中央财政收入占全国财政收入的比重迅速下滑:前者由 1978 年的 31.1%,相继减少到 1980 年的 25.5%,1985 年的 22.2%,1990 年的 15.7% 和 1993 年的 12.3%。后者则先升后降,1978 年为 15.5%,1980 年为 24.5%,1985 年为 38.4%,1990 年下降为 33.8%,1993 年进一步下降至 22.0%。

另一方面,财政支出并未随之下降,反而因"放权""让利"举措的实施而出现了急剧增加。① 1978—1993 年,财政支出由 1122.09 亿元一路增加至 4642.20 亿元,15 年间增加了 3.1 倍,年均增加 21%。

与此同时,在财政运行机制上也出现了颇多的紊乱现象。诸如擅自减免税、截留挪用财政收入、花钱大手大脚、搞财政资金体外循环、非财政部门介入财政分配等问题,相当普遍,随处可见。

作为"两个比重"迅速下降并持续偏低、财政支出迅速增长以及财政运行机制陷于紊乱状态的一个重要结果,不仅财政赤字逐年加大,债务规模日益膨胀,而且中央财政已经达到难以担负宏观调控之责的空前水平。

1979—1993 年,除了 1985 年财政收支略有结余之外,其余年份均出现财政赤字,且呈逐年加大之势:1981 年为 68.9 亿元,

---

① 如农副产品购销价格倒挂所带来的价格补贴以及为增加行政事业单位职工工资而增拨的专款等。

1990年上升至146.9亿元,到1993年则扩大至293.35亿元。若按国际通行做法,将当年的债务收入纳入赤字口径,则1993年的财政赤字水平实为978.58亿元。

从1979年起,政府恢复了中断长达20年之久的外债举借。1981年,又开始以发行国库券的形式举借内债。后来,又先后发行了重点建设债券、财政债券、国家建设债券、特别国债和保值公债。1993年,国家财政的债务发行收入规模已经达到739.22亿元。

以中央财政债务依存度〔债务收入/(中央财政本级支出＋中央财政债务支出)〕而论,到1993年,已经达到59.63%的国际罕见水平。这意味着,当年中央财政本级支出中的一半以上,要依赖于举债或借款收入来解决。①

(二) 1994—1998年:踏上制度创新之路

如此的困难境况,很快让人们从改革最初成果的喜悦中冷静下来。意识到"放权让利"的改革不可持续,在这一路径上持续了十几年之久的财税体制改革自然要进行重大调整:由侧重于利益格局的调整转向新型体制的建立。

绝非巧合,随着1992年10月党的十四大正式确立社会主义市场经济体制的改革目标,1993年11月召开的党的十四届三中全会通过了《关于建立社会主义市场经济体制若干问题的决定》(中共中央,1993)。于是,以建立适应社会主义市场经济的财税体制为着眼点,从1994年起,财税体制改革踏上了制度创新之路(项怀诚,1994)。

1994年元旦的钟声刚刚敲过,中国政府便在财税体制方面推出了一系列重大改革举措:

——按照"统一税法、公平税负、简化税制和合理分权"的

---

① 财政部综合计划司:《中国财政统计(1950—1991)》,科学出版社1994年版;中国财政年鉴编辑委员会:《中国财政年鉴(2007)》,中国财政杂志社2007年版。

原则，通过建立以增值税为主体，消费税和营业税为补充的流转税制、统一内资企业所得税、建立统一的个人所得税制、扩大资源税的征收范围、开征土地增值税以及确立适应社会主义市场经济体制需要的税收基本规范等一系列的行动，全面改革税收制度，搭建了一个新型的税收制度体系。[①]

——在根据中央和地方事权合理确定各级财政支出范围的基础上，按照税种统一划分中央税、地方税和中央地方共享税，建立中央税收和地方税收体系，分设中央税务机构和地方税务机构，实行中央对地方税收返还和转移支付制度，初步建立了分税制财政管理体制基本框架。[②][③]

——根据建立现代企业制度的基本要求，在降低国有企业所得税税率、取消能源交通重点建设基金和预算调节基金的同时，实行国有企业统一按国家规定的33%税率依法纳税，全面改革国有企业利润分配制度。

——彻底取消向中央银行的透支或借款，财政上的赤字全部以举借国债方式弥补，从制度上斩断财政赤字与通货膨胀之间的必然联系。

这是一个很重要的转折。在此之前所推出的财税体制改革举措，多是围绕利益格局的调整而展开的。而且，也是在整体改革目标定位尚待明晰的背景下谋划的。这一轮财税体制改革的显著不同之处，就在于它突破了以往"放权让利"思路的束缚，走上了转换机制、制度创新之路：从重构适应社会主义市场经济体制的财税体制及其运行机制入手，在改革内容与范围的取舍上，包含利益格局的适当调整，更注重于新型财税体制的建立。着重财税体制及其运行机制的转换，正是1994年财税体制改革的重心所在。

[①] 国发〔1993〕90号《国务院批转国家税务总局工商税制改革实施方案的通知》。
[②] 国发〔1993〕85号《国务院关于实行分税制财政管理体制的决定》。
[③] 国办发〔1993〕87号《国务院办公厅转发国家税务总局关于组建在各地的直属税务机构和地方税务局实施意见的通知》。

时至今日，我们颇为看重并为之自豪的发生在中国财税领域的一系列转折性变化，比如财政收入步入持续快速增长的轨道、"两个比重"持续下滑的局面得以根本扭转、财政的宏观调控功能得以改进和加强、国家与国有企业之间的利润分配关系有了基本的规范等，正是1994年财税体制改革所收获的成果。可以说，1994年的财税体制改革，为我们初步搭建起了适应社会主义市场经济体制的财税体制及其运行机制的基本框架。

（三）1998—2003年：构建公共财政体制框架

1994年的财税体制改革，固然使中国财税体制走上了制度创新之路，但并没有解决问题的全部。因为说到底，1994年财税体制改革所覆盖的，还只是当时纳入预算视野的政府收支。游离于体制之外的政府收支，则没有进入视野。而且，1994年财税体制改革所着眼的，也主要是以税收制度为代表的财政收入一翼的制度变革。至于另一翼——财政支出的调整，虽有涉及，但并未作为重点同步进行。与此同时，既得利益的掣肘加之财政增收的动因，也在一定程度上束缚了改革的手脚，使得一些做法带有明显的过渡性或变通性色彩。

随着1994年财税体制改革成果的逐步释放，蕴含在游离于体制之外的政府收支和财政支出一翼的各种矛盾，便日益充分地显露出来并演化为困扰国民收入分配和政府收支运行过程的"瓶颈"。于是，20世纪90年代后期，以规范政府收支行为及其机制为主旨的"税费改革"以及财政支出管理制度的改革，先后进入财税体制改革的重心地带并由此将改革带上了财税体制整体框架的重新构造之路——构建公共财政体制框架。

1998年3月19日，朱镕基总理在主持国务院工作之后举行的首次记者招待会上说了一段颇具震撼力的话："目前存在的一个问题是费大于税。很多政府机关在国家规定以外征收各种费用，使老百姓不堪负担，民怨沸腾，对此必须整顿和改革。"① 以此为契机，中国拉开了"税费改革"的序幕。

实际上，在全国性的"税费改革"正式启动之前，各地已经有过治理政府部门乱收费的尝试。最初的提法，是所谓"费改税"（刘仲藜等，1998）。其初衷，是通过将五花八门的各种收费改为统一征税的办法来减轻企业和居民的负担。后来，随着改革的深入和视野的拓宽，我们逐渐发现，现存政府收费的种种弊端，并非出在政府收费本身。现存的、被称为政府收费的大量项目，既未经过人民代表大会的审议，又基本不纳入预算，而是由各部门、各地区自立规章，作为自收自支的财源，或归入预算外收入，或进入制度外收入，直接装入各部门、各地区的"小金库"。因而，它实质是一种非规范性的政府收入来源。"费改税"的目的，显然不是要将本来意义的政府收费统统改为征税，而是以此为途径，将非规范性的政府收入纳入规范化轨道。于是，"费改税"开始跳出"对应调整"的套路而同包括税收在内的整个政府收入盘子的安排挂起钩来。也正是在这样的背景之下，"费改税"一词为"税费改革"所取代，进而被赋予了规范政府收入行为及其机制的特殊意义。

在"税费改革"日渐深入并逐步取得成效的同时，财政支出一翼的改革也在紧锣密鼓地进行。先后进入改革视野的有：财政支出结构由专注于生产建设领域逐步扩展至整个公共服务领域的优化调整；推行以规范预算编制和分类方法、全面反映政府收支状况为主要着眼点的"部门预算制度"；实行由财政（国库）部门集中收纳包括预算内外收入在内的所有政府性收入且由国库单一账户集中支付政府部门所有财政性支出的"国库集中收付制度"；推进将政府部门的各项直接支出逐步纳入向社会公开竞价购买轨道的"政府采购制度"。

然而，无论是财政支出一翼的调整，还是以"税费改革"为

---

① 《朱镕基答记者问》，人民出版社2009年版，第5—6页。

代表的财政收入一翼的变动，所涉及的，终归只是财税体制及其运行机制的局部而非全局。当分别发生在财政收支两翼的改革局限性逐渐凸显之后，人们终于达成了如下共识：零敲碎打型的局部调整固然重要，但若没有作为一个整体的财税体制及其运行机制的重新构造，并将局部的调整纳入整体财税体制及其运行机制的框架之中，就不可能真正构建起适应社会主义市场经济的财税体制及其运行机制。于是，将包括收入、支出、管理以及体制在内的所有财税改革事项融入一个整体的框架之中，并且作为一个系统工程加以推进，便被提上了议事日程。

人们也发现，能够统领所有的财税体制改革线索、覆盖所有的财税体制改革事项的概念，除了当时学术界所采用的"公共财政"之外，并无其他别的什么词汇适合担当此任。于是，在赋予公共财政中国特色意义的基础上，以1998年12月15日举行的全国财政工作会议为契机，决策层做出了一个具有划时代意义的重要决定：构建公共财政基本框架（李岚清，1998）。[①]

正是从那个时候起，作为一个整体的改革目标的明确定位，公共财政体制框架的构建正式进入财税体制改革轨道。

（四）2003—2012年：进一步完善公共财政体制

正如社会主义市场经济体制要经历一个由构建到完善的跨越过程一样，伴随着以构建公共财政体制框架为主线的各项财税体制改革的稳步推进，财税体制改革也逐渐步入深水区而面临着进一步完善的任务。

时隔5年之后的2003年10月，党的十六届三中全会通过了《关于完善社会主义市场经济体制若干问题的决定》。在那份历史性文献中，根据公共财政体制框架已经初步建立的判断，做出了进一步健全和完善公共财政体制的战略部署（中共中央，2003）。认

---

① 在那次会议上，时任中共中央政治局常委、国务院副总理李岚清代表中共中央明确提出"积极创造条件，逐步建立公共财政基本框架"。

识到完善的公共财政体制是完善的社会主义市场经济体制的一个重要组成部分,将完善公共财政体制放入完善社会主义市场经济体制的棋盘,从而在两者的密切联系中谋划进一步推进公共财政建设的方案,也就成了题中应有之义。以此为契机,又开始了旨在进一步完善公共财政体制的一系列操作(谢旭人,2008)。

——最先进入操作程序的,首推税制改革。按照部署,在这一时期,先后有出口退税制度的改革、上调工薪所得减除额标准和实行高收入者自行申报、取消农业税、增值税由生产型转为消费型改革、内外资两个企业所得税法合并等几个项目,得以启动。

——几乎是与此同时,财政支出以及财政管理制度线索上的改革也投入了操作。需要提及的是,这一线索上的改革,适逢科学发展观和构建社会主义和谐社会重大战略思想的提出。因而,它的进展异常迅速:在取消农业税并打破了原有农村公共服务供给体系的同时,公共财政开始了逐步覆盖农村的进程;财政支出越来越向以教育、就业、医疗、社会保障和住房为代表的基本民生事项倾斜;围绕推进地区间基本公共服务均等化,加大了财政转移支付的力度并相应调整了转移支付制度体系;以实行全口径预算管理和政府收支分类改革为切入点,强化了预算监督管理,进一步推进了政府收支行为及其机制的规范化,等等。

(五) 2012 年至今:建立现代财政制度

在中国的发展史上,2012 年是一个十分重要的转折点。这一年,党的十八大召开,开启了中国特色社会主义走入新时代的征程。也是在这一年,延续多年的中国经济发展速度、结构和动力格局发生重大变化。还是从这一年起,改革开放进入攻坚期和深水区。在新的历史起点上全面深化改革,实现经济体制、政治体制、文化体制、社会体制和生态文明体制改革的联动,作为一种历史的选择而提至我们面前。

2013 年 11 月,党的十八届三中全会通过了《关于全面深化改革若干重大问题的决定》。立足于全面深化改革的宏观棋局,以建立现代财政制度为目标，新一轮财税体制改革由此展开（中共中央，2013；楼继伟，2014）。

——就预算管理制度改革而言，有别于以往围绕一般公共预算（亦称财政预算）而定改革方案的做法，新一轮预算管理制度改革的视野扩展到包括一般公共预算、政府性基金预算、国有资本预算和社会保险基金预算在内的全部政府收支。其目标，就是在覆盖全部政府收支的前提下，建立"全面规范、公开透明"的现代预算管理制度。基于这一目标所做出的部署是："改进预算管理制度。实施全面规范、公开透明的预算制度。审核预算的重点由平衡状态、赤字规模向支出预算和政策拓展。清理规范重点支出同财政收支增幅或生产总值挂钩事项。建立跨年度预算平衡机制，建立权责发生制的政府综合财务报告制度，建立规范合理的中央和地方政府债务管理及风险预警机制。"

——就税收制度改革而言，有别于以往围绕税收总量增减而定改革方案的做法，新一轮税制改革设定的前提是"稳定税负"。其目标，就是在"稳定税负"的前提下，通过"逐步增加直接税比重"优化税收收入结构，建立现代税收制度。基于这一目标所做出的部署是：

"深化税收制度改革，完善地方税体系，逐步提高直接税比重。推进增值税改革，适当简化税率。调整消费税征收范围、环节、税率，把高耗能、高污染产品及部分高档消费品纳入征收范围。逐步建立综合与分类相结合的个人所得税制。加快房地产税立法并适时推进改革，加快资源税改革，推动环境保护费改税。"

——就中央和地方财政关系改革而言，有别于以往围绕中央或地方财力增减而定改革方案的做法，新一轮中央和地方财政关系改革的目标，被锁定于"发挥中央和地方两个积极性"，构建现代中央和地方财政关系新格局。以发挥"两个积极性"而非"一个积极性"为目标所做出的部署是："建立事权和支出责任相适应的制度。适度加强中央事权和支出责任，国防、外交、国家安全、关系全国统一市场规则和管理等作为中央事权；部分社会保障、跨区域重大项目建设维护等作为中央和地方共同事权，逐步理顺事权关系；区域性公共服务作为地方事权。中央和地方按照事权划分相应承担和分担支出责任。中央可通过安排转移支付将部分事权支出责任委托地方承担。对于跨区域且对其他地区影响较大的公共服务，中央通过转移支付承担一部分地方事权支出责任。保持现有中央和地方财力格局总体稳定，结合税制改革，考虑税种属性，进一步理顺中央和地方收入划分。"

从 2013 年 11 月到党的十九大，在四年多的时间里，作为阶段性的改革成果，新一轮财税体制改革在如下几个方面取得了相应进展：

——在预算管理制度改革领域，2015 年 1 月，正式颁布并实施了以覆盖全部政府收支为主要着眼点的新预算法。[①] 并且，围绕新预算法颁布了一系列旨在规范政府收支行为的制度。以此为基础，现代预算管理制度的若干基本理念得以确立，以四本预算构建的全口径政府预算体系得以建立，预决算公开透明也取得一定成效，等等。

——在税收制度改革领域，作为间接税制度改革的重要内容，"营改增"全面推开并简并了增值税税率，资源税改革顺利推进，消费税征收范围逐步拓展，环境保护税正式开征。与此同时，以颁布《深化国税、地税征管体制改革方案》[②] 为标志，税收征管体制改革开始启动。

——在中央和地方财政关系改革领域，以全面实施"营改增"为契机，2016 年 5 月，公布了《国务院全面推行营改增试点后调

[①] 《中华人民共和国预算法（2014 年修正）》，财政部网站。
[②] 中央全面深化改革领导小组：《深化国税、地税征管体制改革方案》，《人民日报》2015 年 12 月 24 日。

整中央与地方增值税收入划分过渡方案》。① 作为未来 2—3 年的过渡方案，以 2014 年为基数，采取增值税增量五五分成的方式重新划分中央和地方收入。2016 年 8 月，又发布了《国务院关于推进中央与地方财政事权和支出责任划分改革的指导意见》。② 根据这一指导意见，到 2020 年，要基本完成主要领域改革，并逐步规范化、法律化，形成中央与地方财政事权和支出责任划分的清晰框架。

二 改革的取向抉择：从公共财政体制到现代财政制度

从主要着眼于为整体改革"铺路搭桥"、以"放权让利"为主调的改革，到走上制度创新之路、旨在建立新型财税体制及其运行机制的 1994 年的财税改革；从以规范政府收支行为及其机制为主旨的"税费改革"以及财政支出管理制度的改革，到作为一个整体的财税改革与发展目标的确立；从构建公共财政体制基本框架，到进一步完善公共财政体制和公共财政体系，再到以建立现代财政制度定位财税体制改革目标，为推进国家治理体系和治理能力现代化发挥基础性和支撑性作用。当我们大致把握了四十年来财税体制改革的基本轨迹之后，接踵而来的问题是，财税体制改革是否存在着一条上下贯通的主线索？

换言之，迄今中国的财税体制改革，究竟有无一个不以人的主观意志为转移的客观规律可循？

（一）始终服从于、服务于整体改革需要：一条主线索

前面的考察已经清楚地表明，中国财税体制改革的一大特点，就是它始终作为整体改革的一个重要组成部分，始终与整体改革捆绑在一起并服从于、服务于整体改革的需要。

---

① 国发〔2016〕26 号《国务院全面推行营改增试点后调整中央与地方增值税收入划分过渡方案》。

② 国发〔2016〕49 号《国务院关于推进中央与地方财政事权和支出责任划分改革的指导意见》。

如果说改革开放四十年来走出的一个基本轨迹就是由经济体制改革走向全面深化改革，经济体制改革和全面深化改革的目标又分别在于经济市场化和国家治理现代化，那么，我们可以看到，四十年来的财税体制改革实质上是一个顺应这一变革并逐步向匹配经济市场化和国家治理现代化的财税体制及其运行机制靠拢和逼近的过程。

这一过程可以相应概括为：以"财政公共化"匹配"经济市场化"，以"财政现代化"匹配"国家治理现代化"。其具体的体现就是，以"公共财政体制"匹配"社会主义市场经济体制"，以"现代财政制度"匹配"现代国家治理体系和治理能力"。

（二）以"财政公共化"匹配"经济市场化"：经济体制改革中的财税改革

关于中国经济体制改革取向，迄今一个最为流行的表述是"市场化改革"。如果说经济体制改革是沿着一条颇具规律性且逼近"经济市场化"的道路走过来的，那么，作为与之相匹配的一个必然选择，财税体制改革的基本取向就是走向"财政公共化"——构建公共财政体制。

1. 由"非公共性"的财税运行格局及其体制起步

中国的财税体制改革，当然是由传统经济体制下的财税运行格局及其体制起步的。

对于那一时期的财税运行格局，尽管可从不同的角度加以归结，但本着收入——"钱从哪里来"、支出——"钱向何处去"以及政策——"收支安排所体现的目的"这样三条有关财税活动运行层面的基本线索，可以将其概括如下：

财政收入主要来自国有部门；财政支出主要投向国有部门；财政政策倾向在国有和非国有部门之间搞"区别对待"。

以1978年的情形为例，全国财政收入的86.8%来自国有部门的缴款，全国财政支出的85.6%用于国有部门。若再加上带有准国有性质的所谓集体经济单位的缴款和用于集体经济单位的支出，这两个数字又会双双跃至 90% 以上。① 这样一种"取自家之财""办自家之事"的财政收支格局，所折射出的，无非是财政政策的鲜明取向——发展和壮大国有经济、削弱以至铲除私有制经济。

财税运行格局之所以是上述这个样子，当然同那一时期所实行的"二元"经济社会制度环境有关。在"二元"的经济社会制度下，作为其重要组成部分的财税体制，自然也必须建立在"二元"的基础上——在财政上实行不同所有制分治和城乡分治。这就是：

——国有制财政。以所有制性质分界，财政收支活动主要在国有部门系统内部完成。至于非国有部门，则或是游离于财政的覆盖范围之外，或是位于财政覆盖范围的边缘地带。

——城市财政。以城乡分界，财政收支活动主要在城市区域内部完成。至于广大农村区域，则或是游离于财政的覆盖范围之外，或是位于财政覆盖范围的边缘地带。

——生产建设财政。以财政支出的性质分界，财政支出活动主要围绕生产建设领域进行。至于非生产性或非建设性的支出项目——其中主要是以改善民生为代表的公共服务性的支出项目，则往往被置于从属地位或位于边缘地带。

换言之，"二元"的财税体制所覆盖的范围，不是全面的，而是有选择的。"二元"的财税体制所提供的财政待遇，不是一视同仁，而是有薄有厚的。"二元"财税体制下的财政支出投向，不是着眼于整个公共服务领域的，而是专注于生产建设的。于是，便形成了同属一国企业和居民、身处同一疆土之上并受同一政府管辖，但因财政覆盖程度不同而须面对不同财政待遇的不同的区域、不同的企业和不同的居民。

有选择而非全面的财政覆盖范围，有厚有薄而非一视同仁的财政待遇，专注于生产建设而非整个的公共服务领域，如此的财税体

---

① 财政部综合计划司：《中国财政统计（1950—1991）》，科学出版社 1992 年版。

制以及作为其结果的财税运行格局,显然不能说是"公共性"的,① 至少其"公共性"是被打了折扣的。事实上,"国有制财政+城市财政+生产建设财政"所集中凸显的,正在于传统体制下的"二元"财税体制的"非公共性"特征。

这即是说,"非公共性"的财税运行格局及其背后的财税体制,是中国财税体制改革的起点。也可以说,正是这种"非公共性"的财税运行格局和财税体制同财政本质属性以及经济社会发展之间的不相适应性,把中国财税体制推上了改革之路。

2. 由"非公共性"逐步向"公共性"靠拢和逼近

就总体而言,经济的市场化进程首先带来的,是 GDP 所有制构成的多元化。这一影响传递到中国财税运行格局上,就是财政收入来源的公共化——由"取自家之财"到"取众人之财"。到2006年,全国税收收入来源于国有部门的比例,已经降到22.2%。来自其他所有制成分的份额,则提升至77.8%。②

财政收入来源的公共化,自然会推动并决定着财政支出投向的公共化——由"办自家之事"到"办众人之事"。到2006年,在全国财政支出中,包括基本建设、增拨企业流动资金、挖潜改造资金和科技三项费用等专门以国有经济单位为主要投向的支出占比,已经由1978年的52.7%大幅下降至15.87%。与此同时,面向全社会的诸如养老保险基金补贴、国有企业下岗职工基本生活保障补助、城市居民最低生活保障补助、抚恤和社会福利救济费等社会保障支出以及文教科学卫生事业费支出和政策性补贴支出等所占的份额,分别上升至11.25%、18.69%和3.58%。③④ 而且,其中的不少项目,还是从无到有的。

---

① 也可换一种表述——普惠性。
② 中国税务年鉴编辑委员会:《中国税务年鉴(2007)》,中国税务出版社2007年版,第692页。
③ 同上书,第381—382页。
④ 之所以使用2006年而非此后年度的数字,是因为,自2007年起我国实行了新的财政收支分类。由于新旧分类方法的差异,目前暂无可与1978年口径对比的数据。

财政收支的公共化，又进一步催生了财政政策取向的公共化——由在"自家"与"他家"之间搞"区别对待"，到在全社会范围内实行"国民待遇"。

呈现在财税运行格局上的这些变化，当然是在财税体制回归公共性的变革过程中发生的。没有以公共化为取向的财税体制变革，不可能有财税运行格局的公共化。发生在财税体制上的变革，又是一个顺应经济市场化以及经济社会制度由"二元"趋向"一元"的过程。这就是：

——从国有制财政走向多种所有制财政。财政的覆盖范围不再以所有制分界，而跃出国有部门的局限，延伸至包括国有和非国有在内的多种所有制部门。

——从城市财政走向城乡一体化财政。财政的覆盖范围不再以城乡分界，而跃出城市区域的局限，延伸至包括城市和农村在内的所有中国疆土和所有社会成员。

——从生产建设财政走向公共服务财政。财政支出的投向不再专注于生产建设事项，而跃出生产建设支出的局限，延伸至包括基础设施建设、社会管理、经济调节和改善民生等众多的公共服务事项。

可以看出，财税体制在变革中所发生的变化，集中体现在其覆盖范围的不断拓展上。由"国有制财政＋城市财政＋生产建设财政"向"多种所有制财政＋城乡一体化财政＋公共服务财政"的跃升，便是财政的覆盖范围不断拓展并逐步实行财政无差别待遇的过程。在这个过程中所日渐彰显的，正是财政与生俱来的本质属性——"公共性"。

3. 由"摸着石头过河"到瞄准"财政公共化"

正如经济体制改革是一个由目标不那么明晰、靠"摸着石头过河"，到目标愈益明确、以自觉的行动朝着既定目标前进的过程，财税体制改革也有着类似或相同的经历。

当财税体制改革刚刚起步的时候，并未确立公共化的改革取向，更未有构建公共财政体制的说法。那时，几乎所有的改革举措，都是基于提升经济活力目的、围绕着"放权让利"的主调而推出的。然而，正是这种旨在为整体改革"铺路搭桥"、从下放财力和财权入手的种种举措，打破了"财权集中过度，分配统收统支，税种过于单一"的传统体制格局，把财税运行格局带上了收入来源公共化和支出投向公共化的轨道。并且，作为收入来源公共化和支出投向公共化的必然结果，由此启动了财税体制的公共化进程。

当改革必须调整航向、在社会主义市场经济体制的棋盘上谋划全新的财税体制改革方案的时候，虽然并未清晰地意识到经济市场化与财政公共化的高度相关性，但那时所操用的几乎每一个棋子或推出的几乎每一个举措，也都是基于财税运行格局已经变化且不可逆转的现实而选择的。而且，在那样一种情势之下，能够与社会主义市场经济体制对接的财税体制安排以及相关的原则界定，自然离不开经济市场化这个基础。来自诸多方面的同市场经济血脉相连的因素、理念、规则、制度等叠加在一起，不仅催生了公共财政的概念以及相关的实践，而且改革的着眼点也越来越向财政公共化的方向聚集。

到后来，当局部性的改革随着改革的深入而逐步向全局延伸，以至于必须对财税体制改革目标有个总体定位的时候，也许是水到渠成的功效所致，"构建公共财政基本框架"便被作为一种当然的选择，进入人们的视野。并且，从那以后，包括收入、支出、管理和体制在内的几乎所有的财税体制改革线索和几乎所有的财税体制改革事项，都被归结于这条主线索，都被覆盖于这一总目标。也正是从那以后，关于中国财税体制的改革目标，无论学术界还是实践层，都越来越集中于"构建公共财政体制"或"建立公共财政制度"的概括或表述。

再到后来，伴随着建设完善的社会主义市场经济体制目标的形成和确立，建设完善的公共财政体制成为财税体制改革的方向所在。于是,"进一步健全和完善公共财政体制""完善公共财政体系"便被作为与时俱进的概括或表述,先后进入党的十六届三中全会、国家"十一五"规划和党的十七大等党和政府的一系列重要文献以及改革实践之中。与此同时,公共财政的字眼、理念和精神,也越来越深刻地融入学术界围绕包括政府职能格局、公共服务体系和社会事业建设等在内的重大经济社会问题的阐述以及普通百姓的日常生活。

4. 一个规律性现象

概括起来讲,由"非公共性"的财税运行格局和财税体制起步,沿着"财政公共化"的路径,一步步逼近和回归"公共性"的财税运行格局和公共财政体制目标,正是经济体制改革背景下中国渐进式财税体制改革的一条主线索。也可以说,由"非公共性"逐步向"公共性"逼近和回归的所谓"财政公共化"过程,是这一阶段的财税体制改革所经受的最可称道的重大挑战。

这实际上告诉我们,经济的市场化和财政的公共化,是一枚硬币的两个面。经济的市场化,必然带来财政的公共化。搞市场经济,就必须搞公共财政。这可以称为中国财税体制改革的一个规律性现象。

(三) 以"财政现代化"匹配"国家治理现代化":全面深化改革中的财税体制改革

作为经济、政治、文化、社会和生态文明体制全方位联动的全面深化改革,其总目标锁定于"发展和完善中国特色社会主义制度,推进国家治理体系和治理能力的现代化"(中共中央,2013)。由经济体制改革走向全面深化改革,这一变化带给新一轮财税体制改革的最为深刻的影响,就是跳出以往追随经济体制改革而定改革方案的思维范式,将财税体制改革置于全面深化改革的总棋局中,从而走上了"财政现代化"之路——建立现代财政制度。

1. 从财政与财税体制的全新定位破题

党的十八届三中全会关于新一轮财税体制改革的系统部署,是从财政与财税体制的全新定位破题的:"财政是国家治理的基础和重要支柱,科学的财税体制是优化资源配置、维护市场统一、促进社会公平、实现国家长治久安的制度保障"(中共中央,2013)。

这无疑是一个颇具历史和理论高度的全新论断。其中一个最为突出的变化在于:财政已经由一个经济范畴上升为一个国家治理范畴,财税体制已经由经济体制的一个组成部分上升为国家治理体系的一个组成部分。

关键的问题在于,由经济范畴到国家治理范畴、由经济体制的一个组成部分到国家治理体系的一个组成部分,这种变化,虽最初呈现在人的认识层面,但实则是不以人的主观意志为转移的客观规律的作用使然。在中国财政改革与发展史上,这是第一次从根本上摆正了财政和财税体制位置的回归本义之举,也可以说是改革开放进入以国家治理现代化为目标定位的全面深化改革阶段的必然产物。

由此破题,财政与国家治理、财税体制与国家治理体系密切联系在一起,在国家治理的大棋局中谋划并推进财税体制改革,也就成为题中应有之义。

2. 由"财政公共化"走向"财政现代化"

有必要提及这样一个事实,"财政是国家治理的基础和重要支柱"的表述,是同国家治理联系在一起的。两者如同一对连体婴儿,均系第一次进入官方语系。没有国家治理,不将国家治理现代化提上议事日程,就不会有财政与财税体制的全新定位。反之,离开了财政和财税体制的全新定位,也就谈不上国家治理,更谈不到国家治理现代化。从两者相辅相成、互为条件的关系中,可以确认,在中国,这样一种变化的出现绝非偶然。它标志着,在初步站稳"财政公共化"的基础上,中国财税体制改革进入了走向"财政现代化"的新阶段。

从历史上看,传统计划经济体制的最显著特征,就是把几乎所有的社会资源集中到政府手里,并由政府直接支配。在那个时候,长官意志主导一切,"治理"二字既提不到议事日程,更难以与国家对接、形成国家治理概念。在改革开放初期,当改革主要立足于经济体制、发展主要聚焦于经济领域的时候,我们不可能形成建设现代意义国家的目标,也不可能提出国家治理现代化的命题。只有在我们基本确立社会主义市场经济体制框架、跻身于世界第二大经济体之后,只有当我们有资格、有基础、有底气、有条件打造现代意义国家的一般制度形态的时候,才会提出推进国家治理体系和治理能力现代化的目标,也才有可能将财政和财税体制置于国家治理的大棋局中重新定位。

换一个角度说,经济市场化的改革进程,也是社会结构和利益格局深刻变动的过程。不仅原有的阶级、阶层和利益群体发生分化,而且一些新的社会阶层和利益群体不断出现,社会呈现出多元、多层的利益关系格局。

不同于以往经济社会主体相对单一、利益关系相对简单的社会结构和利益格局,随着不同社会阶层、利益群体逐渐形成,经济社会主体日趋多样性和多元化,不同利益群体之间发生矛盾和冲突的可能性大大增加,传统的国家治理方式已经与此不相适应。取而代之的,便是与现代市场经济和现代社会结构相匹配的现代国家治理结构。只有如此,才能协调越来越繁多的各种利益矛盾和冲突,包容越来越复杂的各种利益关系,规范越来越难以处理的责任、权力和利益,从而形成一种共谋、共建、共担、共享的利益共同体,保证经济发展和社会进步的全面可持续。也正是因为中国的经济社会发展进入了这一阶段,财政才会跃升至国家治理范畴,财税体制才会成为国家治理体系的一个组成部分。

这实际上启示我们,随着改革开放进入全面深化改革阶段并确立国家治理现代化的目标,始终作为整体改革的一个组成部分且服从于、服务于整体改革需要的财税体制改革,必然要转向匹配国家治理现代化的改革道路——建立现代财政制度,以"财政现代化"匹配国家治理的现代化。

3. 大不相同于以往的深刻变化

于是，发生在财税体制改革上的一系列大不相同于以往的深刻变化出现了。

——以往的财税体制改革，多是作为经济体制改革的组成部分、在经济体制改革的棋局上加以部署的。其推进和评估，可以紧跟经济体制的改革进程，以是否适应或匹配了社会主义市场经济体制作为标尺。新一轮的财税体制改革，则是作为全面深化改革的组成部分、在全面深化改革的棋局上加以部署的。因而，围绕财税体制改革的推进和评估，不仅要紧跟经济体制改革进程，而且要紧跟政治体制、文化体制、社会体制和生态文明建设体制改革进程，以是否适应并匹配了各个领域的改革联动、是否适应和匹配了改革的总体效果以及是否适应和匹配了实现国家治理体系和治理能力现代化的总体目标作为标尺。

——以往的财税体制改革，多是在将财政视为一个经济范畴、将财税体制视作一种经济制度安排的基础上加以谋划的。无论其触动规模多么巨大，涉及范围多么宽广，甚或其实际影响绝不限于经济领域，但从总体上来说，其主观立意并未脱出财政作为一个经济范畴、财税体制作为一种经济制度安排的思维局限。新一轮的财税体制改革，则是在将财政视作一个跨越多个学科、覆盖所有领域的综合性范畴，将财税体制视作一个可以牵动经济、政治、文化、社会、生态文明所有领域的综合性制度安排的基础上加以谋划的。因而，它绝非一般意义上的经济制度安排，而是站在国家治理的总体角度，将财政作为国家治理的基础性和支撑性要素加以打造，将财税体制作为全面覆盖国家治理全过程、各领域的综合性制度安排加以构建。

——以往的财税体制改革，多着眼于财税体制的属性特征，追求的是财税体制与社会主义市场经济体制的"性质匹配"。其基本目标，是建立与社会主义市场经济体制相匹配的公共财政体制。新一轮的财税体制改革，则是着眼于财税体制的时代特征，追求的是财税体制与国家治理体系和治理能力的"现代化匹配"。因而,它既非以往改革目标的简单延续,也非重起炉灶,推倒重来,而是在公共财政体制建设取得突破性进展的基础上,匹配国家治理现代化的总进程,从现代财政文明出发布局财税体制改革,打造现代国家财政制度的一般形态——顺应历史规律、切合时代潮流、代表发展方向、匹配中国国情的现代财政制度。从这个意义上讲,现代财政制度同公共财政体制一脉相承,实质是建立在财政公共化基础之上的财政现代化。

4. 又一个规律性现象

概括起来讲,站在"财政公共化"的肩膀之上,按照全新的理念、思想和战略推进改革,使得改革循着"财政现代化"的路径继续前行,建立起匹配国家治理现代化的现代财政制度,正是全面深化改革背景下中国渐进式财税体制改革的一条主线索。也可以说,由"公共财政体制"向"现代财政制度"靠拢和逼近的所谓"财政现代化"过程,是这一阶段的财税体制改革所面临的最可称道的重大挑战。

这实际上也告诉我们,国家治理的现代化和财政的现代化,是一枚硬币的两个面。国家治理的现代化,必然要求和决定着财政的现代化。推进国家治理体系和治理能力的现代化,就必须以建立现代财政制度作为基础和重要支柱。这可以称为中国财税体制改革的又一个规律性现象。

三 改革的未来走向:加快建立现代财政制度

党的十八届三中全会开启的全面深化改革有明确的时间表,"到二〇二〇年,在重要领域和关键环节改革上取得决定性成果,完成本决定提出的改革任务,形成系统完备、科学规范、运行有效的制度体系,使各方面制度更加成熟更加定型。"(中共中央,2013)。作为其中的一个重要组成部分,新一轮财税体制改革事实上已经进入倒计时状态。若再考虑其在全面深化改革中的基础工程和重点工程定位，推进新一轮财税体制改革的紧迫性不言而喻。

（一）围绕焦点、难点和痛点而攻坚

正是鉴于这样一种特殊的背景，2017年10月举行的党的十九大，立足于中国特色社会主义进入新时代的新的历史方位，在系统评估党的十八届三中全会以来财税体制改革进程的基础上，以倒计时思维前瞻未来的改革之路，围绕下一步财税体制改革做出了如下部署（习近平，2017）：

"加快建立现代财政制度，建立权责清晰、财力协调、区域均衡的中央和地方财政关系。建立全面规范透明、标准科学、约束有力的预算制度，全面实施绩效管理。深化税收制度改革，健全地方税体系。"

仔细地体会上面这段话并同党的十八届三中全会关于新一轮财税体制改革的部署相对照，就会发现，其中所发生的变化，意义极其深刻。

——党的十八届三中全会提出"建立现代财政制度"，党的十九大报告添加了前缀"加快"——"加快建立现代财政制度"。从"建立现代财政制度"到"加快建立现代财政制度"，集中反映了新一轮财税体制改革的紧迫性。可以说，"加快"将党的十八届三中全会绘制的财税体制改革蓝图真正落到实处，已成为中国特色社会主义新时代的迫切要求。

——在党的十八届三中全会所部署的三个方面财税体制改革内容中，预算制度管理改革居首，税收制度改革次之，中央和地方财政关系改革收尾。党的十九大对这三个方面内容的排序做了调整：中央和地方财政关系改革跨越其他两方面改革而从尾端跃至首位，预算管理制度改革和税收制度改革则相应退居第二和第三。排序的调整，显然折射的是三个方面改革内容相对重要性的变化。可以说，随着中国特色社会主义进入新时代，加快中央和地方财政关系改革，不仅是新一轮财税体制改革必须跨越的关口，更是必须首先完成的任务。

——党的十八届三中全会部署的财税体制改革内容，篇幅近千字，相对完整而系统。党的十九大关于财税体制改革的直接表述，则只有78个字，系画龙点睛式的。如中央和地方财政关系改革的目标是"权责清晰、财力协调、区域均衡"，预算管理制度改革的目标是"全面规范透明、标准科学、约束有力，全面实施绩效管理"，税收制度改革的重点是"健全地方税体系"。可以说，这些简明扼要、极具针对性的表述，均系新一轮财税体制改革的重点内容、关键部位。

其实，上述的重点内容也好，关键部位也罢，之所以在众多的改革议题和线索中被凸显出来，尤其是在对以往四年的改革进程做出系统评估之后被凸显出来，其最根本的原因无非在于，它们实质是新一轮财税体制改革的焦点、难点和痛点。

因而，围绕上述的焦点、难点和痛点而打一场攻坚战，加快建立现代财政制度，将新一轮财税体制改革蓝图绘到底，是党的十九大关于新一轮财税体制改革所发出的一个最重要且最明确的信号。

如下可能是这些焦点、难点和痛点问题的一份大致清单。

（二）中央和地方财政关系：下一步财税体制改革的重头戏

前面说到，从党的十八届三中全会到党的十九大，发生在中央和地方财政关系领域的改革进展主要有两项：《全面推开营改增试点后调整中央与地方增值税收入划分过渡方案》《关于推进中央与地方财政事权和支出责任划分改革的指导意见》。

就前者而言，注意到这一方案的适用期只有2—3年，它显然是一项权宜之计而非"进一步理顺中央和地方收入划分"的体制性安排。再注意到"营改增"之后的增值税收入占全部税收收入的比重已超50%，对如此高比重的税种实行分成，它显然是一种"分钱制"办法而非"分税制"安排。

就后者而言，注意到党的十八届三中全会对于此项改革的提法是"建立事权与支出责任相适应的制度"，这一指导意见则在事权和支出责任前面添加了"财政"二字,其意图虽可理解为以财政事权和财政支出责任的划分为突破口,从而为整个事权和支出责任的划分铺平道路,但是,它毕竟收缩了其应有的作用空间,实质是一个"缩水版"。

中央和地方财政关系的改革进程之所以会呈现如此的状态,当然与其自身的复杂性以及改革的难度直接相关。

毋庸置疑,中央和地方之间的关系是现代国家治理领域最重要的关系链条之一,中央和地方之间的财政关系又属于其中最具基础性和支撑性意义的要素,亦最具"牛鼻子"效应。围绕它的改革,不仅事关党和国家事业发展全局,而且牵动整个财税体制改革进程。鉴于加快中央和地方财政关系改革的极端迫切性,也鉴于防止本应发挥的"牛鼻子"效应演化为"拖后腿"效应,党的十九大不仅将其摆在下一步改革的优先位次,而且基于有针对性地加以推进的需要,进一步细化了其改革目标——"权责清晰、财力协调、区域均衡"。

也正是基于上述的考虑,作为党的十九大之后新一轮财税体制改革的开局之举,2018年1月27日,国务院印发了《基本公共服务领域中央与地方共同财政事权和支出责任划分改革方案》。[①] 由基本公共服务领域中的中央和地方共同事权破题,制定基本公共服务国家保障标准,规范中央和地方支出责任分担方式,从而建立起权责清晰、财力协调、区域均衡的中央和地方财政关系,便是这一改革方案的主要出发点。

可以预期,中央和地方财政关系的改革,将成为下一步财税体制改革的重头戏。

(三)预算管理制度:亟待将新《预算法》落到实处

相对而言,党的十八届三中全会迄今,预算管理制度的改革动手最早、力度最大,是新一轮财税体制改革推进最快、成效最为显

---

① 《人民日报》2018年2月8日。

著的领域。其最重要的标志性成果，便是 2015 年 1 月正式颁布的新《预算法》。

然而，以现代预算制度的原则反观新《预算法》，也可以发现，主要源自既得利益格局且困扰我们多年的若干"老大难"问题，仍未得到根本解决。

——虽然新《预算法》明确了"预算包括一般公共预算、政府性基金预算、国有资本预算、社会保险基金预算"，但具体到预算收支范围，对于一般公共预算的描述比较翔实——可以细化到"类款项目"，其他三本预算则大而化之——"政府性基金预算、国有资本经营预算和社会保险基金预算的收支范围，按照法律、行政法规和国务院的相关规定执行"。

——虽然新《预算法》明确了公开透明的标准，但除一般公共预算之外的其他三本预算收支并未达到这一要求，或者遵守的标准并不一致。也正是由于管理标准不一，在我国，对于四本预算的预算监督和约束事实上存在不小的差异，甚至迄今未能形成一个覆盖全部政府收支的"财政赤字"概念。

——虽然新《预算法》已经颁布将近三年，但与之相配套的实施细则至今未能落地。由于缺失具有可操作性的实施细则，不仅现代预算制度的理念难以真正确立，而且诸如财税部门统揽政府收支、实现政府预算的完整和统一等这些基础性的改革目标，也难以落到实处。

毋庸置疑，所有这些，既是下一步预算管理制度改革亟待攻克的障碍，也是与现代国家治理相适应的现代预算制度必须具备的基本素质。

可以认为，正是出于这样的考虑，党的十九大在对"全面规范、公开透明"加以精练概括的基础上，为预算管理制度改革确立了更加全面而细致的改革目标——"全面规范透明、标准科学、约束有力，全面实施绩效管理"。

也可以预期，循着如此的"路线图"，预算管理制度改革肯定会由此加快而推进至实质层面。

（四）税收制度：直接税改革对接"健全地方税体系"

迄今，在新一轮税制改革所涉及的"六税一法"——增值税、消费税、资源税、环境保护税、个人所得税、房地产税和税收征管法中，"四税一法"——"营改增"全面推开、资源税改革顺利推进、消费税征收范围逐步拓展、税收征管体制改革——已经启动。表面上进展很快，动作不小，但深入观察，就会发现，抛开税收征管体制具有特殊意义不谈之外，举凡取得进展的税种，均属于间接税。可归入直接税系列的个人所得税和房地产税，则"裹足不前"。

若将间接税和直接税分别视作新一轮税制改革行动的两翼，可以非常清晰地发现，两翼的改革行动颇不均衡。再注意到发生在以"营改增"为代表的间接税改革是以减税为基本取向的，以个人所得税和房地产税为代表的直接税改革的基本取向则是增税，两翼改革行动"跛脚"状态所带来的直接结果便是，间接税收入减下来了，但直接税收入并未相应增加。由此带来的收入亏空，只能通过增列赤字、增发国债加以弥补。

无论从哪个方面看，靠"借钱"支撑的税制改革，既不可持续，又蕴含风险。将新一轮税制改革目标落到实处的几乎唯一选择，就是走税制结构优化道路——在推进间接税改革的同时，实施直接税改革。以直接税的逐步增加对冲间接税的相应减少，以自然人税源的逐步增加对冲企业税源的相应减少。

更进一步看，基于优化税制结构目标而进行的直接税改革，迄今所涉及的税种，主要是个人所得税和房地产税。这两个税种，一旦同1994年确立并载入新《预算法》的分税制财政管理体制相对接，又可发现，它们都是可以作为地方税主体税种或主要税种的选项而进入地方税体系的。特别是房地产税，古今中外，历来就是作为地方税或地方主体税种而存在并运行的。就此意义而言，迄今新一轮税制改革进程中发生在个人所得税和房地产税改革上的"裹足不前"现象,也可表述为地方税改革"裹足不前",或者,地方税体系建设"裹足不前"。

同样毋庸置疑,以个人所得税和房地产税为代表的直接税改革,不仅关系到税制结构优化目标的实现,而且事关地方税体系建设以及中央和地方财政关系改革的进程。从这个意义上讲,直接税改革就是地方税改革,健全地方税体系就是健全地方财政收支体系,也就是重塑以"分税制"为灵魂的中央和地方财政关系新格局。

可以预期,按照党的十九大部署,尽快采取措施,让以个人所得税和房地产税为代表的直接税改革"破茧而出",进而推进以"健全地方税体系"为重点的税制改革进程,绝对是下一步财税体制改革的一场攻坚战。

四 主要结论

关于中国财税体制改革四十年基本轨迹、基本经验和基本规律的讨论至此,做出如下结论可能是适当的。

第一,迄今中国财税体制改革所走出的基本轨迹,可以大致概括为"三部曲":从以放权让利为主调、为整体改革"铺路搭桥"到寻求自身改革、走上制度创新之路,从零敲碎打型的局部调整到立足于对财税体制及其运行机制做整体变革,从构建公共财政体制基本框架到建立现代财政制度。

第二,迄今的中国财税体制改革,事实上存在着一条上下贯通的主线索。这就是:它始终作为整体改革的一个重要组成部分,服从于、服务于整体改革的需要。伴随着由经济体制改革走向全面深化改革的历史进程,不断地对财税体制及其运行机制进行适应性的变革:以"财政公共化"匹配"经济市场化",以"财政现代化"匹配"国家治理现代化";以"公共财政体制"匹配"社会主义市场经济体制",以"现代财政制度"匹配"现代国家治理体系和治理能力"。这是我们从这一适应性改革历程中可以获得的基本经验。

第三,迄今的中国财税体制改革实践之所以总体上是成功的,从根本上说来,是我们在扎根于中国国情土壤的基础上,深刻认知并严格遵从了财税体制及其运行机制的客观规律,按照客观规律的要求谋划并推进改革。作为事实上的中国财税体制改革实践的理论支撑,这些客观规律可以高度概括为:经济的市场化必然带来财政的公共化,国家治理的现代化要求和决定着财政的现代化。搞市场经济,就必须搞公共财政。推进国家治理现代化,就必须以建立现代财政制度作为基础和重要支柱。

第四,随着中国特色社会主义进入新时代,全面推进以建立现代财政制度为标志的新一轮财税体制改革更加紧迫。围绕新一轮财税体制改革的焦点、难点和痛点而打一场攻坚战,以加快建立现代财政制度的行动,为推进国家治理体系和治理能力现代化发挥基础性和支撑性作用并最终完成全面深化改革的历史任务,势在必行。

第五,站在新时代的历史起点上,以习近平新时代中国特色社会主义思想为指导,回过头来重新审视并体会党的十八届三中全会围绕财政与财税体制的全新定位以及关于深化财税体制改革的系统部署,可以将现代财政制度的基本特征作如下归纳:财政成为国家治理的基础和重要支柱,财税体制成为国家治理体系的基础性和支撑性要素。引申说,财政职能覆盖国家治理活动的全过程和各领域。以此对照当下的中国财政职能和作用格局,可以确认,进入新时代的中国财税体制改革,任重而道远。

参考文献

《中共中央关于建立社会主义市场经济体制若干重大问题的决定》,人民出版社 1993 年版。

《中共中央关于全面深化改革若干重大问题的决定》,人民出版社 2013 年版。

《中共中央关于完善社会主义市场经济体制若干问题的决定》,人民出版社 2003

年版。

《中华人民共和国预算法（2014 年修正）》，财政部网站。

财政部财税体制改革司：《财税改革十年》，中国财政经济出版社 1989 年版。

财政部综合计划司：《中国财政统计（1950—1991）》，科学出版社 1995 年版。

高培勇、温来成：《市场化进程中的中国财政运行机制》，中国人民大学出版社 2001 年版。

国家统计局：《中国统计年鉴（2015）》，中国统计出版社 2015 年版。

国务院：《基本公共服务领域中央与地方共同财政事权和支出责任划分改革方案》，《人民日报》2018 年 2 月 8 日。

李岚清：《深化财税改革　确保明年财税目标实现》，《人民日报》1998 年 12 月 16 日。

刘仲藜、桂世镛、项怀诚、唐铁汉：《中国财税改革与发展》，中国财政经济出版社 1998 年版。

楼继伟：《深化财税体制改革，建立现代财政制度》，《求是》2014 年第 20 期。

习近平：《决胜全面建成小康社会　夺取新时代中国特色社会主义伟大胜利》，人民出版社 2017 年版。

项怀诚：《中国财政体制改革》，中国财政经济出版社 1994 年版。

谢旭人：《中国财政改革三十年》，中国财政经济出版社 2008 年版。

中国财政年鉴编辑委员会：《中国财政年鉴（2007）》，中国财政杂志社 2007 年版。

中国税务年鉴编辑委员会：《中国税务年鉴（2007）》，中国税务出版社 2007 年版。

中央全面深化改革领导小组：《深化国税、地税征管体制改革方案》，《人民日报》2015 年 12 月 24 日。

（原载《经济研究》2018 年第 3 期）

论公共管理学科和财政学科的融合

一

1997年和1998年,教育部先后调整了研究生和本科生专业目录。其中的一个重大变化,就是管理学从经济学中分离出来,成为一个独立的学科门类。并且,在管理学门类项下,增设公共管理,使之同管理科学与工程、工商管理、农业经济管理、图书档案学等其他管理学门类项下的一级学科或二级类[①]并列出现于专业目录之中。

管理学和经济学相分离,特别是公共管理作为一级学科或二级类列入专业目录之后,如同以往历次的专业目录调整一样,最初进入我们视野并很快着手进行的工作,只是诸如行政管理学、警察管理、教育管理、体育管理、卫生事业管理、土地管理等相关专业的所谓对应调整及其教学方案的相应修订。但是,随着时间的推移,尤其在调整之后各类相关学科的建设过程中,我们越来越发现,这一次的专业目录调整不同于以往。它所牵涉的,并非仅限于上述的、需要作对应调整的相关学科。在深层次上,以财政学为代表的其他相关学科亦身在其中。这类学科的建设与发展,至少在学科的建设方向层面上,也要根据变化了的形势,适时地进行调整。

---

① 在研究生和本科生专业目录中,对学科门类下的学科层次称谓有所不同。前者将其称为"一级学科",后者则将其称为"二级类"。

二

在我们的记忆中，财政学从来都是被视作政治经济学的一个分支或经济学的一个组成部分，而归入经济学项下、作为纯粹的经济学学科加以建设的。不过，在这次专业目录调整之前，经济学是个比较宽泛的概念。那个时候的经济学，既包括了今天我们称为经济学的内容，亦覆盖了今天我们称为管理学的内容。

远的不说，单讲1993年的那一次本科专业目录调整。在1993年原国家教委修订颁布的《普通高等学校本科专业目录》中，列在经济学门类项下的，有两个二级类：经济学类和工商管理类。其中，经济学类包括经济学、国民经济管理、统计学、财政学、货币银行学、国际经济、农业经济、工业经济、贸易经济、运输经济、劳动经济、国际金融、国际贸易、税务、审计学、保险、投资经济、工商行政管理和土地管理19个专业，工商管理类包括企业管理、国际企业管理、会计学、理财学、市场营销、经济信息管理、人力资源管理、房地产经营管理、旅游管理、物流管理、海关管理和商品学12个专业。如此宽泛的经济学门类，既可以兼容当时称为经济学和工商管理的两个类别，列在其项下的各个专业，究竟是属于经济学类，还是属于管理学类，或者，究竟是经济学类的成分多一些，还是管理学类的成分多一些，也就不十分重要了。甚至，经济学类和工商管理类的划分，在那时人们的眼里，只是基于细化经济学门类的目的而做出的一种"概念"安排，其间并无什么根本性的差异。① 用今天的学科分类标准看，当时经济学门类项下所列的不少专业，都系经济学的成分和管理学的成分兼而有之。

财政学即是一个突出的例子。如人们所广泛认同的那样，财政

---

① 再往前追溯至1987年，那一次由教育部修订并颁布的《普通高等学校本科专业目录》，则是用"经济·管理类"来涵盖经济学门类的各个专业的。

是一个兼具经济和政治两种属性的范畴。作为一个经济范畴，财政从来就是政府的经济行为或政府的经济活动。政府的经济行为也好，政府的经济活动也罢，它所关注的中心问题，无非是社会资源在公共部门和私人部门之间、公共物品和私人物品之间的最佳配置。而这同以研究社会资源配置作为中心问题的经济学，恰好一致。所以，对于财政问题，当然要从经济学的角度、按照经济学的范式去研究。作为一个政治范畴，财政从来都是同国家或政府的职能连在一起的。国家的职能也好，政府的职能也罢，归总起来，无非是社会管理和经济管理两个方面。而社会管理和经济管理，最终又可归结到国家的管理或政府的管理上。所以，对于财政问题，当然也要从管理学——或政治学——的角度、按照管理学——或政治学——的范式去研究。① 正是由于财政所具有的经济、政治双重属性，财政学科的体系框架，几乎自其产生的那一天起，便同时贯穿着今天我们所说的经济学和管理学两个方面的线索，覆盖了在今天看来应分别属于经济学和管理学两大学科领域的内容。单纯从其中的任何一个方面的线索入手，或单纯基于任何一个学科领域的思维去研究财政问题，都不会被认为是全面而完整的。

随着经济学和管理学的分离，特别是公共管理学科的单列，原有的财政学科，似乎一下子成了一门跨越两大学科领域、兼容两大学科研究对象的综合性学科。如果按照今天的严格的学科分界，财政学科似乎也就应当随之"一分为二"——财政经济学和财政管理学。其中，前者属于经济学科或经济学门类下的应用经济学科，② 侧重于财政运行规律的分析和揭示；后者则属于管理学科或管理学门类下的公共管理学科，侧重于财政管理机制的构造和操

---

① 在这次本科专业目录调整之前，行政管理学被划入法学门类中的政治学类。调整之后，行政管理学被"一分为二"——一部分留在法学门类项下的政治学类，另一部分则划入管理学门类项下的公共管理类。

② 在研究生专业目录中，经济学门类下区分为理论经济学和应用经济学两个一级学科。本科专业目录，则未加区分，只含一个经济学类。

作。然而，问题的复杂之处恰恰在于，它们之间又是互为条件、彼此依存的，构成一个不可分割的统一体。在专业目录调整、财政学科被划在经济学门类项下以后，包括财政支出管理、政府采购管理、税收管理、预算管理、财政政策安排以及财政制度设计等方面的内容，无论如何是不能脱离财政学科领域、游离于财政学科的研究对象之外的。借用财政学中所谓纯粹公共物品和混合物品的概念，如果说专业目录调整之前的财政学科是一门比较纯粹的经济学科的话，那么，专业目录调整之后的财政学科便是一门介于经济学科和管理学科之间的混合学科了。

所以，专业目录调整之后的财政学科建设，肯定要以不同于调整之前的思路进行。财政学科，在置身于经济学大家族的同时，千万不能忘了自己的管理学——特别是其中的公共管理学——基因。财政学人，在建构自己的经济学学术地基的同时，千万不能忘了从管理学——特别是其中的公共管理学——的土壤中汲取营养。

三

在对以财政学科为代表的相关学科建设方向作了一番考证之后，我们的视野还需转向公共管理学科领域以及它同财政学科领域之间的联系。

诞生于20世纪初期、至今不过近百年历史的公共管理学科，其研究对象的定位，是政府部门或公共部门为满足社会公共需要而从事的各种管理活动。在不同的历史时期，不同的经济发展阶段和不同的经济社会形态下，由于社会公共需要的内容和层次不尽相同，政府部门或公共部门从事的管理活动存在差异，公共管理的内涵和外延亦处于变化之中。不过，在当今的世界上，传统意义上的公共管理——或称公共行政——已经或正在被"新公共管理"所取代，是一个近乎公认的、不争的事实。

按照"新公共管理"理论所谓"产业型政府"的解释，政府部门实质上是一个特殊的产业部门。政府部门产生、存在和运转的唯一理由，就在于它要生产或提供通过市场解决不了或解决得不能令人满意的公共物品或服务。在现代经济社会的诸种产业中，政府部门所经营的产业，就是公共物品或服务业。依此理解，有关公共管理的全部事项，说到底，就是政府部门或公共部门为满足社会公共需要而生产或提供公共物品或服务。

要满足社会公共需要，要生产或提供公共物品或服务的活动，要从事任何形式的公共管理活动，总是要花钱的。要花钱，就要去筹钱。这一收一支之间，便是政府部门或公共部门所从事的公共管理活动的一个领域——公共财政。然而，作为围绕政府部门或公共部门生产或提供公共物品或服务而筹集财源、而拨付经费的活动，公共财政同其他领域的公共管理活动有所不同：通过它，可以折射、反映政府部门或公共部门所从事的所有的公共管理活动。美国经济学家阿图·埃克斯坦在其《公共财政学》一书中写下了这样一段话："如果你想了解联邦政府在过去的一年里都干了些什么，或者，在未来的一年里将要干些什么，那么，你只要看一下联邦政府财政预算就足够了。"[1] 倘若说政府部门或公共部门所从事的公共管理活动多种多样，可从不同的角度、基于不同的目的加以分类的话，那么，无论从哪一角度、基于哪样一种目的做出的分类，公共财政收支活动，或者说，财政收支活动，都是全部公共管理活动的核心内容。如果说政府部门或公共部门所从事的公共管理活动存在着一条主线，只要抓住了这条主线，便可以由此牵动公共管理活动的几乎全部内容的话，那么，形成这条主线的领域，只能是公共财政收支，或者说，财政收支。相对于其他领域的公共管理活动而言，公共财政收支活动，或者说，财政收支活动，是居于"牵一发而动全身"地位的。"只有财政收支到位之处，才是政府职能履

---

[1] [美]阿图·埃克斯坦：《公共财政学》，张愚山译，中国财政经济出版社1983年出版，第2页。

行之地"。这既是财政学揭示的一个规律,也是关于公共财政收支活动同其他公共管理活动之间关系的一个极好概括。

由此可以得到一个意义不同寻常的启示:在公共管理和公共财政之间,在公共管理学科和财政学科之间,不仅有着诸多的相通之处,而且,公共财政对于公共管理,财政学科对于公共管理学科,事实上起到了一种支撑性的作用。

进一步看,由于公共管理所涉及内容的复杂性和广泛性,公共管理学从来就是一门建立在多个学科基础之上、由多个视角进入的综合性的或边缘化的学科。以目前国内各高校先后设置的、可以纳入公共管理范畴的专业或专业方向为例,它至少包括了行政管理、公共事业管理、劳动和社会保障管理、土地资源管理、公共政策管理、国民经济管理、公共财政管理、工商行政管理、文化艺术事业管理、警察管理、卫生事业管理、环境经济与管理、教育管理、体育管理、城市与规划管理、外交政策与管理、科技管理、非赢利组织管理、国防与国家安全管理、海关管理、渔业资源与渔政管理以及电子政务管理等20多个类别。美国路易斯安纳州立大学公共管理学教授托马斯·D. 林奇曾经开出了一份有关公共管理学覆盖内容的清单:公共管理学＝政治学＋经济学＋会计学＋行为科学＋财务学＋……①由此不难看出,公共管理学科领域的耕耘者确实需要一个广阔的多学科、多视角的知识背景。澳大利亚莫纳什大学公共管理系教授欧文·E. 休斯的看法则又向前跨进了一步。在他看来,新公共管理的主要理论基础就是经济学和管理学。② 所以,公共部门管理,或者说,"公共物品或服务业"的管理,既需要管理学的理念,也需要经济学——特别是其中的财政学——的思维。将管理学和经济学分析范式共同引入政府管理领域,无论从学术研究还是

---

① [美]托马斯·D. 林奇:《美国公共预算》,苟燕楠、董静译,中国财政经济出版社2002年版,第7页。

② [澳]欧文·E. 休斯《公共管理导论》,张成福、马子博等译,中国人民大学出版社2001年版,第77页。

从实际操作的角度来看，都有极大的必要性。

四

说到这里，做出如下结论可能是适当的：

财政学科的建设需要融入于公共管理学科。割断了同公共管理学科之间的血肉联系，游离于公共管理学科的建设之外，财政学科的建设便如同一个跛脚的行者。既站立不稳，又行走艰难。长此以往，不仅会失掉已有的生存空间，而且会错过时下的发展生机。

公共管理学科的建设同样需要财政学科的加盟。没有财政学科的加盟，忽略了公共财政的核心地位，公共管理学科的建设便犹如一座塌了一角、缺少支柱的大厦。既不够完整，也谈不上坚固。照此下去，不仅会因缺乏一条主线而难以整合诸方面的公共管理活动，而且公共管理学科所应有的多学科、多视角的特点亦难以凸显出来。

在专业目录调整之后的新形势下，划在经济学门类项下的财政学科，应当循着"一体两翼"——一体指财政学科，两翼分别指经济学和管理学——的思路建设和发展，将财政学科建筑在经济学和管理学——或者应用经济学和公共管理学——互相融合的基础上。

只有在财政学科和公共管理学科互相交融的大棋局中，才能找到适合现代经济社会背景的财政学科和公共管理学科的建设与发展道路。

换一个角度，在经过了几个世纪的学科日益分化的历程之后，人们已经开始强调学科之间的互相融合，甚至出现了学科综合的趋势。发展边缘学科、重视综合学科，由倾向于培养专门家到倾向于培养综合家，可以说是当今世界学科建设领域的一个潮流。面对这样一种变化，身处这样一个背景，以财政学科和公共管理学科为代表的相关学科，应当也必须走这样一条融合或综合的建设和发展道路。

笔者以为，这也正是我们进行研究生和本科生专业目录调整的目的所在。瞄准这个大方向，同时在教学科研方案设计、教学科研内容确定、教学科研手段配置、教学科研机构安排等方面采取相应的调整措施，中国的财政学科和公共管理学科的建设和发展之路，一定会越走越宽广。

参考文献

国家教育委员会高等教育司：《中国普通高等学校本科专业设置大全》，华东师范大学出版社1994年版。

教育部高等教育司编：《中国普通高等学校本科专业设置大全（1999年版）》，高等教育出版社1999年版。

教育部高等教育司组编：《构建21世纪人才培养新体系》，中南工业大学出版社1999年版。

张馨等：《当代财政与财政学主流》，东北财经大学出版社2000年版。

［美］托马斯·D.林奇：《美国公共预算》，苟燕楠、董静译，中国财政经济出版社2002年版。

［澳］欧文·E.休斯：《公共管理导论》，张成福、马子博等译，中国人民大学出版社2001年版。

（原载《中国高教研究》2003年第2期）

中国特色新型财经智库的建设

一 引言

在中国，智库建设被提至事关党和国家事业发展全局的战略高度并直接写入党和政府的重要文献，可追溯至2011年10月举行的党的十七届六中全会。在那一次会议所通过的《中共中央关于深化文化体制改革推动社会主义文化大发展大繁荣若干重大问题的决定》中，有这样一段话："整合哲学社会科学研究力量，建设一批社会科学研究基地和国家重点实验室，建设一批具有专业优势的思想库"。

自那以后，中国的智库建设受到前所未有的关注。正是在那样一种历史背景下，2011年12月29日，中国社会科学院财经战略研究院（以下简称"财经院"）在原中国社会科学院财政与贸易经济研究所（以下简称"财贸所"）的基础上正式组建。遍布全国各地的各种类型的智库，也如雨后春笋般不断涌现。

如果说党的十七届六中全会拉开了中国智库建设的序幕，那么，党的十八大以来，新一届中央领导集体则开启了中国智库建设的新纪元。

党的十八大报告在将智库建设与决策机制和程序相对接的基础上，正式提出："坚持科学决策、民主决策、依法决策，健全决策机制和程序，发挥思想库作用，建立决策问责和纠错制度"。

2013年4月，习近平同志在一次批示中首次使用了"智库"

的提法:"要完善决策机制和程序,按照服务决策、适度超前的原则,建设高质量智库"。此后不久,他又进一步将"智库"伸展为"中国特色新型智库",进而提出了建设中国特色新型智库的目标。自此,中国特色新型智库便逐步替代原有的思想库概念而成为智库建设领域的流行词汇。

以此为契机,2013 年 11 月,党的十八届三中全会将智库建设纳入现代国家治理体系,从推进国家治理体系和治理能力现代化的高度,在《中共中央关于全面深化改革若干重大问题的决定》中正式做出了"加强中国特色新型智库建设,建立健全决策咨询制度"的战略部署。

这是一个非常重要的转折点。它表明,在新的历史起点上,以"中国特色"和"新型"为着力点,中国的智库建设走上了一条不同于以往、不同于别国、富有中国特色的体制机制创新之路。

2014 年 10 月 27 日,中央全面深化改革领导小组第六次会议审议了《关于加强中国特色新型智库建设的意见》(以下简称《意见》)。在《意见》中,中国特色新型智库建设的重大意义被高度概括为党和国家科学民主依法决策的重要支撑、国家治理体系和治理能力现代化的重要内容和国家软实力的重要组成部分三个方面。习近平同志提出,要从上述的战略高度,把中国特色新型智库建设作为一项重大而紧迫的任务切实抓好。

一个月后,2014 年 11 月 30 日,中共中央办公厅和国务院办公厅联合印发了这个《意见》。由此掀起了一个中国特色新型智库建设的热潮。

2015 年 10 月,党的十八届五中全会召开。全会通过的《中共中央关于制定国民经济和社会发展第十三个五年规划的建议》,再一次提及中国特色新型智库建设:"实施哲学社会科学创新工程,建设中国特色新型智库"。紧跟着,2015 年 11 月 9 日,中央全面深化改革领导小组第十八次会议审议通过了《国家高端智库建设试点工作方案》。

这预示着，随着中国特色新型智库建设被写入"十三五规划"以及国家高端智库建设试点工作方案的运行，未来五年以及更长的一个时期，我们将迎来一场全面建设中国特色新型智库的攻坚战。

站在这样一个新的历史起点上，财经院很有必要在系统总结以往四年运行实践的基础上，以进一步打造更加成熟和定型的体制机制、贡献高质量研究成果的努力，在中国特色新型智库建设的道路上迈出新步伐。

二 认识智库：智库有其特殊的运行规律

智库虽是一个被广泛使用的概念，但它并非似"研究咨询机构"寥寥几字的定义那样简单。在这一定义的背后，隐含着大不相同于一般学术机构以及其他类似机构或活动的深刻内容——智库的特殊运行规律。故而，智库建设首先要从智库运行规律的认识和把握开始。

在认识和把握智库特殊运行规律问题上，财经院经历了一个逐步探索和不断校正的过程。比对各种与智库建设有关的思路，采用排除法，我们先后澄清了如下认识：

1. 智库建设不等于向对策性研究倾斜

后者主要限于研究方向或研究重点的调整。前者则是向以服务于决策咨询为中心的研究方向、研究范式、学科布局和体制机制的全面转型；后者相对容易，可以在原有运行格局保持不变的条件下通过局部微调——如腾挪出一部分人力、一部分经费或一部分精力，引导其从事对策性研究——加以完成。前者则相对困难，需要通过一系列重大的改革举措——重新整合学术资源，形成适宜于提炼和升华为智库成果的体制机制——方可实现。

因而，严格说来，后者仅可归结于科研管理范畴的活动，充其量只可算作科研资源配置向智库研究领域的拓展，前者才是超越一般科研管理意义的涉及智库体制机制重构或再造的重大调整行动。

2. 智库成果不能简单等同于出点子、上奏折

后者虽也可纳入前者工作的清单范围，但它往往是一事一议的、就问题说问题的，有时也是呈零敲碎打状的。前者的重点则是围绕情况、事件和问题提出系统化的、有坚实的学理支撑和方法论支持的政策建议和战略建议；后者可以是简单地摆出问题或提出批评性意见。前者则必须是建设性的，既不能满足于发现问题，也不能止步于批判现实，而要在发现问题、批判现实的基础上拿出解决问题的有效方案。

因而，严格说来，后者并非智库工作的主要内容，在非智库机构的框架内就可以完成。前者才是智库的主要工作内容，只有立足于智库特有的体制机制方可做到。

3. 智库运行不同于党政部门内设的政策研究室

后者以服务于党和政府的日常工作为目标，主要着眼于提供具体对策。前者则要聚焦于围绕党和政府决策亟待解决的重大课题，开展前瞻性、针对性和储备性政策研究，着力于提高综合研判和战略谋划能力；后者本身系党政部门的组成部分，其研究工作难免与其所属党政部门的立场、观点拴在一起。前者则与党政部门保持一定距离，相对超脱，可以相对客观、冷静、不受干扰地进行研究和判断，具有一定的独立性。

因而，严格说来，后者并非典型意义的智库或仅可归结为智库类的活动，前者才属于符合智库运行规律的典型意义的智库。

4. 智库形态不同于各种虚体状的研究平台

后者往往无固定办公场所、无固定人员编制和无稳定经费支持。其基本轨迹是以课题为线索、随课题而组建团队、人员与经费时常变化。前者则是实体性研究机构，有固定办公场所、有固定人员编制、有稳定经费支持；后者只能适应于临时性、阶段性研究的需要。前者则要从事长期蹲守、持续追踪的研究，把为决策层提供科学、及时、系统和可持续的研究成果作为日常工作。

因而，严格说来，后者仅属于可产出某些智库类成果的研究平

台，前者才是可切实满足决策咨询需求的本来意义上的智库，也才是真正契合《意见》所界定的基本标准的智库。

上述的讨论，实际上向我们揭示了现代智库运行规律的基本底色——一种大不相同于一般学术机构以及其他类似机构或活动的提供决策咨询类产品的特殊学术产业。应当说，这是中国特色新型智库建设的逻辑起点。

它提醒我们，时下中国的智库热或建智库热固然值得欢迎，但难免泥沙俱下。我们必须冷静地按照智库的特殊运行规律来建设智库。既不能把智库当作一般学术机构的翻版，也要把智库与智库类机构或智库类活动区别开来。以此为基础，积极地引领智库建设向着中国特色新型智库的目标发展。

毫无疑问，财经院面向智库的全面转型，要以大不相同于上述各种线索的思路持续推进。

三 定位智库：智库应有自身的功能特色

作为一种提供决策咨询类产品的特殊学术产业，如同产品差别和服务差别在经济生活中的意义，面对智库林立的情势，智库建设也需坚守比较优势。也只有在立足于比较优势的基础上办出自身特色，做到人无我有，人有我精，才会有存在的价值和竞争力。我们理解，正是出于这样的考虑，才有了中国特色新型智库的表述。

就总体来说，一个"新型"，划出了中国特色新型智库相对于以往国内智库类机构和智库类活动的界限。一个"中国特色"，又划出了中国特色新型智库相对于国外智库的界限。因而，如何走出一条既有别于以往、又不同于国外且体现中国特色、中国风格、中国气派的智库建设之路，是中国特色新型智库建设的题中应有之义。

就个体而言，中国特色新型智库显然是一个有关智库建设的总目标。在这个总目标之下，可以进一步具体化为耕耘于不同领域、植根于不同学科甚或服务于不同对象的智库建设目标。因而，如何在中国特色新型智库的旗帜下，根据比较优势形成体现不同类型、不同性质智库自身特色的功能定位，是中国特色新型智库建设的另一个重要内涵。

就耕耘于经济领域、植根于经济学科以及服务于党中央和国务院经济决策的财经院而言，其功能定位，从一开始便锁定于"国家级学术型财经智库"。这一定位，当然是基于对财经院的比较优势做深入而系统分析的结果。

不妨分作几个层次来讨论。

1. 财经智库

智库的基本功能是通过提供专业化的知识、信息以及其他类型的分析产品，帮助决策者和公众做出准确的判断和决策（李扬，2015）。这即是说，智库是同专业化天然地联系在一起的。立足于自身的学科优势和专业特长，而不奢望于包容万象、成为"万金油"，是财经院在智库建设中明确确定的重要出发点。

财经院是在原财贸所基础上组建的。从财贸所1978年6月成立算起，财经院有着30多年的历史传承和学术积淀。对财经院的历史与现状作一大致的盘点，便会看到，在财经领域拥有的广泛人脉和影响力、沿袭已久的财经学科建设前沿地位、相对齐全的财经学科集群、对现实和焦点问题的敏锐感觉、善于提供建设性意见的良好学风、同相关政府部门的紧密联系、通达的财经信息来源渠道以及一批学有专长且擅长于财经分析的行家里手，等等，都属于财经院立身的优质资产和比较优势。它们，既构成了财经院智库建设的坚实基础，也是财经院智库建设应当彰显的自身特色。

所以，以"财经智库"作为财经院智库建设的功能定位之一，致力于为党中央、国务院的经济决策服务，当可视为财经院的实至名归之策。

2. 学术型智库

智库尽管瞄准的主要是对策性研究，但科学性是其必备的基本要素之一。毋庸赘言,科学性依存于学术性,智库研究要建立在深厚的学术研究基础上。只有以坚实的学理支撑和方法论支持,掌握翔实可靠的数据和资料,了解历史,善于融会贯通,才可能提供符合经济社会发展规律、有理论厚度、有穿透力的政策建议和战略建议。

有别于其他类型的智库机构,中国社会科学院是以哲学社会科学立身的学术殿堂。作为中国社会科学院直属的研究机构,财经院不仅始终是中国财经科学的学术重镇之一,而且积累并形成了将深厚的学术积淀与缜密的政策设计密切联系起来的宝贵经验和学术传统。这意味着,财经院在为智库研究提供学理支撑和方法论支持上具有比较优势。

所以,以"学术型智库"作为财经院智库建设的功能定位之一,致力于为党中央、国务院的经济决策提供学理支撑和方法论支持,当可视为财经院无回旋余地的不二选择。

3. 国家级智库

就体制内智库而言,按照隶属关系和经费来源渠道的不同,是可以分作不同层级的。比如,有隶属于中央、以中央财政拨款为主要经费来源的国家级智库,也有隶属于各级地方政府、以地方财政拨款为主要经费来源的地方各级智库,还有隶属于高等院校、以自筹经费为主要来源的各类实体性、半实体性或虚体性智库等。不同层级的智库,所服务的对象当然有所不同,其所担负的主要任务和所研究的主要问题,甚至所持立场或视野范围,也有颇大的差异。

作为中央直接领导的国家哲学社会科学最高研究机构,不仅其经费来源主渠道是中央财政,而且其服务对象亦主要锁定于党中央和国务院。正因为如此,在中国特色新型智库的建设中,按照《意见》的定位,中国社会科学院须发挥"国家级综合性高端智库"的优势。作为中国社会科学院直属的研究机构,财经院的智库建设当然要围绕着"国家级综合性高端智库"这个中心优势而展开。

所以，以"国家级智库"作为财经院智库建设的功能定位之一，从党和国家事业发展全局的战略高度，为人民开展智库研究（王伟光，2015），致力于为党中央、国务院提供关乎经济持续健康发展奠定牢固根基的智库建议，当可视作财经院必须履行的神圣使命。

4. 国家级学术型财经智库

将上述的讨论汇集起来，可以看出，"国家级智库＋学术型智库＋财经智库"的确是一个能够兼容财经院比较优势和智库运行规律的适当的功能定位选择。只有立足于这样的功能定位，财经院才能办出自身特色，也才能凭借自身的实力立于智库之林。

所以，主要聚焦于财经领域而非所有领域，主要致力于以坚实的学理支撑和方法论支持为党中央、国务院的经济决策服务而非泛泛地提供决策咨询类产品，主要围绕国家治理层面的全局性、战略性和前瞻性经济问题以及经济社会发展中的重大经济理论和现实问题做深入而系统的研究而非眉毛胡子一把抓，是财经院在智库建设中始终遵循的一条十分清晰的主线索。

四 建设智库：构筑匹配智库运行规律的特殊体制机制

既然是一种特殊的学术产业，既然这个产业所提供的是决策咨询类产品，它的体制机制自然有其特殊性。将智库当作产业来建设，将决策咨询类成果当作产品来提供的一个合乎逻辑的结果，就是智库建设的重心或重点须一直锁定于与智库运行规律相匹配的体制机制构建或再造。

四年来，财经院的智库建设，就是循着这样的理念和判断走过来的。如下便是一份有关体制机制建设的大致清单：

1. 学科建设

无论是作为国家级财经智库，还是作为学术型财经智库，都不能没有学科建设。学科建设的灵魂在于"排兵布阵"，有别于高等院校等一般学术机构主要着眼于学科、学位点建设的"排兵布阵",致力于智库建设的财经院的"排兵布阵",理应体现自身的特色。这就是,学科与问题并重,多学科会诊问题。

我们做如此的选择,主要是考虑到:(1)进入智库视界的问题,基本上是综合性的。智库所从事的,也多属于跨学科、跨专业的研究。因而,智库不能拘泥于学科和专业界限,擅长什么,就研究什么;有什么学科、专业,就研究什么学科、专业领域的问题。(2)即便综合性的问题,跨学科、跨专业的研究,也不应是"万金油",而须建立在专业化研究的基础之上。或者说,应以专业化支撑综合性研究。(3)财经院并非高楼万丈平地起,它是以原财贸所为基础组建的。前面说过,无论以往的财贸所还是今天的财经院,它所具有的一个既重要,也是我们一直引为比较优势的特点,就是多学科、多专业并存。(4)立足于研究需要和自身特点,财经院理应跨越以往多"以问题为导向"的智库学科建设思维局限,而探索建立一种多学科之间、多专业之间的交叉整合机制,以多学科、多专业的比较优势破解跨学科、跨专业的综合性问题。

2. 开放性研究

鉴于研究对象越来越趋向于综合,也鉴于人员编制总是有限的,更鉴于新问题、新变化不断涌现,各种疑难杂症层出不穷,既不可能遇到什么问题,就建立什么学科、专业,也不可能固守相对狭窄的学科、专业视角去面对复杂多变的现实世界,我们只能在立足自身学科、专业优势的基础上,寻求跨学科、跨机构、跨部门的合作,走开放性研究的道路。

为此,我们做了如下两方面尝试:一是在院党组的支持下,组建了以中国社会科学院经济学部学部委员和相关研究所所长为主要成员的"财经院学术顾问委员会"。另一是着眼于巩固和扩大与境内外学术和智库机构的交流合作,新签和续签了一系列同相关机构的战略合作框架协议。寄希望于以此建立一种稳定的学术交流和信息共享机制,加强同相关学术和智库机构的联系并保持常来常往的开放性格局，借力外部资源，完成跨学科、跨专业的综合性问题研究任务。

3. 供需有效对接

作为智库，财经院的研究成果应是具有针对性的，应是在"直接触摸而非间接揣摩"的状态下形成的。只有达到如此境界的决策咨询成果，才具有效性和针对性。而要达到这一境界，最好的办法就是与服务对象直接、密切地联系在一起，通过搭建常态化互动平台，实现供需有效对接。把决策需求及时传导到智库，把智库研究成果顺畅提供给决策者，让智库更加有效地参与决策咨询（李伟，2015）。

可以选择的实现供需有效对接的办法之一，就是"智库共建"。比如2012年7月，中国社会科学院与审计署签署"关于中国社会科学院财经战略研究院共建项目的协议"，以财政审计研究为主线，在学科建设、课题研究、人才培养等方面实行全面合作，共同建设财经院。又如2014年11月，中国社会科学院与国务院研究室达成战略合作意向，共同建设依托于财经院而组建（实行一套人马、两块牌子）的"中国社会科学院经济政策研究中心"。以服务于国务院经济决策作为中心定位，既可让财经院智库研究接上地气，清晰地发现问题、瞄准于解决问题，又可让财经院智库成果有专门渠道上达中央。

可以选择的另一个实现供需有效对接的方法，可称作"对口跟踪"。具体而言，就是在继承财经院同相关政府职能部门传统业务联系的基础上，按学科、专业和研究人员的研究专长分解责任、确定对象，实施"对口跟踪"服务，使得财经院与相关政府职能部门之间形成一种如两个齿轮间的"咬合"状态关系。如财政经济研究部及其研究人员对口联系财政部、审计署、国家税务总局及其相关司局，贸易经济研究部及其研究人员对口联系商务部及其相关司局，服务经济研究部及其研究人员对口联系国家发改委、住房与城市建设部、国家旅游局及其相关司局，综合经济研究部及其研究人员对口联系中共中央政策研究室、国务院研究室及其相关司局等。

4. 协同作战

人文社会科学领域的学者，历来有居家科研的偏好、单打独斗的习惯以及十年磨一剑的追求。然而，作为智库的财经院，所面对的或是亟待解决的重大理论和现实问题，或是应急性的决策咨询需求。凡属重大问题，往往都是综合性问题。凡属应急性需求，往往都要限期提交成果。显然，必须适当改变上述的偏好、习惯和追求，而打造一种新的适合智库运行的有利于协同作战的机制。

比如弹性坐班制。根据研究任务需要，在相关研究部、室或负有特定研究任务的研究人员中实行弹性坐班制，具体规定每周坐班科研的时间。

又如研究例会制。一般可每双周举行一次固定例会或根据情况不定期举行例会，交流研究体会、沟通研究信息、部署研究任务。

5. 一线调研

理科研究往往离不开实验室，人文社会科学领域的学者则擅长于思辨，鉴于智库成果的性质系"人命关天"——一旦进入决策并付诸实施，便会对党和国家的事业全局以及经济社会发展进程产生影响，甚至是十分重大的影响。所以，借鉴理科研究的特点，我们强调，财经院所从事的所有智库类课题，所有智库类的分析和政策建议，都不能仅仅理解为研究人员的个人主张或学术观点，必须重实情，立足于一线调研，掌握第一手资料。并且，要以"两不"——不坐而论道，不隔岸观火——为标准，以"两贴"——贴近现实，贴近决策——为目标，对研究成果进行全面检验。

6. 成果评价

学者往往十分在意学术评价，供职于智库的学者自然也不例外。目前在各类学术机构中运行的学术评价办法，大都是针对学术性成果的特点而制定的。倘若不能建立一个适应于智库成果的学术评价标准和制度，则无论是称职的智库队伍的形成和稳定，还是有用、管用、能用的智库成果的产生，都会出现一系列问题。

综合分析，很有必要从如下三个方面入手探索建立智库成果的评价制度：

其一，在充分论证智库研究和学术研究、智库成果和学术成果之间关系的基础上，形成有关"智库成果是学术研究的最高境界，智库研究是学术发展的最高阶段"的广泛共识，让智库研究和学术研究、智库成果和学术成果彼此交融，互长共进。

其二，将决策咨询成果纳入研究人员的学术成果考评范围，使决策咨询类成果和学术性成果在同一平台上同时实行全面评价。

其三，借鉴消费者对商品和服务评价的机制，建立以智库服务对象——如政府、企业、社会等——为主体的评价机制，把解决国家重大需求的实际贡献作为核心标准，加强绩效评估（袁贵仁，2015）。

唯其如此，方可实现学者型人才向智库型人才的成功转化，促进学术研究成果向智库研究成果的成功转换。

主要参考文献

中共中央：《中共中央关于深化文化体制改革推动社会主义文化大发展大繁荣若干重大问题的决定》，人民出版社 2011 年版。

中共中央：《中共中央关于全面深化改革若干重大问题的决定》，人民出版社 2013 年版。

中共中央办公厅、国务院办公厅：《关于加强中国特色新型智库建设的意见》，《人民日报》2015 年 1 月 20 日。

中共中央：《中共中央关于制定国民经济和社会发展第十三个五年规划的建议》，《人民日报》2015 年 11 月 3 日。

王伟光：《走在国家高端智库建设前列》，《光明日报》2015 年 12 月 9 日。

李伟：《建设高质量中国特色新型智库》，《光明日报》2015 年 1 月 22 日。

李扬：《把握智库内涵　建设新型智库》，《光明日报》2015 年 2 月 15 日。

袁贵仁:《努力建设一批新型高校智库　服务党和政府科学民主决策》,《人民日报》2015年1月23日。

[原载《财经智库》2016年第1期（创刊号）]

治所理念、治所思想与治所战略的探索与调整

——加快构建中国特色经济学背景下的
经济研究所建设

一 引言

在我国,哲学社会科学正在得到前所未有的重视。远的不说,就在习近平同志《在哲学社会科学工作座谈会上的讲话》(以下简称《讲话》)发表一周年之际,中国哲学社会科学界接连迎来了两件具有历史意义的大事:中共中央印发了《关于加快构建中国特色哲学社会科学的意见》(以下简称《意见》),习近平同志为中国社会科学院建院40周年发来了贺信(以下简称《贺信》)。

《意见》从坚持和发展中国特色社会主义,必须加快构建中国特色哲学社会科学这一重要论断出发,围绕坚持马克思主义指导地位、学科体系建设、学术体系建设、话语体系建设、人才队伍建设、加强和改善党的领导等重大问题,做出了加快构建中国特色哲学社会科学的一系列具体部署。

习近平同志在《贺信》中明确指出,坚持和发展中国特色社会主义是理论与实践的双重探索。哲学社会科学工作者应当围绕构建中国特色哲学社会科学学科体系、学术体系和话语体系,做出新的更大贡献。

显而易见,《讲话》与《意见》《贺信》是一脉相承的,其主线索便是加快构建中国特色哲学社会科学。可以说,构建中国特色

哲学社会科学的大政方针已经确定、路线图已经绘就。接下来，摆在哲学社会科学工作者面前的任务，就是"撸起袖子加油干"。也可以预期，以此为契机，中国特色哲学社会科学将进入一个大发展、大繁荣的新时期。

中国特色哲学社会科学显然是涵盖多个哲学社会科学类学科的统称，其中的一个重要组成部分就是中国特色经济学。认识到经济建设从来就是中国特色社会主义事业的中心内容，我国改革开放和社会主义现代化建设实践已经为中国特色经济学的构建提供了丰富的思想源泉，可以认为，在加快构建中国特色哲学社会科学的进程中，中国特色经济学的构建既是一条主线索，也应当成为着力点和着重点。

构建中国特色经济学，当然是中国经济学界的共同任务。不过，将这一任务与中国社会科学院经济研究所（以下简称"经济所"）的自身特质和历史传承联系起来，又会发现，中国特色经济学的构建之于经济所，具有不同于其他经济研究机构的特殊意义。

这样说，固然有经济所是中国社会科学院（以下简称"社科院"）直属的国家级专业研究机构，经济所须担负并履行经济研究的国家队义务等方面因素的考虑，但是，除此之外，更值得提及的是如下一些基本事实：

经济所历来以"老所""大所"著称，也曾经被称作"天下第一所"。之所以是"老所"，是因为，经济所的历史可追溯至1926年7月创办的中华教育文化基金会社会调查部。1929年7月，社会调查部改组为社会调查所。即便从社会调查所组建之日算起，经济所也已有将近90年的历史，且经历了"中央研究院"、中国科学院和社科院三个不同发展时期。在中国经济学界，还没有哪一个经济研究机构有着如此悠久的历史。在社科院经济学部，除经济所之外，其他几个研究所历史上都是由经济所这个母体分化出去的。

之所以是"大所"，除了人员编制规模确实较大的意义之外，还因为，经济所是以学科门类立所的，覆盖并拥有理论经济学和应用经济学两个一级学科及其项下的若干二级学科，因而它的研究领域相对宽广。在社科院经济学部，除经济所之外的其他研究所，则多以二级学科甚或三级学科立所，没有哪一个研究所的研究领域如经济所这般宽广。而且，在中国经济学界，经济所又以经济理论研究和经济史研究见长，以党和国家关注的重大经济理论问题为主攻方向，还没有哪一个经济研究机构如经济所这般汇集了如此众多的经济理论和经济史学科及其研究人才。

之所以被称作"天下第一所"，是因为，在中国经济学研究的历史上，曾经有过一个时期是以经济所的研究为中心的。作为中国经济学研究的中心，经济所不仅涌现过一大批引领中国经济学方向的大家和名家，而且，也贡献过一大批对中国经济学以及党和国家事业发展全局具有重大影响的研究成果。正是由于几代经济所人的坚持和坚守，才打下了今天经济所的学术研究基础，也才有了今天经济所的学术文化传承。

作为经济所人，每当说起经济所的时候，我们总是无不自豪地讲，一部经济所史，就是一部中国经济学研究的发展史，也是一部经济所人以经济研究成果报效祖国和人民的历史。

做这样的盘点，当然不是感受荣耀，更重要的是一份沉甸甸的责任。站在新的历史起点上，面对历史赋予我们的时代重任，作为老所，当然要焕发青春。作为大所，当须履行使命。作为曾经的"天下第一所"，更应率先投身于加快构建中国特色经济学这一宏伟事业。换言之，加快构建中国特色经济学，是经济所当仁不让、义不容辞的天职所在。

"打铁先得自身硬"。承载如此重要的历史任务，牵涉经济所的学科建设、科学研究、人才培养、学术评价等工作的安排和调整，从而对经济所的自身建设提出了新的更高的要求。如何抓住这一前所未有的历史机遇，使经济所的各方面工作跃上一个新台阶，以进一步办好经济所的努力推进构建中国特色经济学的进程，无疑是每一个经济所人需要认真思考、慎重抉择且躲不过、绕不开的重要课题。

这也意味着,加快构建中国特色经济学之于经济所,不仅是研究方向、研究方法以及研究成果的调整与布局,而且包括治所理念、治所思想、治所战略的调整与布局。因而,在我们看来,这实际上是研究层面和自身建设层面的双重探索。

二 如何看待和认识经济所的现状

(一)"下行"是个不容回避的客观事实

很难确切地说开始于何时,在经济所内部也好,在经济所外部也罢,每当聊起经济所的现状时,经常听到的一种议论是,今日的经济所难以同往日的经济所相提并论。每当说到其中的缘由时,经常听到的一种解释便是,今日的经济所已经不再拥有往日经济所种种得天独厚的条件。每当论及未来的走向时,经常听到的一种说法就是,今日的经济所既不可能再现往日的辉煌,也难以摆脱一直以来的下行态势。

如此的议论、解释和说法听得多了,时间久了,便不免会滋生一种心态:今日经济所的影响力大不相同于以往,是可以接受的。其影响力的滑坡,亦是可以谅解的。这样一种心态的弥漫,不仅对于作为经济所人的我们自己,而且对于外界的同行,甚至包括虽耕耘于其他领域但对经济研究有需求或略知一二的人们,其所产生的效应可想而知。

我们当然要承认,往日经济所的辉煌,确实同处于计划经济或者由计划经济向市场经济过渡中"一股独大"的特殊体制机制环境直接相关。随着越来越多的研究机构跻身于经济研究领域,"一股独大"演变为"群雄逐鹿",不少传统优势逐渐丧失,在十分激烈的市场竞争面前,相对于往日的辉煌,今日经济所的"下行"也确实是个不容回避的客观事实。

(二)"下行"终归要"触底"

不过,细究起来,这里论及的所谓"下行"事实,应是有特定参照系的——相对于往日特殊体制机制环境下所具有的特殊优势,而绝非意味着持续性的、沿着下行的通道一路走下去。我们是搞经济研究的,恰如我们在分析经济下行态势时总要不断追问是否或何时触底一样,在分析经济所的现状时,也应追问一句话:今日经济所相对于往日的"下行",是否已经到了该"触底"的时候?

老所长赵人伟同志(1989)曾发表过一篇题为《在新形势下办好经济研究所的设想》的讲话稿。只要读过这篇讲话稿就会发现,即便放在今天,或者当我们今天来论证经济所现状的时候,其中的许多内容都不过时。比如,他在讨论当时经济所面临的外部挑战特别是来自众多经济研究机构、高等院校竞争的时候,便指出了经济所不再"一股独大"、不再拥有得天独厚的条件,其影响力已经呈现滑坡之势。

注意到这篇讲话稿发表于28年之前,如果说经济所相对于往日的"下行"至少始自1989年,那么,在28年之后的今天,在亲历了28年之久的"下行"过程之后,无论从哪一方面看,我们都不能不提出"触底"的问题。

触底意味着什么?触底意味着有可能反弹,起码意味着不再进一步下行。有下行就必有触底,触底了就有可能反弹,这既是经济学的基本常识,也同样适用于对经济所现状的分析。

不妨回过头来审视一下28年以来经济所走过的基本轨迹。

我曾在中国人民大学工作多年,对高等院校的情况比较熟悉。在我的印象中,最严峻的挑战发生在1998年。那一年,在创建世界一流大学的口号下,国家启动了对清华大学和北京大学的特殊支持计划。巨额的财政经费注入,不仅一下子拉大了这两所学校教师与社科院研究人员的收入和其他方面待遇的差距,而且也掀起了其他高等院校以自身创收增加教师收入、提高教师待遇的浪潮。于是,一时间,"人往钱(多)处走",在各个高等院校之间人员大规模流动的同时,一个十分突出的现象,就是不少社科院研究人员流向高等院校。

但是,从那以后,作为市场化改革趋于深化的重要成果,尽管社科院与高等院校之间在收入和其他物质条件方面的距离仍旧存在,但毕竟已经大大缩小。特别是近些年来,随着国家哲学社会科学创新工程的实施,社科院研究人员的收入水平、科研经费保障以及其他物质条件有了极大改善。与此同时,在招生规模趋于稳定、公平公正等一系列现代国家治理理念日渐彰显的形势下,高等院校所能享受的特殊优惠也在逐步回归正常轨道。可以注意到,当下正在高等院校兴起的所谓"双一流"建设,虽仍旧主要表现为人才的争夺战,但相对于以往,争夺战的"热度"已经降低。

因而,以今日经济所置身的环境而论,尽管各方面挑战仍在,但其严峻性并不比我们曾经经历的程度来得大。换言之,该来的早就来过了,最困难的时期已经过去。经济所的"下行"理应到了"触底"之时。

(三)应当同时讲两句话

其实,平心而论,经济所相对于往日的"下行",在理论上可归结为因竞争对手增加、竞争程度加大而带来的市场份额减少。这显然并非经济所一家独自面对的情势,而是一个市场化改革进程中的普遍性问题。

还应当看到,尽管根植于特殊体制机制环境的各方面条件不似以往,经济所还是仍旧拥有一些特殊优势的。比如,国家级的专业研究机构、地处全国的政治中心、由中央财政直接拨款,等等,这些都是其他经济研究机构和高等院校所欠缺或不如我们的地方。当然,与此相关,一直以来我们也有一个久治未愈的软肋,那就是与垄断地位相伴而生的竞争性不足。不仅同其他经济研究机构和高等院校之间事实上存在的竞争未能形成足够的压力和推力,而且,也未能在内部真正建构起你追我赶、彼此竞争的体制机制。对于这些与体制机制绑在一起的特殊的优势和劣势,我们不能视而不见,而应扬长避短。

所以，论及经济所的现状，应当同时讲两句话。一句话是，时过境迁，特殊的体制机制环境一去不复返，今日的经济所确实不可能再现往日的那般辉煌。另一句话是，最困难的时期过去了，经济所已经到了有可能触底反弹的时候。显而易见，同时讲两句话，比单纯讲一句话更全面，更客观，更符合实际。只有同时坚持两个方面的判断，才能清晰地认识到我们身上的责任，才会恰当地把握好我们所处的历史方位，也才能真正找到我们努力的方向。

（四）全面而客观地看待、认识经济所

"触底"问题的提出，实质揭示了我们对于经济所现状的基本判断。它提醒我们，站在新的历史起点上，全面而客观地看待经济所，认识经济所，非常之重要。我们应当全面地调整心态、理念、思想和战略，把握好经济所面临的机遇，应对好经济所面临的挑战，以进一步做好经济所工作的努力，积极地引领经济所向着更高层次的境界前行。这既是老一代经济所人寄予的厚望，也是我们这一代经济所人应有的交代。

这启示我们，无论在哪一方面，经济所人都不应心安理得地接受"下行"态势延续。否则，那就不能归结于客观原因，而系主观原因。那也不能从其他方面去找原因，而纯系我们自身的努力不够。面向未来，我们必须以目前经济所的学科建设、科学研究水平作为起跑线，进一步有所努力，有所作为，有所贡献，有所收获。在此基础上，力争进一步提升经济所的学术影响力和决策影响力。

结论1：以"触底"论评估经济所现状，可能是全面而客观地看待、认识经济所，从而寻找作为空间的适当选择。

三 当前最重要的工作是学科建设

（一）治所如同老百姓过日子

研究所的工作，虽然千头万绪，但说起来也就是两条主线。一条主线是科学研究,这属于我们的日常性工作。另外一条主线是学科建设,可以归之为我们的基础性工作。

实际上,这两项工作是密切地联系在一起的,各有各的功能定位。这就好像老百姓过日子,用每个月的收入满足吃穿用度等方面的需求,就是日常性生活。用积攒下来的余钱添置或更新家具、家用电器以及其他耐用消费品,就是家庭基本建设。日常性生活和家庭基本建设显然并行不悖,均属于过日子的基本功。记得上小学的时候,我的一个同学的母亲,常被邻居们夸奖为会过日子。其中一个主要的理由,就是她每年的2月,都会用全家六口人因减少了两天吃喝而省下的钱添置两床被褥。显然,在老百姓的心目中,会过日子的标准,就是不但要保证吃穿用度正常持续,而且还要抓住任何可能的机会积累家当。

治所与过日子同理。我们在从事日常运转——通过科学研究,完成上级指定或交办的任务以及自己选择的课题,产出研究成果——的同时,应当也必须积累下一些家当——通过学科建设,夯实或垫高研究所进一步发展的事业基础。绝不能因埋头或止步于日常运转,而忽略或看漏了家当积累。换言之,脱出日常性工作的视野局限而伸展到基础性工作层面,坚持科学研究和学科建设并重,日常运转与家当积累兼容,方为真正意义上的治所之道。

(二) 学科建设是研究所的基础和支柱

研究所的学科建设,借用军事的语言,说到底就是四个字:排兵布阵——确定主攻方向并为此配置资源。具体而言,我们应该并且能够研究什么?我们在哪些领域可以做出重要的贡献?哪些是我们的优势学科?哪些又是我们的重点学科?哪些可归入目前虽处于弱势但从长远看应优先发展的学科?以怎样的学科布局才能在整体上凸显研究所的核心竞争力?这些问题的提出并解决,即是布阵。紧接着,如此的学科布局需配置怎样的资源?什么样的人适合做学科带头人?将什么样的人放在什么样的位置上去?基于形成合理梯队的考虑还需调入或培养什么样的人?以怎样的梯队结构才能在整体上实现研究所的发展目标,诸如此类问题的提出并解决,即是排兵。

所以,把研究所的学科布局视作应当占领并且守住的阵地,据此配置好适合攻占以及能够守住阵地的人,就是学科建设,就是学科建设中最需提出并解决的问题。

注意到学科建设直接关注的问题是学科布局和学科梯队,在研究所工作的总棋局中,这无疑是最具基础和支撑意义的一项。且不说科研课题的选择总要立足于学科布局和学科梯队,科研活动的组织总要围绕学科布局和学科梯队来展开。即便是作为科学研究结果的科研成果的水平和质量,在很大程度上,亦决定于学科布局和学科梯队的状况,而且需通过学科布局和学科梯队的调整加以改善和提升。换言之,学科建设是研究所安身立命的根本。

结论2:学科建设是研究所的基础和支柱。办好经济所,首先要从根本上确立学科建设在治所工作中的基础和支柱地位。

(三) 成就和培养人才是学科建设的重心所在

进一步分析,排兵的目的是布阵,布阵终归要落实于排兵、通过排兵去实现,这意味着,人才配置实质是学科建设的重心。常识也告诉我们,一个研究所的实力怎样,影响力有多大,往往取决于其旗下学科带头人和学科梯队的学术水平和影响力。有什么样的学科带头人和学科梯队,就有什么样的学科布局和科研成果,也就在学术和决策领域拥有什么样的影响力。过去是这样,现在是这样,将来同样也是如此。

这昭示我们,尽管研究所拥有着包括人财物等在内的各种各样的资源,但从根本上来说,以学科带头人和学科梯队为代表的人才,才是最重要的,才是最牵动人心的。进一步说,人才既是研究所的核心资产和本钱所在,更是研究所富有实力的基本标识。正因为如此,对于研究所的建设和发展而言,第一位的工作理应是成就和培养人才。抓住了人才配置,便抓住了研究所工作的核心内容。成就和培养了人才,也就保值和增值了研究所的核心资产,夯实了研究所的实力基础。

若将学科建设比作资产积累,科学研究比作产品生产,那么,学科建设直接成就的是人才,科学研究直接成就的是成果。学科建设与科学研究之间的关系,集中表现为人才配置与科研成果之间的关系。对于研究所的建设和发展而言,两者显然并非是等价的。相对于科学研究,以人才配置为主线索的学科建设是治所工作的重心所在。这是我们必须牢固确立并始终坚守的治所理念。

抛开成果总要依托于人才、在学科建设的基础上产出之类的道理姑且不谈,以往的治所工作经历一再告诉我们,在任何需要举证成果的场合,如重大科研项目的申报和评审,成果总要与其作者同时提及——是谁的成果或谁取得的成果?在任何需要举证研究所实力的场合,如优势学科或重点学科的申报和评审,已经产出的成果固然重要,但人们更看重的是可以持续产出的成果。支撑后者的基础,当然是可以持续产出成果的人才。

常识告诉我们,成果往往是随其作者走的。当某一学科带头人或学科骨干从某一学术机构调入另一学术机构之后,他所带走的绝非仅仅是其此后可能产出的成果。除了流量之外,其名下的存量——在此之前他所产出的成果,也会一并转出,随其纳入新的供职机构成果清单,成为其新的供职机构举证实力的依据。

这样说,绝非意味着成果不重要。恰恰相反,对于研究所的建设与发展而言,成果与人才都很重要。但是,成果终归是产品层面意义上的重要,人才则是资产层面意义上的重要。产品与资产相比,后者的分量自然大于前者。

结论3:人才最重要,人才比成果更重要。办好经济所,最重要的就是成就和培养人才。

(四)经济所亟待"压舱石"

学科建设之于经济所,人才配置之于经济所,当前亟待解决的问题,是"压舱石"的成就和培养。这里所说的"压舱石",指的是富有影响力的人才和富有影响力的学科。

从历史上看，经济所曾经有过的辉煌也好，曾经作为中国经济研究中心的经历也罢，固然系多方面的因素所促成，但最根本的一条，就是我们拥有一批富有影响力的大家、名家以及由这些大家、名家所领衔的富有影响力的学科。在今天，经济所的建设与发展，固然要从多方面着眼和努力，但从根本上说来，还是要以大家、名家的成就和培养为主线，依托于富有影响力的人才和富有影响力的学科。这就好比一台戏中的演员，总要有主角、配角以及跑龙套的之分。主角难觅，配角次之，跑龙套的好找。其中，最为关键的事情，是找到并确定适合扮演主角的人。只要主角有足够的知名度和吸引力，这台戏便唱成了，也就有票房价值了。

学科建设中的"主角"就是学科带头人。只要有了学科带头人，学科梯队的搭建也好，学科布局的实现也罢，往往都可迎刃而解。更进一步说，学科带头人的水平在很大程度上代表着整个学科梯队的水平，学科带头人在本学科领域所处的影响力位次在很大程度上决定着整个学科梯队在本学科领域的位次。因而，富有影响力的学科带头人是成就富有影响力的学科的前提条件。这是被历史与现实的经历一再证实过了的。远的不说，单讲近一个时期高等院校围绕"双一流"建设而展开的人才争夺战，所争夺的对象或说是能够成为被争夺对象的，就是具有充当学科带头人条件或潜质的人才。

立足于经济所的现状，可以看到，这些年来，一方面，随着体制机制环境的变化，我们流失了一些学科带头人。另一方面，随着时间的推移，一部分学科带头人又到了集中退休的年龄。来自两个方面的冲击叠加在一起，我们比以往任何时候都亟待充实学科带头人队伍，我们比以往任何时候都亟待充实由大家、名家领衔的学科梯队。

（五）关键在于成就和培养学科带头人

成就和培养学科带头人，当然不能"矬子里拔将军"，其门槛首先应当是富有影响力的学者。

多年的教学与科研实践告诉我们，要成为一个富有影响力的学者，至少应同时具备四个条件：其一，经过完整而系统的经济学基础训练，具有扎实的理论功底和专业素养，确实是学有专长且擅长经济分析的行家里手。其二，对本学科或本专业以及相关领域的问题高度敏感，善于从各种纷繁复杂的矛盾现象中一下子捕捉到其最实质的线索，具备抓住整个讨论中间最关键环节的智慧。其三，在本学科或本专业领域有长期蹲守、持续跟踪的经历，可清晰把握本学科或本专业领域各种问题的来龙去脉、前世今生，既知道它们的今天，也知道它们的昨天，甚至前天，从而能够在一个相对长远的历史发展进程中定位和研究问题。其四，在本学科或本专业领域富有广阔的人脉基础，既熟悉耕耘于本学科或本专业领域的代表性人物，也为耕耘于本学科或本专业领域的代表性人物所认可和接纳，从而能够跳出文献和数据的局限，在高层次的学术交流平台上从事高起点、深层次、广视角的研究。

显然，成就和培养这样的学者不是一件容易的事。除了自身的潜质之外，也需要条件和时间。

关键的问题是，作为一个学者，特别是作为经济所人的学者，要有为人民做学问的担当和成长为学术大家、学术名家的志向。只有立下了这样的志向并且清晰地意识到肩负的使命，有意识地训练自己，不断地向其靠近，才有可能一步步提升影响力，最终成长为大家和名家。

更关键的问题是，筑巢才能引凤。作为一个学术机构，特别是作为经济研究的国家队且有着久远历史和深厚学术积淀的经济所，要着力于打造和净化学术环境和学术土壤，让经济所真正成为做学问的好地方、学术报国的好去处。这其中，最重要的就是构建起有利于优秀人才脱颖而出、有利于吸引和积聚人才、有利于成就和培养大家和名家的体制机制。在《意见》中的提法，就是"营造风清气正、互学互鉴、积极向上的学术生态"。

结论4：学科带头人以及由其领衔的学科是研究所的"压舱

石"。办好经济所,关键在于成就和培养学科带头人。

(六) 坚守并弘扬"学术本位、人才中心"

应当说,经济所历来以做学问的好地方所著称。在历史上,经济所的旗下之所以能够积聚起那么多的优秀学者,之所以有那么多的优秀学者投身于经济所、潜心在经济所的平台上做学问,说到底,他们所看重的正是经济所的学术生态。我们的任务,就是将这种良好的学术生态坚守下去并发扬光大。

那么,经济所良好学术生态的核心和灵魂是什么?

不同的人站在不同的角度,可能会有不同的诠释。但是,从经济所的历史传承、前辈经济所人寄予的厚望以及年青一代经济所人表达的愿景中,可以认定,处于第一层级的,可归结为八个字"学术本位、人才中心"。

所谓学术本位,显然是由"金本位"演化而来的。其要义在于,在各种可用于考评业绩和水平的标准或尺度中,要以学术作为本位标准和本位尺度。具体说,就是以学术贡献作为考评业绩的基本标准,以学术水平作为考评人才的基本尺度。

所谓人才中心,其要义在于,在可纳入视野的各项工作线索中,要以人才建设为第一要务,着力于成就和培养人才。换言之,人才是研究所工作的中心线索,所有的工作都要围绕着人才建设来进行。

仔细思量,之所以以学术为本位、以人才为中心,当然与研究所的定位及其中心工作直接相关。其实,不论正式确认与否,各行各业都有各自的在行内、业内通行的评价标准和中心线索。我记得,当年在工厂当工人的时候,工友们最尊重的是生产能手,定期评选的是生产标兵。之所以尊重生产能手、评选生产标兵而非其他别的什么,无非是因为企业追求的是盈利,其中心工作是生产。

同样的道理,经济所是科学研究机构,中心工作是科学研究,自然要以学术立所,将学术作为经济所的本位。对于经济所人的评价,自然要以其学术贡献和学术水平作为基本标准或尺度。对于经济所工作全局的部署，自然要将人才建设放在中心位置，并围绕这个中心线索布局其他方面的工作。

它启示我们，经济所之所以被人们视为做学问的好地方，最根本的原因就在于，经济所是以学术立所的。在这里，学术至上，学术为重，不仅是一种核心价值理念，而且是一种共同追求。因而，以学术为本位，以学术来论英雄，理应作为经济所的"传家宝"坚守下来。

它还启示我们，经济所之所以能够成为吸引人才的好地方，最根本的原因就在于，经济所人是以学术立身的。在这里，崇尚学术，尊重人才，不仅是一种文化，而且能够得到最实在的体现。因而，以人才为中心，让真正的人才在经济所能够得到最好的尊重，也理应作为经济所的"传家宝"坚守下来。

进一步说，坚守并弘扬经济所的良好学术生态，根本之举是把学术为本、人才为重落到实处，并且，以与时俱进的精神进一步将其体制化、机制化。为此，待条件成熟时，通过制订经济所章程，将学术本位、人才中心及其相关内容写入章程，从而形成一种更基本、更深沉、更持久的力量，无疑是非常必要的。

结论5：建立在"学术本位、人才中心"基础上的良好学术生态，既是经济所的"传家宝"，也是经济所赖以吸引人才、成就和培养人才的基本支撑。

（七）以"三大板块"主线索为"牛鼻子"

以学科带头人为代表的各类人才的成就和培养，当然要与学科布局结合起来并最终落实于学科布局。其中，关键在于找到并确定适当的抓手。

从总体上看，经济所的学科建设可区分为三个不同的层级：第一层级，现有的10个研究室[①]，涵盖了政治经济学、资本论、宏

[①] 包括政治经济学研究室、资本论研究室、宏观经济学研究室、经济增长理论研究室、微观经济学研究室、公共经济学研究室、当代西方经济理论研究室、经济思想史（发展经济学）研究室、现代经济史研究室、经济史研究室。

观经济学、经济增长理论、微观经济学、公共经济学、发展经济学、当代西方经济理论、经济思想史、现代经济史、经济史 11 个学科或专业。第二层级，按大类分，这 11 个学科或专业可归并为"两学两史"——理论经济学、应用经济学和经济史、经济思想史。第三层级，依主线索做进一步归类，则上述"两学两史"又可概括为三大板块：以政治经济学为主线索的理论经济学研究、以宏观经济学为主线索的应用经济学研究以及主要服务于以史鉴今目标的经济史学研究。

经济所的学科建设，当然要区别于不同层级而有不同的思路。但是，对接《意见》关于学科定位的表述，注意到政治经济学、宏观经济学和经济史学分别属于对哲学社会科学具有支撑作用的学科、同经济社会发展密切相关的学科和对文明传承有重大影响的学科，着眼于牵"牛鼻子"的需要，在经济所，学科建设似可以由上述三个主线索入手，由此牵引、带动理论经济学、应用经济学和经济史、经济思想史以及整个经济所的学科建设。

政治经济学的学科建设无疑是理论经济学学科建设的重中之重。这不仅是因为，当今中国对于经济理论研究的需求，集中体现为对于政治经济学研究的需求。而且也因为，就中国经济学研究的现状看，政治经济学研究事实上尚属于薄弱地带，其支撑作用亟待着力加强。除此之外，在经济所的发展史上，政治经济学一直以来都是传统优势学科，无论对于共和国建设还是对于改革开放事业，都曾做出过重要贡献。有鉴于上述种种，政治经济学当然要摆在理论经济学学科建设的核心位置，从各方面优先予以保障。

宏观经济学的学科建设，显然要成为应用经济学学科建设的重心所在。这不仅是因为，宏观经济分析一直是经济所的强势学科，也是经济所具有的决策影响力的主要标志，保持并强化这种影响力对于经济所至关重要。而且也因为，随着中国经济发展步入新常态、供给侧结构性改革成为中国宏观经济调控的主基调，宏观经济政策正在经历重大调整，宏观经济理论的研究也亟待与时俱进，建构中国特色的宏观经济调控理论势在必行。

经济史学，在中国经济学领域，一直以来都是经济所独特的传统优势学科。其覆盖的学科范围之广、专业之多，都是其他经济研究机构和高等院校难以企及的。注意到经济史学对于文明传承的重大影响，尤其注意到全面梳理中国社会主义经济建设实践以及系统总结改革开放基本轨迹、基本经验和基本规律对于当今中国改革与发展的重大意义，经济所的经济史学学科建设不仅亟待加强，而且亟待以服务于以史鉴今为主要目标，立足于党和国家事业发展全局的需要而进行整合。其中，跳出史学的视野局限深入于实践，不就史学论史学，不就经济史研究论经济史研究，围绕"发挥为党和国家决策服务的思想库作用"（习近平，2017）这一中心任务而布局经济史学领域的相关学科建设，是经济史学学科建设的方向所在。

结论6：以政治经济学带理论经济学，以宏观经济学带应用经济学，以服务于以史鉴今目标而布局经济史学，可以成为经济所当前和今后一个时期学科建设工作的"路线图"。

四 抓好科学研究工作布局：学术和智库研究并重

（一）锁定于出有用、能用、管用的成果

科学研究是我们的日常性工作。因为，说到底，我们就是做经济科学研究工作的。将科学研究视作一种产品生产过程，其目标就是出成果。

不过，这里所说的出成果，并非指一般意义上的所谓写了或发表了多少东西，而是指要出有用、能用、管用的高质量成果。

当前不断释放出的党和国家对于哲学社会科学研究的强烈需求，实际上折射出的是哲学社会科学研究供给同需求之间不相匹配的现实。换言之，表面上是需求问题，实际上是供给问题。事情表现在需求一侧，其深刻的根源则存在于供给之中。这是需要认真总

结的。

按理说，这些年，我们开的各种研讨会不能算少，发表的论文、出版的专著不能算少，呈交的研究报告和政策建议也不可谓不多，但就是同党和国家的需求之间存在距离。看起来，问题不在量而在质，不在规模而在结构，说到底是货不对路。从这个意义上讲，哲学社会科学研究也要实行供给侧结构性改革。经济学研究领域尤应如此。

改革的方向，就是优化资源配置格局——减少无效供给、增加有效供给，着力提升供给质量。就此而言，经济所的科学研究工作有着不小的作为空间。

结论7：出有用、能用、管用的高质量成果，才是科学研究的目标所在。当前的一项极为重要的工作，就是以供给侧结构性改革的思维，着力优化经济所的科研资源配置格局。

（二）"殿堂与智库共居一所"是经济所的一大优势

与其他经济研究机构的情形可能有所不同，在经济所，科学研究工作是循着两条线索进行的：一条是传统意义上的学术研究，其代表性成果是论文、专著等。另一条是异军突起且日趋重要的智库研究，其代表性成果是研究报告、对策建议等。相应地，前一类成果往往被称作学术成果，后一类成果则被称作智库成果。也就是说，经济所要同时产出学术成果和智库成果。

如此格局的形成，同经济所的功能定位和学科布局直接相关。就功能定位而言，按照社科院的三个定位——马克思主义的坚强阵地、哲学社会科学的最高殿堂、党和国家的重要思想库和智囊团，经济所的科学研究要在坚持以马克思主义为指导的前提下，同时兼容学术研究和智库研究。就学科布局而言，建构在"两学两史"基础上的以政治经济学、宏观经济学和经济史学为主线索的三个学科板块，恰好同时形成了对于学术研究和智库研究的三个支撑点。换言之，"殿堂与智库共居一所"是经济所科学研究工作的一大特点。

问题是该如何看待这一特点。

可以认为,这是经济所的一大优势。首先,经济学作为一门致用之学,在"致用"这一目标上,学术研究和智库研究是一样的。两者之间的区别,仅在于距离实践的远近。其次,瞄准于"致用",经济研究成果的主要作用就是提供学理支撑和方法论支持,这又恰好构成学术研究和智库研究的合力点。最后,党和国家对于经济研究的需求是多层次的,既有理论层面的需求,也有应用层面的需求,还有基于以史鉴今目的的需求。这些不同层次的需求,往往交融在一起,很难在学术研究或智库研究之间作明确划分。经济所的"殿堂与智库共居一所"特点,恰好易于形成学术研究和智库研究互相补充、携手共进的格局。

更进一步看,注意到经济学的"致用"性质,如果将其比作一个金字塔,那么,智库研究和学术研究便分别居于塔尖地带和基座部位。从基座到塔尖,以学术研究成果为基础,为智库研究提供学理支撑和方法论支持,并形成有用、能用、管用的智库研究成果,这可能是经济科学研究工作的基本格局。从这个意义上讲,智库研究是经济研究的最高境界,学术研究则构成了经济研究的坚实基础。

换一个角度观察,也会得到大致类似的判断。学者的成长,往往始于写学术论文。待写了多篇论文、有了一定的积累之后,便开始写专著。后来,又会在专著的基础上将其中能达成共识或公理的东西写进教材。再后来,便要指点江山——对国家的发展建言献策,写政策分析、研究报告之类的东西了。所以,就学者的学术人生论,其最高的发展阶段,也是智库研究。一路支撑其一步步走到最高发展阶段的,无疑是学术研究。换句话说,智库研究是学术人生的最高阶段。

花了这么浓重的笔墨论证学术研究和智库研究之间的关系,无非是要强调一点,在科学研究工作布局中,学术研究和智库研究犹如车之两轮、鸟之两翼,系彼此依存、互为支撑的统一体。尽管基于分工的目的可以做学术研究和智库研究的大致区分，但切忌将两者视作两张皮，更不能将两者对立起来，在重视一个方面的同时轻视或忽略了另一个方面。

这样说，当然是有所指的。经济所历来以经济理论研究见长，理论研究又常常被等同于学术研究。相对而言，在学术研究和智库研究这架天平上，我们投入于前者的精力和气力、配置给前者的资源往往多于后者。科学研究的现实感不够强，不善于撰写对策建议、政策分析之类的智库成果，这一直是我们的软肋。在加快构建中国特色经济学的大背景下，立足于经济所"殿堂与智库共居一所"的科学研究布局优势，这种格局理应有所改变。可以说，把智库研究和学术研究放在同等重要的位置，像重视学术研究那样重视智库研究，是我们的一个历史选择。

当然，这里所说的并重，是就作为一个整体的科学研究布局而言的，并非指所有的研究人员都要同时做学术研究和智库研究。比如，在一个学科范围内，可以实行不同研究人员的适当分工——有人专注于学术研究，有人专注于智库研究。还如，就一个特定的研究人员来说，可在其学术生涯的不同时期实行适当分离——在某一个阶段专注于研究学术问题，另一个阶段专注于研究智库问题。

结论8："殿堂与智库共居一所"是经济所的一大优势。经济所可以也应当形成学术研究与智库研究并重且互为依托、相互支撑的科学研究工作布局。

（三）学术研究也须讲究"致用"

作为科学研究工作的一翼，前面说过，在追求"致用"这一目标问题上，学术研究和智库研究并无什么不同。只不过，相对于智库研究距离实践较近，偏重于提出政策建议、解决实际问题而言，学术研究距离实践较远，更关注发展学理、观点和理念（李扬，2014），强调的是对于实践的基础和支撑作用。也就是说，学术研究也要以出有用、能用、管用的高质量成果为目标。

具体而言，第一，认识到不仅现实问题研究而且理论问题研究，其最终都是为了满足需求，都是为了"致用"，经济理论研究理应围绕党和国家关注的重大理论问题而展开。不论是基础理论研究，还是一般理论研究，课题的立项、研究力量的配置、研究过程的组织，以及阶段性和最终成果的提炼和形成，都要紧盯需求，都不能脱离满足党和国家对于经济理论研究的需求这一最重要的着眼点。

第二，聚焦于满足需求，意味着理论研究不能为理论而理论，在理论推导的层面兜圈子，而须跳出理论分析的局限伸展至实践层面。既要在实践中发现、筛选理论问题，又要在理论与实践相互联系的过程中研究理论问题、解决理论问题。故而，理论研究也要坚持问题导向，也要有现实感和方向感。我们常常挂在嘴边的"党和国家关注的重大理论和现实问题"，所表达的其实就是这个意思。换言之，盯住问题，学术研究也要有智库研究的思维。在某种意义上，理论问题的研究也要当作现实问题来做。

第三，对当前党和国家亟待解决的、最为关注的经济领域问题清单做一番梳理之后，就会发现，在理论问题和现实问题之间，天平是向理论问题一方倾斜的。盘点一下当前困扰中国经济改革与发展的一系列难题，就会发现，如此多的障碍之所以迄今未能真正跨越，如此重要的共识之所以迄今未能达成，其根本的原因就在于，我们对于相关的理论问题没有说清楚，或者说，对于相关理论问题的研究和阐释尚未达到让国人听明白的地步。说到底，还是经济理论研究成果的供给不到位。认识到中国的经济改革与发展已经到了需要提供强有力理论支撑的时候，并且认识到当代中国的经济改革与发展实践已经为理论创新提供了强大动力和广阔空间，我们应当比以往任何时候都更加重视经济理论问题的研究。在经济所科学研究工作的布局中，向经济理论问题研究倾斜，把经济理论问题研究当作贯穿始终的一条主线索、主渠道和重心所在抓紧抓好，理应是不言而喻的事情。

结论9：以满足需求为最终目标，学术研究须围绕党和国家关注的重大理论问题而展开。与此相适应,以问题为导向,着力于增加和优化理论研究成果的供给,是经济所科学研究工作布局的方向所在。

(四) 智库研究须立足于理论支撑

对于智库研究和智库建设,经过了为期几年的探索,我们确实有很多的话要说。在其中,体会最深且最亟待指出的一点,就是智库研究必须立足于理论支撑。

这一判断有其特殊的现实背景。在当前的中国,智库热或说办智库热,以致泥沙俱下,是一个可以观察到的突出现象。不知智库为何物,将智库研究简单地等同于出点子、上奏折者,恐不在少数。经济所的智库研究,当然不能在这样的认识层面上前行。

首先要注意到,智库有其特殊的运行规律。其主要的功能是围绕情况、事件和问题提出系统化的、有坚实的学理支撑和方法论支持的政策建议和战略建议。这意味着,一事一议、就问题说问题以及呈零敲碎打状的研究,绝非智库之举。这同时意味着,智库研究要建立在深厚的学术研究基础上。只有以坚实的学理支撑和方法论支持,掌握翔实可靠的数据和资料,了解历史,善于融会贯通,才可能提供符合经济社会发展规律、有理论厚度、有穿透力的政策建议和战略建议(高培勇,2016)。

其次要注意的是,作为智库研究成果的政策建议和战略建议,必须是建设性的。既不能满足于发现问题,也不能止步于批判现实,而要在发现问题、批判现实的基础上拿出解决问题的有效方案。这意味着,简单地摆出问题或提出批评性意见,绝非真正意义上的智库研究成果,至少不是我们所需要的智库研究成果。这同时意味着,越是智库研究,就越是需要系统性分析。越是系统性分析,就越是需要学术积淀,越是需要理论支撑。不知学术为何物者,无疑做不了或做不好智库研究。离开了理论支撑,勉强拼凑起来的所谓智库成果,也会犹如无本之木,无源之水,没有根基。

最后,还要注意到,与学术成果有所不同,智库成果的性质系

"人命关天"——一旦进入决策并付诸实施,便会对党和国家的事业全局以及经济社会发展进程产生影响,甚至是十分重大的影响。认识到这一点非常重要。它意味着,智库研究成果,无论是政策分析类的,还是战略建议类的,都必须经过全面而系统的论证,都必须经历严格而充分的调查研究过程。它还意味着,鉴于智库成果有可能与决策及实施零距离,所有智库类课题和所有智库类的分析以及政策建议,都必须重实情,立足于一线调研,掌握第一手资料,对研究成果进行全面检验。所有这些,都意味着,智库研究与学术研究须臾不可分离,智库研究成果必须以坚实的理论支撑为基础。

以经济所的自身特质与学术传承同智库研究所需要的理论支撑相对接,可以相当肯定地说,经济所在为智库研究提供学理支撑和方法论支持上具有比较优势。

结论10:智库研究也须有理论思维,智库成果理应有理论支撑。夯实现实问题分析的理论根基,在寻求理论支撑中形成智库成果,既是经济所的学科优势所在,也是经济所布局智库研究的必由之路。

(五)以构建中国特色经济学为"牛鼻子"

注意到学术研究和智库研究恰好是中国特色经济学的两大支撑体,在学术研究和智库研究并重的科学研究工作布局中,其实存在着一个可发挥"牛鼻子"作用的抓手——构建中国特色经济学。牵好这个"牛鼻子",不仅可收加快构建中国特色经济学之效,而且可带动学术研究和智库研究的深层次全面推进,进而形成"抓一体,带两翼"的经济所科学研究工作新格局。所以,在当前以及今后一个时期,以中国特色经济学的构建牵引、带动学术研究和智库研究,不失为一个适当选择。

举凡理论体系的构建,一要有合理的框架,二要有足够的构件。构建中国特色经济学显然要从其基础性工作——框架和构件的确立——开始。

抛开中国特色经济学的构建须遵从经济学学术规范之类的问题

暂且不论，首先应当认识到的一点是，所谓中国特色经济学的"特色"二字，其最根本的要义，就是以马克思主义为指导，立足中国实践，解决中国问题。

中国特色不仅体现在经济学所应遵守的重大原则上，还须体现在纳入经济学研究视野的议题清单上。在新的历史起点上构建中国特色经济学，就要以我们正在做的事情为中心，从我国经济改革与发展的实践中发现和挖掘关乎党和国家事业发展全局的重大议题，让中国特色经济学的研究与实践层面关注的实际问题相合拍。以此为基础，提出并形成有用、能用、管用的中国特色经济学研究成果，实现经济理论与经济实践的良性互动。习近平总书记（2016）讲过，"只有以我国实际为研究起点，提出具有主体性、原创性的理论观点，构建具有自身特质的学科体系、学术体系、话语体系，我国哲学社会科学才能形成自己的特色和优势"。

故而，构建中国特色经济学的第一项基础性工作，就是坚持问题导向，围绕我国和世界经济发展面临的重大问题着力提出能够体现中国立场、中国智慧、中国价值的理念、主张和方案。

其次，经济学作为一门致用之学，对于实践的总结是其最基本的来源。就此而论，中国经济改革与发展的实践已经为中国特色经济学的构建奠定了坚实基础。

中国特色经济学只能扎根于中国经济改革与发展的伟大实践。从常识来看，中国经济改革与发展实践之所以是成功的，一定是因为我们做对了什么。这些做对了的东西，当然是从西方经济学的教科书中难以找到的，也不可能是从马克思主义经典作家那里照抄照搬来的，而只能从中国的实践中来，只能在扎根于中国国情土壤的基础上产生。把实践中做对了的东西总结出来，本身就是理论创新，就是对经济学的理论贡献。习近平总书记（2016）也讲过，"把中国实践总结好，就有更强能力为解决世界性问题提供思路和办法。这是由特殊性到普遍性的规律"。

故而，构建中国特色经济学的第二项基础性工作，就是全面而系统地总结好中国的经济改革与发展实践，讲好中国经济的故事。

最后，经济学作为一门科学，其成果最终要凝练于客观规律的提炼和理论体系的形成。这意味着，只有将中国经济改革与发展实践提升至规律层面加以认识，才是中国特色经济学的特色之所在，也才能对世界经济学做出自己应有的贡献。

毫无疑问，在中国经济改革与发展实践的背后，隐含着中国经济学界的理论创新和理论贡献，只不过我们在过去总结、提炼得不够好。当然，这些具有理论创新意义的观点、主张、理念、思路等，主要是从中国经济实践中、立足于中国经济的土壤得出的，是循着与西方主流经济学不大一样的研究范式而生成的，但它们是"接地气"的，是有用、能用、管用的，实践也可证明是做对了的东西。从这个意义上讲，加强对中国经济改革与发展新理念、新思想和新战略的研究阐释，从而做出创新性的理论概括，既是摆在中国经济学界面前的一个躲不开、绕不过的重要课题，也是构建中国特色经济学的一条必由之路。习近平（2016）指出，"这是构建中国特色哲学社会科学的着力点、着重点。一切刻舟求剑、照猫画虎、生搬硬套、依样画葫芦的做法都是无济于事的"。

故而，构建中国特色经济学的第三项基础性工作，就是在深入研究和认真分析中国各种经济现象背后总逻辑的基础上，提炼出有学理性的新理论，概括出有规律性的新实践。

做到并做好上述这一切工作，不仅可以极大推动中国特色经济学的建设进程，而且有助于极大增强中国特色经济学的国际话语权，甚至可以对全球经济的复苏和发展产生借鉴和指导作用。以此为基础，经济所的科学研究工作也会跃上一个大台阶。

结论 11：构建中国特色经济学与学术研究和智库研究系"一体两翼"的关系。从构建中国特色经济学的各项基础性工作入手，全面推进学术研究和智库研究，可成为经济所布局科学研究工作的一个基本路径。

五 亟待确立的几个意识

常识告诉我们，作为一个机构的整体行为目标，只有在其成员围绕若干重大问题达成共识的前提下方能实现。对于经济所而言，无论是学科建设还是科学研究，抑或是整体工作布局，凝聚共识非常重要。

作为凝聚共识的第一步，我们亟待确立如下几个方面的意识：

（一）使命意识

也可称担当意识。我们是做学问的，同各行各业一样，做学问的人有必须履行好的使命，也有必须担当起的责任。概括起来说，就是为人民做学问。这也是习近平同志（2017）在《贺信》中提出的要求。需要特别注意的是，为人民做学问绝非一句空洞的口号，而是有着实实在在内容的。其中，最实在的一条，就是不要将做学问仅仅理解为个人偏好或个人兴趣，更不能将做学问当作个人的私事，而要将做学问与做学问的经费来源对接起来，从而将做学问视作一项同党和人民的利益密切相关的事业。

中国有一句古话，拿人钱财与人消灾。这句话虽然俗，但道理极其深刻。在现行体制下，我们用于做学问的绝大多数经费，也包括我们的工资薪金，来自财政支出。花在财政支出上的每一分钱，又系纳税人所缴纳的税款所支撑。这一并不复杂的逻辑链条告诉我们，是纳税人的血汗钱而不是其他别的什么东西在支撑着我们做学问的行为。既然花的是纳税人的钱，就得为纳税人做事，做于纳税人有益的事，让纳税人的钱花得物有所值。一句话，做学问必须立足于人民利益，立足于提供关系人民利益的研究成果。

具体到经济所人，作为国家级的经济研究机构，在为人民做学问的大前提下，我们应当以服务于党和国家的经济决策为己任，着力研究事关党和国家事业发展全局的重大问题，党和国家最为关注的重大理论和现实问题。一句话，提供全国性的、牵动全国人民利益的经济研究成果,是我们的天然使命、责任担当。

(二) 职业意识

作为工作在经济研究机构的经济所人,从根本上来说,我们属于经济研究领域的从业者。做学术研究也好,做智库研究也罢,都是一份工作,而非业余爱好,都系我们的分内之事,而非想干就干、不想干就不干的闲事。换言之,我们必须具有职业意识。

这意味着,作为经济研究领域的从业者,必须具有与该领域相匹配的职业素养。在我看来,这种职业素养至少包括以下内容:要成为训练有素、功底扎实且擅长经济专业分析的行家里手,而非漫谈者或票友;要提供满足社会需求的经济分析成果,而非既不能证实或又不能证伪的天马行空之作;要对自己的研究成果负起终身保质责任,而非看风向、追潮流、赶时髦,难以经受历史和时间的考验。

(三) 产品意识

我们习惯于把自己完成的论文、专著、研究报告、政策建议等作品,称作成果。然而,换一种思维,将其放在市场供求平衡的意义层面并以经济学的语言加以表述,就会发现,与其称为成果,不如称为产品。换言之,我们应当具有产品意识。

将经济研究成果视作产品,至少包含以下几层意思:作为产品提供的经济研究成果,应当是有用、能用、管用的,我们不能做无用之功;作为产品的提供者,我们对于自己完成的经济研究成果既负有售后服务责任——跟踪经济研究成果使用的全过程,适时予以修正,又须担起终身保质责任——对经济研究成果的质量负责到底;以有用、能用、管用为标准,我们所完成的经济研究成果,必须立足于自身的专长,既系专家所产出之产品——非跨出自身专业领域之作,又系专家所产出之拳头产品——非一时心血来潮之作;酒好也怕巷子深,对于作为产品的经济研究成果,我们也须有一个宣传过程——将产品送达它需要送达的地方和人手中。

（四）影响力意识

如同企业、商人追求利润极大化一样，以服务于党和国家决策为己任的科学研究机构，以做学问为职业的学者，也应有统领自身行为的目标规范。注意到科学研究机构和学者的行为轨道不同于商人和企业，再注意到经济所的定位和经济所人的特质，可以认为，作为经济所和经济所人的行为目标，就是影响力最大化。换言之，我们必须具有影响力意识。

影响力极大化这一行为目标，至少包括如下几层意义：影响力的大小如同积累下的资产，它是经济所和经济所人的核心利益和核心价值之所在；对于经济所和经济所人而言，影响力的大小如同一般等价物，它是衡量经济所建设和经济所人成长的标志性成果之所在；影响力大小的判断可以有相关参照系，如在党和国家重大经济决策中的参与程度，在相关学术团体中的任职，在本学科领域重要或重大问题上的发言权和话语权，学术成果发表的刊物档次，在重要论坛上发表的演讲位次，科学研究所能调动的资源等；作为治所的一个重要战略，应着力于成就富有影响力的学科和富有影响力的学者，将影响力意识贯穿至经济所工作的各个环节和所有层面。

结论 12：为了实现作为科学研究机构的整体行为目标，经济所很有必要在确立使命意识、职业意识、产品意识和影响力意识的基础上，凝聚共识。

参考文献

习近平：《在哲学社会科学工作座谈会上的讲话》，《人民日报》2016 年 5 月 18 日。

中共中央：《关于加快构建中国特色哲学社会科学的意见》，新华社，2017 年 5 月 16 日。

习近平：《致中国社会科学院建院 40 周年的贺信》，新华社，2017 年 5 月 17 日。

赵人伟：《在新形势下办好经济研究所的设想》，《经济学动态》1989 年第 3 期。

李扬:《智库建设重要的是进行功能整合》,《人民日报》2014年2月16日。
高培勇:《中国特色新型财经智库的建设》,《财经智库》2016年第1期。

(原载《经济学动态》2017年第5期)

编选者手记

2019年为中国社会科学院经济研究所建所90周年，为缅怀前辈学人之贡献、传承学术之薪火，也为了系统总结经济研究所历代学者的治学菁华与宝贵经验，经济研究所决定推出"经济所人文库"，系统选编经济研究所学者的代表性论著，首批面世者凡四十种，本书即为其中之一。

本书选文遵循如下原则：其一，仅收作者历年已发表之单篇学术论文或相关文献，不收专著中的若干章节文字；其二，入选论文除稍作分类外，皆依发表时间之先后排序，以见作者治学心路历程之演变；其三，入选论文之文本皆依各文首次刊发之原貌，除排版错误予以订正外，文字一仍其旧，不擅改，以存其真，亦以彰显作者独特之学术行文风格及旨趣；其四，收录作者1995年至2018年共23年间的代表性学术论文，包括作者任教于中国人民大学和任职于中国社会科学院期间的论著，以后者为重，旨在彰显作者于中国社会科学院乃至经济研究所任职期间之学术成就，以体现作者与中国社会科学院及经济研究所之学术渊源。

本书选编工作由中国社会科学院经济研究所范建鏋副研究员担任，选编过程中虽曾多方搜集并参考各种文本，然选编者学识与学力均极有限，辑录或选编工作容有不当，祈愿学界博雅君子不吝赐正。

范建鏋
2018年10月

《经济所人文库》第一辑总目(40种)

(按作者出生年月排序)

《陶孟和集》	《戴园晨集》
《陈翰笙集》	《董辅礽集》
《巫宝三集》	《吴敬琏集》
《许涤新集》	《孙尚清集》
《梁方仲集》	《黄范章集》
《骆耕漠集》	《乌家培集》
《孙冶方集》	《经君健集》
《严中平集》	《于祖尧集》
《李文治集》	《陈廷煊集》
《狄超白集》	《赵人伟集》
《杨坚白集》	《张卓元集》
《朱绍文集》	《桂世镛集》
《顾　准集》	《冒天启集》
《吴承明集》	《董志凯集》
《汪敬虞集》	《刘树成集》
《聂宝璋集》	《吴太昌集》
《刘国光集》	《朱　玲集》
《宓汝成集》	《樊　纲集》
《项启源集》	《裴长洪集》
《何建章集》	《高培勇集》